北京第二外国语学院 2022 年度学术著作出版经费资助

# 中国主题图书在丹麦的出版

STUDIES ON THE PUBLICATION OF CHINA-THEMED BOOKS
IN DENMARK

# Beijing Books as a Case

# 以北京图书为例

张喜华 ◎ 著

社会科学文献出版社
SOCIAL SCIENCES ACADEMIC PRESS (CHINA)

# 前　言

　　图书是一个国家和民族的价值观及其国民生活方式、生活态度的体现，阅读图书是读者获取信息、获得娱乐的重要方式，也是增进人们对文化和艺术理解的重要途径。丹麦民众高度重视阅读，从小就开始培养读书的兴趣。在丹麦，全民读书热情高涨，这保持了丹麦图书市场的稳定，刺激了丹麦图书市场的发展。近年来，丹麦图书市场也在不断调整、革新，以顺应国际图书和媒体市场的发展趋势。丹麦图书市场发展呈现自主化、数字化和全球化的特点，近年来民族化特点也越来越明显。

　　北京作为中国政治、文化、科创和国际交往中心，在国际上是中国符号之一，其文化对中国文化具有代表性。在国际上，广义的北京主题图书在一定程度上就代表着中国主题图书。中国和丹麦于 1950 年建交，并在 2008 年建立了全面战略伙伴关系，两国在文化领域里长期保持交流。安徒生的童话故事在中国家喻户晓，因而丹麦"童话王国"的国家形象深入中国读者之心。丹麦电影、丹麦服饰等在中国都拥有良好的市场。同样，不少丹麦学者、学子、商人和外交官痴迷于中国和中国文化，他们传播译介中国文化及相关图书，促进中国主题图书在丹麦的出版和研究。丹麦有 8 所高校先后开设中文专业，形成了丹麦学派的中国学研究成果，这进一步促进了中国主题图书被丹麦民众所接受。

　　本书基于大量前期研究基础和一手文献，在丹麦文化市场和文化政策背景下梳理了丹麦图书市场特点，通过丹麦学者从丹麦国家图书馆调阅了宝贵的中国主题图书出版索引。本书研究团队对图书索引数据进行分析，分类归纳丹麦出版的中国主题图书情况，结合调查问卷，分析丹麦读者对中国主题图书的接受度和期待视野，指出中国主题图书面临的挑战和机遇，并提出了具体的对策和建议。在本书的最后，本书对丹麦出版主体也提出了相关的出版建议，以促进中丹间的图书出版对话和交流。丹麦出版中国主题图书或者引进中国主题图书有其自身的社会背景、历史传承、政治环境，也与中国国内重要发展契机或者重要时间节点息息相关。丹麦对中国文化的接受与对中国主题图书的接受密不可分，丹麦出版业对中国文化的接纳和对中国题材的选取有其特定的历史语境、社会语境和文化语境。我们期待以历史的、辩证的、跨文化的视野批判性解读和分析图书传播主体、客体和内容，从而创新中国文化在丹麦有效传播的内容和途径，以达到中丹美美与共的文化交流效果。

　　本书的准备和撰写与中丹文化交流对话实践同步进行，本书的写作也是基于文化交流对话的初衷。哥本哈根大学学者因戈尔夫·图塞（Ingolf Thuesse）、玛丽·霍伊伦德·罗斯加德（Marie Højlund Roesgaard）、约根·德尔曼（Jorgen Delman）为本书的线上调研提供了大量的帮助；丹麦青年汉学家莫尔滕·贝赫·詹森（Morten Bech Jensen）为本书提供了极为珍贵的索引文献；丹麦中国文学翻译家彼得·达墨革（Peter Damgaard）为本书提供了丹麦出版业的相关信息，他本人还成立了沙铁书社（Forlaget Sand & Jern），专门出版中国文学译著。一批丹麦学者和学子对中国文化的热爱和对中丹文化交流的热情鼓励着我孜孜不倦地开展丹麦研究。我的研究团队成员在本书的写作过程中付出和贡献了大量时间和智慧。蒋芳、王勇、祝晶整理了部分章节内容，宋亚军做了相关数据分析，马驰老师在研究过程中提供了全方位的指导和帮助。我的研究生张家川参与了线上调研和数据分析，王勇斌做了大量的文字校对工作，在此一并表示深深的感谢。

　　本书的出版得到了北京第二外国语学院科研处的资助，感谢学校给予的研究平台和出版机会。

张喜华

北京第二外国语学院丹麦研究中心

2023 年 3 月于北京

# 目　录

# 第一章
# 北京主题图书海外出版研究的背景

## 一 体现国家民族价值观的图书

图书是用文字、图画或其他符号手写或印刷于纸张等载体上并具有相当篇幅的文献，是一种比较成熟、定型的出版物。[①] 人类将头脑中的隐性知识，借助于文字符号记录在纸张等载体上，形成了物化的显性知识形式，因而图书本质上是一种记录知识的载体，凝结着人类的智慧成果，是人类文明传承的重要工具。图书的出现，使知识能够脱离人这个载体，在更大的空间里传播，在时间的长河中不断传承。

图书是人类文明发展到一定程度的产物。人类最早将文字记载于各种材料上，如中国的甲骨、古巴比伦的泥板、古埃及的莎草纸等，这是图书的前身。中国的图书起源于简牍，后又出现帛书，直到造纸术发明后，才出现了通常意义上的纸质材料的图书。印刷术发明后，图书的生产效率大大提高，知识的传播速度明显加快。相较于其他文献载体，纸质图书更加轻便美观，是科学技术、艺术审美和智慧成果的完美融合，是储存和传播知识的重要载体和媒介。

---

① 张荣、金泽龙主编《图书馆学基础》，电子科技大学出版社，2015，第33页。

图书对于人类社会的发展起到了巨大的推动作用，也对人类的社会生活产生了深远的影响。很难想象，如果没有图书，历史会如何演进。2000 多年以来，人们利用图书记录信息知识、管理教育人民、交流思想感情、发表文学作品、从事科学研究。图书的发展经历了手写抄本到手工印刷再到机械生产最后到数字化的变化，直到今天，图书仍然是人类知识的重要载体形式。2010 年，谷歌公司测算，世界上大约有 1.3 亿种图书，① 这是人类的巨大思想宝库。即使世界毁灭了，只要留下书籍，人们仍然能够重建世界。

一本书从诞生到消亡的周期与生物的发展周期相似，作者、读者、编辑是书籍发展过程中的重要因素，三者在书籍的出版、印刷、销售等过程中发挥着不可或缺的作用，因而图书能反映特定的社会、政治、经济、科技、文化背景的特征。就图书的外在形式和特征而言，它能体现一个国家、一个民族的技术水平和审美取向乃至文化特质。图书的外在形式包括开本大小、纸张质地、装帧技术、艺术设计、版式样式、文字格式、图案符号等，由此形成了独特的书籍装帧艺术，体现出了独特的设计理念、审美风格和价值观念。好的图书外在形式，能够很好地契合其内在内容，实现形式和内容的统一、外在与内在的和谐，从而增强图书的视觉美感，使读者产生美好的感受，进而提升图书的价值和影响力。张磊和杨志从文化研究视角分析了中国书籍装帧艺术的海外传播问题，认为"书籍装帧艺术具有综合的艺术表现力、文化承载力和思想输出力"，在海外传播中，文化通过书籍装帧构建"民族－国家"的文化身份认同和国家形象。②

20 世纪后期的新西兰书目学家唐·麦肯齐（Don McKenzie）提出了文本社会学理论，他指出"承载文本的物质形式会影响到文本所要传达

① Books of the World, Stand Up and Be Counted! All 129,864,880 of You, accessed 2020-02-27, http://booksearch.blogspot.com/2010/08/books-of-world-stand-up-and-be-counted.html.
② 张磊、杨志：《从文化政治到文化贸易——20 世纪中国书籍装帧艺术海外传播的转型研究》，《编辑之友》2019 年第 3 期，第 100 页。

的意义"①，这里说的就是图书的实体意义。实体图书可以被标记、批注、书写、污损、修复等，因而又具有历史意义。图书无论是物理存在形式还是文本内容思想，都承载并反映特定的文化现象、艺术特性和历史内涵，当然，其核心价值仍然是文本内容。

图书的要素包括文本（内容）、物质形态（载体）和阅读。"没有读者阅读行为，书籍的物质形态和承载的文本就没有任何意义……文本和物质形态是为了传达意义，阅读是为了生成和获取意义，因此意义是这三要素的共同目标，是这三要素互相作用的产物，是它把这三要素联合成一个整体。"②戴联斌将客体图书的意义和主体阅读的意义统一于构成图书的三要素的核心，将人的阅读行为作为图书的固有属性，探讨了人和图书间的相互关系，强调阅读之于图书存在的意义。这也契合图书馆学家阮冈纳赞提出的"书是为了用的"的图书馆学定律。

阅读是终身学习、提高素质的重要方式，全世界的政府和机构都在提倡阅读，并致力推广阅读。全民阅读作为荷兰的一项重大国家工程，截至 2019 年已经连续六次被写入政府工作报告。③ 1995 年，联合国教科文组织把每年的 4 月 23 日定为"世界图书与版权日"（又称"世界读书日"）。2005 年，中国图书馆学会成立科普与阅读指导委员会，2009年其正式更名为阅读推广委员会。④ 2006 年，中宣部、中央文明办、新闻出版总署等 11 个部门联合发起开展全民阅读活动的倡议。⑤ 2011 年，国际图联素养与阅读专业委员会发布了《在图书馆中用研究促进识字与阅读：图书馆员指南》，将让读书成为每个人日常生活中不可或缺的组

① 〔英〕大卫·皮尔森：《大英图书馆书籍史话》，恺蒂译，译林出版社，2019，第 16 页。
② 戴联斌：《从书籍史到阅读史——阅读史研究理论和方法》，新星出版社，2017，第 12 页。
③ 张窈、王一鸣：《荷兰书业发展概况及特色》，《出版发行研究》2019 年第 8 期，第 93 页。
④ 范并思：《阅读推广与图书馆学：基础理论问题分析》，《中国图书馆学报》2014 年第 5 期，第 5~7 页。
⑤ 《中宣部文化部等 11 部门联合倡议开展全民阅读活动》，中华人民共和国中央人民政府网站，2006 年 4 月 18 日，http://www.gov.cn/jrzg/2006-04/18/content_257105.htm。

成部分作为国际图联阅读推广的目标。① 2003年，中国图书馆学会将全民阅读提上议事日程并列入年度计划。2013年，中国图书馆年会的主题设定为"书香中国——阅读引领未来"。② 可见，无论是国内还是国外，都极其重视读书的作用。因此，在当前的数字信息化时代，阅读推广已然成为文化事业的重要组成部分，甚至可以说阅读推广对全民素质的提升做出了重要贡献。在互联网时代已然到来的今天，人们的可用时间逐渐碎片化，注意力更容易被分散，国家开展阅读推广，引导人们深度阅读图书，乃至倡导终身学习，就显得格外重要。图书馆在阅读推广方面具有不可替代的作用。图书馆的数量和人均拥有数量对国民的阅读率和阅读量有较大影响，也是衡量一个国家文化实力的重要依据。

　　"书是人类进步的阶梯"，读书的本质是吸收知识。人们通过阅读将书中的显性知识变成自己头脑中的隐性知识，从而增加和提高自身的知识储备和认知水平，以创造出更多的知识。如何看待读书这件事，反映了一个国家的国民特质和国民素养。犹太民族重视教育并酷爱读书，虽然他们仅约占世界人口的0.2%，却获得了超过20%的诺贝尔奖。犹太民族把读书作为传承文化、传统、知识的手段，被誉为"读书的民族"、"教育的民族"、"记忆的民族"以及"学习和思考的民族"。③ 中国是个爱读书的民族，自古以来就将读书视为高尚的行为。"万般皆下品，唯有读书高""读万卷书，行万里路""腹有诗书气自华""最是书香能致远""黑发不知勤学早，白首方悔读书迟"等都是劝读劝学的名言佳句。人类的交流离不开阅读，因为阅读是人与人之间沟通与合作的重要桥梁，是我们传承历史、学习知识、开阔视野的重要保障。"读什么书，成什么人"，可见读书对人的重要性不言而喻，每一本书都对它的读者产生了潜移默化的影响。古今中外都不乏嗜书如命之人，著名文学家王世贞珍爱

① 《在图书馆中用研究来促进识字与阅读：图书馆员指南》，道客巴巴，http://www.doc88.com/p-2177395911461.html，最后访问日期：2020年3月12日。
② 陈进主编《大学图书馆变革发展思考》，上海交通大学出版社，2015，第38页。
③ 陈克勤：《最爱读书的民族》，《光明日报》2011年4月19日，第14版。

图书，每遇好书必设法得到，他曾用自己的一座庄园换了一部宋刻版的《两汉书》。起草《独立宣言》的美国国父之一托马斯·杰斐逊（Thomas Jefferson）曾说过，"没有书我就活不下去"，他终其一生都致力于收藏图书，到 1812 年，杰斐逊凭借 6000 多种藏书成为美国首屈一指的藏书家。① 伟人名家热爱读书的示范效应激励着一代又一代的读书人。

人类自古就重视图书的保存和利用，并为此建立专门的图书馆或藏书楼。古代最著名的图书馆——亚历山大图书馆始建于古埃及王朝托勒密一世在位时期。亚历山大图书馆致力于收集和整理世界上已知的所有知识，据说鼎盛时期的亚历山大图书馆曾拥有图书近 50 万卷册。② 托勒密一世在构思建设图书馆时，就将其与教育、研究相结合，③ 因而亚历山大图书馆具有学术研究机构的特征，体现出古希腊的哲科思维特点。中国浙江的天一阁，是中国现存最早的私家藏书楼，也是世界最早的三大家族图书馆之一。④ 天一阁制定了严苛的藏书制度，甚至规定"外姓人不得入阁"，反映了中国古代对图书重藏轻用的思想文化。以书为中心，人类孕育出历史悠久而底蕴深厚的图书文化，并产生了书籍史、阅读史、文献学、目录学、版本学、情报学、图书馆学等诸多学科或研究方向，构建出丰富的理论体系，吸引了大量的学者投入与图书相关的事业中。书的历史，就是一部浓缩的人类文化史。

在古代社会，阅读和写作通常是官僚、富人和精英阶层的特权，统治阶层严格控制图书的意识形态和内容，将图书作为维护统治的重要工具。如今，每个人都可以平等地获取和阅读图书，读书不单是为了获取知识，还是一种自由的生活方式。由政府财政支持的现代化图书馆，赋予了每个

---

① 〔英〕玛格丽特·威尔斯：《读书为上：五百年图书发现史》，康慨译，浙江大学出版社，2016，第 122~149 页。
② 〔英〕马丁·里昂斯：《书的历史》，龚橙译，中央广播电视大学出版社，2017，第 20 页。
③ 〔法〕弗雷德里克·巴比耶：《书籍的历史》，刘阳等译，广西师范大学出版社，2005，第 27 页。
④ 徐雁等：《中国图书文化简史》，中华书局，上海古籍出版社，2010，第 91 页。

社会群体阅读的权利和便利。《联合国教科文组织公共图书馆宣言1994》提出，联合国教科文组织坚信公共图书馆是传播教育、文化和信息的一支有生力量，是促使人们寻找和平和精神幸福的基本资源。① 每一个社会个体都应该享有平等阅读的机会和使用公共图书馆的权利，不应因为个体的性别、种族、国别、宗教等方面的差异而受到区别对待。中国于2018年1月1日起施行《中华人民共和国公共图书馆法》，其规定"公共图书馆应当按照平等、开放、共享的要求向社会公众提供服务"。杭州图书馆多年来坚持对所有读者免费开放，包括乞丐和拾荒者。馆长褚树青表示，"对于弱势群体而言，图书馆可能是唯一可以消弭与富裕阶层之间在知识获取上鸿沟的一个重要机构"，他希望通过允许乞丐和拾荒者入内阅读这样的方式告诉市民，人人生而平等。② 杭州图书馆的管理理念传递出满满的人文关怀，其被网友称为"史上最温暖图书馆"。2020年6月，一位在东莞打工17年的农民工吴桂春在东莞图书馆的留言图片在网络上刷屏。吴桂春在东莞图书馆看了12年的书，因疫情影响不得不离开东莞返回家乡，其留言表达了临走之前对东莞图书馆真诚的眷恋。有网友留言："你永远猜不到一间实体图书馆能给一座城市带来的惊喜和温暖。"③ 一个普通农民工的留言能引起网友共鸣、带给公众力量，缘于其体现了他通过读书对知识和真理的追求。而这个事件本身体现了实体图书馆的社会功用和对微小个体的影响，也反映了社会公众对读书行为的赞赏和热爱读书的精神状态。

2002年，新亚历山大图书馆在古图书馆遗址附近建成，旨在将亚历山大重塑为21世纪的知识文化中心之一，毕竟没有什么比图书更能象征

---

① 《联合国教科文组织公共图书馆宣言1994》，百度百科，https://baike.baidu.com/item/联合国教科文组织公共图书馆宣言1994，最后访问日期：2020年2月25日。
② 汪恩民、邵思翊：《杭州图书馆不拒乞丐引热议 公平与规范管理同样重要》，中国法院网，https://www.chinacourt.org/article/detail/2013/09/id/1083740.shtml，最后访问日期：2020年2月25日。
③ 《结局太暖！留言东莞图书馆的农民工，不走了！》，"人民日报"微信公众号，https://mp.weixin.qq.com/s/P229_7RYEW_tws8LZSXQbQ，最后访问日期：2020年6月27日。

文化地位的了。2018 年底在芬兰赫尔辛基落成的新中央图书馆——"颂歌"（Oodi），"为世界各地的公共图书馆开启了新标准。颂歌中央图书馆的使命是促进终身学习、增强公民积极参与意识，以及民主与言论自由"①。这是芬兰一项意义长远的文化投资。芬兰人爱读书，文化程度排名世界前列，芬兰也是图书馆使用率最高的国家之一。每位芬兰居民平均每年从图书馆借阅 16 本书或其他馆藏品。②颂歌图书馆历时 20 年建成，设有借阅区、电影院、画廊、展览区、多功能厅、咖啡厅、餐厅、工作室、媒体空间、生活实验室等，而图书馆一层干脆就是一个社交大客厅，人们可以在图书馆里读书写作、开展工作研讨、做手工、休闲娱乐甚至洗衣做饭。颂歌图书馆"采用新技术，秉持进步的价值观，除藏书借阅外还提供各种创新服务"③，通过多元功能布局，为现代化图书馆带来了更多的可能性，也彰显了图书和图书馆的意义。如今颂歌图书馆已成为现象级建筑，它虽然不以实体图书为重点，但恰恰凸显了实体图书的意义内核。"图书馆是屹立在时间的汪洋大海中的灯塔"，无论未来的类似建筑如何变化，只要有书的存在，它仿佛就有了灵魂。

丹麦皇家图书馆隶属于丹麦文化部并接受其管理，提供信息服务和知识交流平台，致力于保护丹麦文化遗产。丹麦皇家图书馆主要定位包括以下四个方面：作为大学图书馆，为奥胡斯大学、哥本哈根信息技术大学、哥本哈根大学和罗斯基勒大学提供研究和教育服务；作为国家图书馆，通过收集和保存实体及数字形式的文本、图像和音频来保护文化遗产，并提供访问服务；作为丹麦公共图书馆的借阅中心，为市民提供

①《颂歌中央图书馆在赫尔辛基开幕，标志着世界上文化程度最高的国家迈入图书馆新纪元》，https://news.cision.com/global/helsinki-marketing/r/_____-_____,c2690008，最后访问日期：2020 年 2 月 25 日。

②《赫尔辛基新图书馆——为民而建，独树一帜》，https://finland.fi/zh/shenghuoyushehui/heerxinjixintushuguanweiminerjiandushuyizhi/，最后访问日期：2020 年 2 月 25 日。

③《颂歌中央图书馆在赫尔辛基开幕，标志着世界上文化程度最高的国家迈入图书馆新纪元》，https://news.cision.com/global/helsinki-marketing/r/_____-_____,c2690008，最后访问日期：2020 年 2 月 25 日。

公共图书馆资源；作为研究机构，致力于发掘丹麦文化遗产，不断增强人们对文化遗产的保护意识。①

　　随着现代信息技术的发展，数据、信息、知识逐步数字化、网络化，文献的载体形式也随之发生了根本性的变化。纸质图书逐渐被数字化，变成了电子书。电子书经历了软盘、光盘、优盘、机械硬盘、固态硬盘等多种存储形式。借助电脑、手机等电子设备阅读的电子书格式多样，易于复制和传播，成为越来越重要和普遍的图书形态。电子书本质上是能够脱离固定载体的数字化内容，因而通常没有固定的物理载体形态。电子书的大量生产和广泛传播深刻地影响了人们的阅读行为，改变了人和书的关系，也影响了数字出版行业，还引发了"纸质图书是否会消失"的担忧和争论。尤其是在移动互联网时代，通过阅读纸质图书获取信息知识者所占的比重在下降，而电子书的阅读量在逐渐上升。中国新闻出版研究院发布的《第二十次全国国民阅读调查报告》指出，2022年，中国成年国民综合阅读率为81.8%，比2021年（81.6%）有所提升；中国成年国民人均纸质图书阅读量为4.78本，比2021年的4.76本有所提升；成年国民人均电子书阅读量为3.33本，较2021年的3.30本增加了0.03本。② 2022年的人均电子书阅读量约占人均总阅读量的41%，增长速度比纸质图书阅读量快，反映了这个时代信息载体和信息获取途径的快速变化。因此，开展以图书为观察对象的研究，不能忽视电子书和数字出版的发展动态与发展方向。

　　每个国家和民族都有自己独特的文化，具体包括语言、文字、习俗、思想、国力等，客观地说，文化就是社会价值系统的总和。由此孕育出的文化知识，多借由图书记载和传承。因此，图书是特定文化的产物，具有显著的文化特征。图书内容包罗万象，反映了一个国家和民族的社

---

① Royal Danish Library, "About Royal Danish Library," accessed 2020-2-25, https://www. kb.dk/en/aboutus.
② 《〈第二十次全国国民阅读调查〉发布：多种阅读方式齐头并进》，《光明日报》2023年4月24日，第9版。

会实践活动，是一个国家和民族的价值观及国民生活方式和生活态度的体现。一个国家和民族的图书数量和质量，反映了其文明程度和文化丰富度，是一个国家和民族文化软实力的体现。图书传播的文化对其读者产生影响，反之，读者可以通过图书来了解一个国家和民族的文化。从文化传播载体这个角度来讲，图书具有如报纸、广播电视及互联网等载体所不具备的独特功能和作用，这也是图书作为人类文化和文明的重要传承载体，数千年来经久不衰的主要原因。①

## 二　中国文化"走出去"的图书渠道

文化的内涵如此丰富，以至于无法对其进行清晰的界定。公认的经典的文化定义，来自英国人类学家爱德华·泰勒（Edward Tylor）在《原始文化》中开篇的一段论述："从广义的人种论的意义上说，文化或文明是一个复杂的整体，它包括知识、信仰、艺术、道德、法律、风俗，以及作为社会成员的人所具有的其他一切能力和习惯。"②可见文化的核心是人，表现为人们共同具有的价值观。桂翔在《文化交往论》中，对文化的界定和本质进行了深入的探讨。他认为，文化在本质上是"各民族人民在改造自己的生存环境过程中，在满足自身需要的生产实践和生活实践中创造的生存和发展的智慧"③。文化是根植于实践开出的智慧之花，它是一个民族的底色，对该民族人民的思想和行为的底层逻辑有着深刻的影响。党的十九大报告深刻地论述了文化的重要性，指出："文化是一个国家、一个民族的灵魂。文化兴国运兴，文化强民族强。"这也凸显了文化认同在一个国家、一个民族发展进步过程中的巨大凝聚和推动作用。④

---

① 谢迪南、张华：《国际市场需求决定"走出去"绩效》，《中国图书商报》2009 年 12 月 22 日，第 2 版。
② 〔英〕爱德华·泰勒著，蔡江浓编译《原始文化》，浙江人民出版社，1998，第 1 页。
③ 桂翔：《文化交往论》，人民出版社，2011，第 14 页。
④ 马国仓：《构建人类命运共同体：文化因素与中国智慧——以中国文化和图书出版交流为例》，《中国出版》2019 年第 15 期，第 5~11 页。

要发展文化，建设文化强国，就要从战略高度进行系统的文化建设。文化建设的核心"就是构筑中华民族精神，就是达成最大的价值共识，形成强大的精神纽带"①。中国正处于政治体制改革、经济快速发展和社会转型发展的关键时期，文化建设的重要性与深远意义也愈发凸显。

随着经济的全球化和信息的网络化，整个世界日渐成为一个紧密联系的命运共同体，人类的实践活动早已突破地域限制，在全球范围内深入开展。实践活动上的交往也是文化的交往，不同文化在交流中相互竞争和冲突，同时又在沟通中消解分歧、不断融合、多元共存。2001 年，联合国教科文组织在《世界文化多样性宣言》中指出："文化多样性对于人类来讲，就像生物多样性对于维持生物平衡那样必不可少。"② 正是因为文化多样性的存在，文化才天然具有交往的需要和动力，也通过交往不断获得创新和发展，这为各民族的文化发展提供了机遇和支持。党的十七届六中全会通过了《关于深化文化体制改革 推动社会主义文化大发展大繁荣若干重大问题的决定》，明确提出文化"走出去"战略。党的十八大以来，国家高度重视中国文化"走出去"的有关工作，习近平总书记多次做出重要论述："要推进国际传播能力建设，讲好中国故事、传播好中国声音，向世界展现真实、立体、全面的中国，提高国家文化软实力和中华文化影响力。"③ 既然全球化不可避免，人们可以在交流中积极对外展示自己的文化内涵，同时加深对对方文化的理解，从而寻求共同的文化元素，求同存异，加强彼此间文化交流，向世界展现中国优秀文化。

绵延 5000 多年的中国文化造就了绚烂多彩的中华文明，作为世界文明史上唯一没有中断的文化，它对整个东亚乃至全世界都产生了深远的影响。源远流长的中国文化是祖先留给我们的珍贵的财富宝藏，5000 多

---

① 谢晓娟：《文化多样性与当代中国软实力建设》，人民出版社，2015，第 2 页。
② 《世界文化多样性宣言》，https://www.un.org/zh/documents/treaty/UNESCO-2000，最后访问日期：2023 年 8 月 26 日。
③ 《举旗帜聚民心育新人兴文化展形象 更好完成新形势下宣传思想工作使命任务》，《人民日报》2018 年 8 月 23 日，第 1 版。

年的文化积淀形成了中华民族独有的精神追求和精神基因，不断激励着我们乘风破浪、勇往直前。中国文化既有丰富的内涵，也有多样的价值和精神表现，如强调孝敬父母、诚实守信、舍生取义、敬畏自然、天人合一、自强不息等。中国文化独一无二的理念、智慧、气度、神韵，对延续和发展中华文明、促进人类文明进步起到重要作用。党的十九大报告指出，要"深入挖掘中华优秀传统文化蕴含的思想观念、人文精神、道德规范，结合时代要求继承创新，让中华文化展现出永久魅力和时代风采"。但是，中国文化经历过汉唐的开放兴盛，也经历过明清的闭关落后，尤其是经过近代列强的侵略和欺侮，中国文化发展进入前所未有的低潮，再加上进化论、欧洲中心主义等理论思潮的传播和推动，致使中国人对自身文化产生了怀疑，于是兴起了反思、批判和否定中国文化的新文化运动。中国文化在过去的 100 多年中经历了深刻的变革和发展，曾一度面临何去何从的抉择。新中国成立及改革开放以来，中国各领域发展取得了举世瞩目的成果。然而近几百年来，西方大国纷纷崛起，西方文化也在一定程度上对国际社会上文化的交流与传播造成了影响，因此，在当前世界文化格局中，中国文化处于相对弱势地位，甚至面临着困境。随着中国的经济地位和影响力的不断提升，中国人的自信心逐渐增强，时代在召唤中国文化的振兴。振兴中国文化"是为了让中国文化走向世界，把中国优秀文化变成世界文化的宝贵资源；既让世界分享中华民族的智慧，也让中国文化借世界之舞台发扬光大、演绎再度辉煌的篇章"①。要振兴中国文化，就要坚持文化自信，坚持中国文化"走出去"，"让世界了解和认识中国文化，从而拓展中国文化的话语空间，提升中国文化软实力"②。文化交往需要文化对外传播，但文化对外传播不能简单地理解为向国外传送文化，而是"选取代表人类发展方向和价值层面的文化，共同创建全球精神生态文明"。为什么要进行文化对外传播？王岳川

---

① 桂翔：《文化交往论》，人民出版社，2011，第 5 页。
② 桂翔：《文化交往论》，人民出版社，2011，第 5 页。

和胡淼森在《文化战略》中总结了文化对外传播的三个目的：价值与生态重建、减少文化误读、人类的多元并存与和谐共生。该书还提出要在文化拿来中坚持文化对外传播。尤其在西方话语霸权环境下，中国文化仍处于边缘和被动地位，要突破西方的文化壁垒，文化对外传播显得必要而紧迫。中国必须发出自己的声音，用文化说服全世界所有的人，使他们认识到"中国文化是和谐的、内敛的、非侵略性的、主张和平共处的文化"。[1]

进入 21 世纪以来，中国文化对外传播发展突飞猛进，与世界各国间文化交流日益密切。截至 2012 年，中国同世界上 160 多个国家和地区建立了良好的文化交流关系，[2] 海外中国文化中心、孔子学院和孔子课堂的建立让中国与世界保持频繁的文化互动和密切的交流。截至 2020 年 8 月，全球已有 162 个国家（地区）设立了 541 所孔子学院和 1170 个孔子课堂。[3]党的十八大以来，立足于民族文化自信，搭载文化产业发展快车，中国文化"走出去"的步伐不断加快，国际传播能力大幅提高，中华文化的国际影响力进一步提升。[4]中国以文化活动、电影产品、电视剧产品、新闻出版业和动漫文化产品等文化产业或样态践行文化"走出去"战略，并取得了巨大的成就。就新闻出版业而言，中国图书和期刊等出版发行进入 190 多个国家和地区的公共图书馆，报刊发行覆盖 80 多个国家和地区，新闻媒体记者遍布世界各地，新闻出版传播的时效性和影响力极大提升，新闻出版业国际地位发生了重大变化。[5] 通过进行对外交流，中国

[1]　王岳川、胡淼森：《文化战略》，复旦大学出版社，2010，第 217 页。
[2]　《中华文化快步走向世界——我国文化走出去进展成效综述》，中国文明网，http://www.wenming.cn/specials/zxdj/kxfzcjhh/hhcj/wh/201209/t20120928_874024_1.shtml，最后访问日期：2020 年 3 月 13 日。
[3]　《观中国 | 如果孔子学院是"外国使团"，那歌德学院、法语联盟是什么？》，中国日报中文网，http://cn.chinadaily.com.cn/a/202008/27/WS5f479250a310084978421ae5.html，最后访问日期：2023 年 8 月 29 日。
[4]　《十八大以来我国文化产业发展成就综述》，搜狐网，https://www.sohu.com/a/198697074_488939，最后访问日期：2020 年 3 月 13 日。
[5]　刘晓凯、卫朝峰：《党的十六大以来新闻出版工作的历史性变化》，《出版发行研究》2012 年第 7 期。

出版以各种方式"走出去"，从而不断引领中国文化"走出去"。

中国文化源远流长，仅是有文字记载的历史就至少有 3500 年。中国文化在历史长河中孕育出丰富多彩、灿烂辉煌的文化成果，其中图书是中国文化最重要的载体之一。时任中国国家图书馆副馆长陈力对中国图书文献和中国文化做了精辟的论述："中国自古称文献之邦，在全世界范围内，至少有一半的古代文献是中国的古籍。在中国文化里面，没有比图书更重要的了；对于中国人的思想、观念、行为方式以及日常生活、生产等方方面面的影响，没有比图书更大的了；在中国文化对世界文化的贡献里面，也没有比图书以及与图书有关的创造发明更大的了，造纸术和印刷术都与图书有关，而这两大发明，是古代中华民族对全世界所做出的最大贡献……图书作为学术研究、文学艺术、科学技术等的载体而存在，也是中国古代文化的主要元素之一。"① 图书"经过从未曾间断的历代积累，成为中国，乃至整个人类璀璨夺目的文明财富"②。可以说，中国文化就凝聚在一本本图书中，每一本图书都折射出中国文化的璀璨光芒。

中国图书是对中国优秀文化的书面表达，是中华民族伟大智慧的结晶，积淀了中华民族几千年的精神追求，包含诸多极具影响力的思想成果。从《二十五史》到《四库全书》，从《永乐大典》到《古今图书集成》，中国图书可谓卷帙浩繁，浩若烟海。到 15 世纪末，中国生产的图书已超过世界其他地区的总和。③ 如今的中国是一个出版大国，每年出版图书约 20 万种。通过图书，中国文化在全世界得到有力而持久的传播。此外，世界也通过图书来了解中国的政治、经济、文化及社会生活的方方面面。《马可·波罗游记》尽管真实性仍有争议，但极大地影响了欧洲人对中国及东方世界的认识和探索。新中国成立以前，在中国共产党领

---

① 陈力：《中国古代图书史》，社会科学文献出版社，2017，第 1 页。
② 张明、于井尧：《中国文化史》，吉林文史出版社，2006，第 1 页。
③ 〔英〕马丁·里昂斯：《书的历史》，龚橙译，中央广播电视大学出版社，2017，第 20 页。

导下出版的斯诺的《西行漫记》一书成功地讲述了一个延安故事，并在全世界产生了巨大的影响。① 国际安徒生奖得主曹文轩的作品《青铜葵花》，很好地契合了各国对青少年成长的关心、对人与自然和谐共生的关注，虽然讲述的是中国故事，却能引发世界共鸣。② 2018 年，张炜的长篇小说《古船》被翻译成波兰语出版，波兰出版人安德鲁说，希望以此书为开端，出版更多优秀的中国作家作品，将博大精深的中国文化展现给波兰读者。③ 获得第 12 届"中华图书特殊贡献奖"的摩洛哥作家法塔拉·瓦拉卢的著作《中国与我们》在摩洛哥等阿拉伯国家和法国出版，作者希望通过此书让世界上更多读者了解中国故事。④ 可以说，图书作为传播的媒介，历史悠久，涉猎广泛。其较强的系统性和持久深远的影响，让其在电视、互联网、报纸等媒介中突显而出，一直沿用至今。图书既是文化的产物，同时也记录、传承和传播文化，而中国图书在中国文化传播方面扮演了重要的角色。

经济的快速发展以及在世界上举足轻重的地位，是中国在全世界产生巨大影响的重要推动力。当今中国对全世界的影响是广泛而深远的，一再兴起的汉语热、中医热就是中国文化影响力增强的例证。中国的国际影响力也体现在海外图书出版上。何明星通过《中国图书在世界的传播与影响》一书，对中国医药图书在世界上的传播与影响、新中国成立至 20 世纪 80 年代中国对外传播工作以及 21 世纪以当代文学为主的主题

---

① 邓杰：《出版界如何讲好"中国故事"——以〈西行漫记〉的出版为例》，《中国出版》2017 年第 18 期。
② 史竞男：《搭建起中华文化走出去的国际化平台——第 25 届北京国际图书博览会取得积极成效》，中华人民共和国中央人民政府网，http://www.gov.cn/xinwen/2018-08/26/content_5316763.htm，最后访问日期：2023 年 8 月 29 日。
③ 史竞男：《搭建起中华文化走出去的国际化平台——第 25 届北京国际图书博览会取得积极成效》，中国西藏网，http://www.tibet.cn/cn/index/politics/polotocs2/201808/t20180827_6208448.html，最后访问日期：2020 年 4 月 2 日。
④ 史竞男：《搭建起中华文化走出去的国际化平台——第 25 届北京国际图书博览会取得积极成效》，中国西藏网，http://www.tibet.cn/cn/index/politics/polotocs2/201808/t20180827_6208448.html，最后访问日期：2020 年 4 月 2 日。

图书在世界上的传播与影响做了较为全面的考察研究。① 作者以中国图书
及其在世界上的传播为观察对象,分析了图书所代表的中国文化在美国、
加拿大、法国、德国、日本、尼泊尔、印度、印度尼西亚、泰国及阿拉
伯国家的传播和影响。图书的传播过程反映了中外思想文化、意识形态
和价值观的交流和碰撞。以中医为例,中医是中国文化的重要组成部分,
中医理论反映了中国的哲学思想、社会伦理和人生观念。中医在北美地
区经过漫长的发展过程才逐渐获得了法律认可的地位,相关的图书、期
刊和网站等媒体内容也逐渐增多。中美关系正常化以后,中国出版了有
关中医的外文图书并通过国际书店发行到世界各地,如《努力攀登医学
高峰》(英文版)、《在打开聋哑禁区的路上》(英、法文版)、《中国的针
刺麻醉》(德、西文版)、《中国针灸史话》(印尼文版)、《中国针灸学概
要》(法文版)、《在创造中国新医学的道路上》(英文版)等。外文图书
的出版对中医药在国外的发展起到了重要的推动作用,也是国外了解中
医和中国文化的重要途径。20世纪90年代以后,中医药书刊出版在北美
地区开始繁荣起来。在联机计算机图书馆中心(Online Computer Library
Center,OCLC)的世界最大的书目库中,仅是与针灸(acupuncture)相
关的图书就多达1421种,其中有非中文图书924种。与此同时,中医在
北美地区发展迅速,截至2006年,美国有7000个中医针灸诊所,遍及
49个州,持有中医针灸医师执照的人有3万人。② 可见中医主题图书出版
与中医的国外实践紧密相关,体现出中国在海外中国文化的相关实践活
动对图书出版的驱动和影响。

　　中国的文学类图书对世界有着特殊的影响力。随着中国在全世界的
经济地位、政治地位和文化地位的不断提升,中国主题的文学图书逐渐
成为西方文学界的一个重要关注对象。"不论是中国当代女性作家作品,
还是长期生活在海外的华人华侨的文学创作,抑或是中国最为普通的人

---

① 何明星:《中国图书在世界的传播与影响》,新华出版社,2014,第1页。
② 何明星:《中国图书在世界的传播与影响》,新华出版社,2014,第10页。

的日常生活，其受到的关注程度，是以往任何一个历史时期所从来没有的。"①文学作品是最容易引起共情和共鸣的艺术形式，异国他乡的人情故事加上细腻的语言表达，往往在不经意间就对外传播了塑造作者及其作品的原生文化。尤其是华裔作者，他们的作品主要有三种主题：家族寻根、东西方文化价值观的冲突和特色浓厚的东方文化情怀。②因而华裔作者的文学类图书，反映的通常是作者在经历了中外文化冲突与融合之后，重新审视中国文化的结果。何明星重点研究了《马燕日记》《蚁族》《狼图腾》《虎妈战歌》等几部在世界上产生巨大影响的图书。其中《马燕日记》于2002年在巴黎出版，很快就登上法国年度畅销书排行榜，后又出版了德语、意大利语、荷兰语、西班牙语、日语和英语等版本，并成为许多国家的畅销书。③《马燕日记》何以感动全世界？这是因为书中真切朴实的文字体现了中国人"读书改变命运"的理念和积极向上的心态，彰显了中国人在困苦环境中不向命运低头的人性光辉，将原生态的中国文化的一个切面展现给了全世界，短时间内产生出巨大的正能量，给予了读者奋发拼搏的精神动力。

从图书的传播广度来看，借助各种文化交流平台，中国主题图书已在世界范围内得到广泛传播，传播方式有国际合作出版、版权输出、实物图书出口、在海外设立出版机构等。2009年，中国成为法兰克福书展的主宾国，该书展是世界最大的书展，此后，中国先后成为约20个国际书展的主宾国。作为享誉全球的书展，北京国际图书博览会、法兰克福国际书展、伦敦书展每年吸引来自世界各个国家的图书进行展示及版权交易，为世界各国的文化交流搭建了平台。图书版权输出数量是衡量一国文化软实力的重要指标之一，中国图书版权的输出情况能反映中国主题图书的出版和传播情况。改革开放以来，中国出版对外交流与合作取

---

① 何明星：《中国图书在世界的传播与影响》，新华出版社，2014，第194页。
② 何明星：《中国图书在世界的传播与影响》，新华出版社，2014，第231页。
③ 刘斯琴：《评价理论视角下情感翻译分析——以〈马燕日记〉英译本为例》，《今古文创》2022年第45期，第19页。

得了巨大的成就。据《2018年新闻出版产业分析报告》统计，2018年全国共输出图书版权10873种，较2017年增长1.9%[①]（见表1-1、图1-1）。2017年，中国图书版权输出语种前十位是：英文、繁体中文、阿拉伯文、越南文、韩文、泰文、法文、俄文、日文、尼泊尔文。其中以英文输出2300多种，以阿拉伯文、越南文等共建"一带一路"国家主要语种输出2600多种，占比为24.3%，与2016年相比增加近900种。[②] 2011~2018年，美国连续8年成为中国图书版权输出量最多的国家。中国"走出去"战略的实施加快推动了中国出版"走出去"的步伐，使共建"一带一路"国家对中国优秀传统文化、对东方世界、对中国有责任有担当的大国形象有了更为深刻的认知，为国外读者了解中国提供了智慧支撑，也让中国人对"外国人眼中的中国"有了更为深入的了解。

**表1-1 2011~2018年中国图书版权向各国家或地区输出量**

单位：种

| 国家或地区 | 2011年 | 2012年 | 2013年 | 2014年 | 2015年 | 2016年 | 2017年 | 2018年 |
|---|---|---|---|---|---|---|---|---|
| 美国 | 766 | 1021 | 753 | 734 | 887 | 932 | 592 | 912 |
| 英国 | 422 | 606 | 574 | 410 | 546 | 290 | 421 | 476 |
| 德国 | 127 | 352 | 328 | 304 | 380 | 262 | 421 | 435 |
| 法国 | 126 | 130 | 184 | 313 | 138 | 110 | 172 | 244 |
| 俄罗斯 | 40 | 104 | 124 | 177 | 135 | 356 | 306 | 452 |
| 加拿大 | 15 | 104 | 46 | 67 | 81 | 87 | 222 | 103 |
| 新加坡 | 131 | 173 | 171 | 248 | 262 | 184 | 254 | 334 |
| 日本 | 161 | 401 | 292 | 346 | 285 | 353 | 327 | 408 |
| 韩国 | 446 | 282 | 656 | 623 | 619 | 576 | 490 | 512 |
| 中国香港地区 | 366 | 440 | 402 | 277 | 311 | 486 | 339 | 535 |
| 中国澳门地区 | 19 | 1 | 24 | 13 | 31 | 56 | 87 | 25 |

① 《2018年新闻出版产业分析报告（摘要版）》，《中国新闻出版广电报》2019年8月28日，第5版。
② 息慧娇：《十八大以来中国出版业"走出去"概况》，《科技与出版》2019年第2期。

续表

| 国家或地区 | 2011 年 | 2012 年 | 2013 年 | 2014 年 | 2015 年 | 2016 年 | 2017 年 | 2018 年 |
|---|---|---|---|---|---|---|---|---|
| 中国台湾地区 | 1644 | 1781 | 1714 | 2284 | 1643 | 1848 | 1909 | 1449 |
| 其他 | 1659 | 2173 | 2037 | 2292 | —* | 2788 | 5130 | 4988 |
| 合计 | 5922 | 7568 | 7305 | 8088 | 5318 | 8328 | 10670 | 10873 |

* 官方网站数据缺失。

资料来源：中华人民共和国国家版权局。

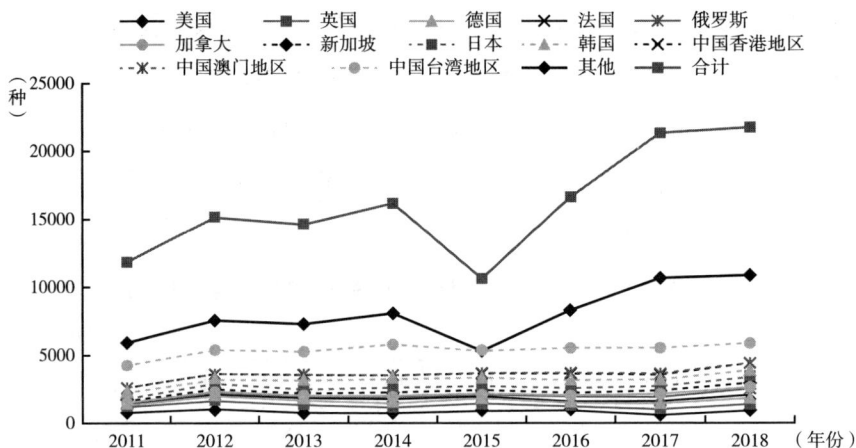

图 1-1　2011~2018 年中国图书版权向各国家或地区输出量

2011~2018 年，中国图书版权输出量总体呈现稳步上升趋势（见图 1-1），尤其是向美国、英国、德国、法国、日本、韩国等发达国家"走出去"的步伐越发坚实。

从图 1-2 中可以看出，2016~2018 年，中国图书版权向中国台湾地区输出量占比最高，约为 17%；向中国港澳台地区（繁体中文）输出量占比约为 22%，加上新加坡的 3%，可以看出中国图书的传播首先是在汉语言文化圈进行的，占比约为 25%，再加上日本的 4% 和韩国的 5%，中国图书版权向中华文化圈输出量的占比约为 34%；接受中国图书版权输出量最高的国家是美国，占比约为 8%。其他国家占比为四成多，说明中国图书版权输出面向的是全世界，传播较为广泛。

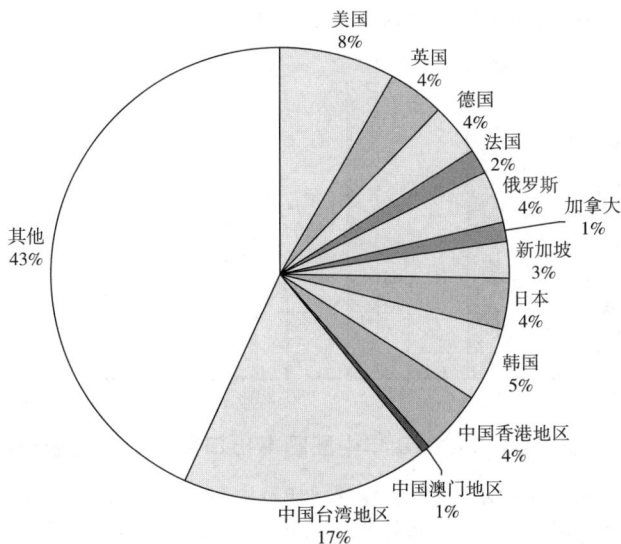

图1-2　2016~2018年中国图书版权向各国家或地区输出量占比

从图1-3中可以看出，2018年，中国图书出口量为1067.17万册，出口金额为5084.06万美元；数量同比下降约13.43%，金额同比降低约6.89%。从图1-3中可以看出，2013~2018年，中国图书出口量总体呈现出下降的趋势，而出口金额较为稳定，说明出口图书的单价在不断提高，这与近些年国家对图书质量和书号的控制有一定的相关性。

当代中国与世界研究院院长于运全在题为"海外中国主题图书在英语世界的传播"的演讲中概括了中国主题图书在英语世界传播的整体情况，他认为："总体来看，中国主题图书出版总量呈现上升趋势，图书题材更加多元，研究论述更加深入和立体，诸多著作产生了较大国际影响；中国出版机构的国际出版合作力度不断加大，在国际出版中的作用和地位进一步提升；出版形式更加多样化，中国主题图书紧随重大事件形成阶段性出版热点。"[①] 在此基础上，于运全分析了中国主题图书在英语世界

---

① 于运全:《海外中国主题图书在英语世界的传播》，出版商务网，http://www.cptoday.cn/news/detail/8240，最后访问日期：2023年8月29日。

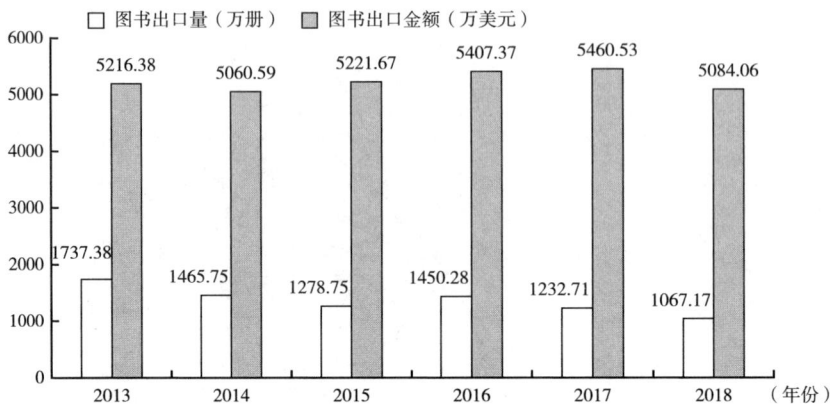

图1-3　2013~2018年中国图书出口量及出口金额统计

资料来源：《2018年中国图书产业发展现状及趋势分析》，智研咨询网，https://www.chyxx.com/industry/201910/791121.html，最后访问日期：2020年4月12日。

传播的机遇与挑战以及发展趋势，指出了中国主题图书在文明交流互鉴方面的重要作用，并在内容创新、销售渠道、出版和推广形式、本土化建设方面提出了独到的见解。欧美等发达国家仍然是中国主题图书出版的主要对象。于运全对中国主题图书在英语世界传播情况的分析，基本上能够反映中国主题图书在全世界的出版和传播情况，同时也反映出中国文化在全世界的传播情况。

## 三　北京主题图书文化海外传播的载体作用

本书中的北京主题图书不仅包含狭义上的源自北京地域、北京文化、北京作家的在国外出版的外文图书，还包含广义上的国际图书市场上的外文中国主题图书。本书关注的是国际语境，在国际视野中，北京是中国的政治中心、文化中心、国际交往中心和科技创新中心。在世界范围内，北京代表着中国，且大部分中国主题图书源于北京、围绕北京。因而，从广义上来说，北京主题图书在一定意义上和一定范围内代表着中国主题图书，参与中国形象的对外传播。在本书中，不刻意区分广义和狭义的北京主题图书，也不刻意区分北京主题图书和中国主题图书。

图书是文化传播的重要载体，也是海外了解当代中国的重要渠道。中国主题图书的出版流通对传播中国文化和促进国际交流有着不可替代的作用。中国主题图书的传播，实质上是中国文化的传播。随着出版对外交流事业的深入推进，中国在弘扬中国优秀传统文化、讲好中国故事、展示和提高国家形象等外事外交方面取得了诸多显著成就，中国主题图书的影响力不断扩大。在中国外宣部门的大力推动下，出版行业积极借助各重大历史事件周年纪念活动的契机，让主题图书的出版事业阔步前行，读者可根据自己感兴趣的领域分门别类进行阅读，从而更有针对性地了解中国。

中国图书的海外发行为讲好中国故事奠定了坚实基础。在新中国成立后70多年的发展过程中，中国主题图书"走出去"取得了巨大的历史性成就，尤其是改革开放40多年来，中国主题图书发展迅速，这既是改革开放以来中国经济快速发展、文化空前繁荣的结果，也是中国综合国力、地位和文化软实力不断提升的重要体现。中国主题图书类型繁多，每种类型的图书都在某个领域为中国文化的多样性做出贡献。例如，文艺、少儿类图书增强了中国故事、中国情调、中国生活的亲切感，文化、社科类图书提高了中国文化、中国精神、中国气质的吸引力，主题类图书增强了对中国理念、中国方案、中国举措的认同感，等等。①

2018年的第25届北京国际图书博览会上，主题图书"走出去"成为一大看点。河北出版传媒集团《知之深 爱之切》（法文版）签约发布，浙江出版联合集团《人民公开课》实现多语种版权输出，江西人民出版社《中国共产党怎样解决发展问题》输出印度，中华书局与波兰等4国签订《中国文化的根本精神》出版合作协议，三联书店举办"中华文明的核心

---

① 王珺：《十八大以来我国出版业国际传播能力建设情况综述》，《科技与出版》2019年第2期。

价值"丝路成果交流展，中国图书进出口（集团）总公司推出"主题阅读"电子书柜……多种形式的展示和发布活动，展示了国内出版机构推动主题图书版权输出的重要成果。① 值得关注的是，人民文学出版社图书《谢谢了，我的家》版权输出协议同时被 9 家海外出版机构签署，涉及英语、韩语、阿拉伯语等 9 个语种。出版方人民文学出版社社长臧永清认为，9 家出版机构同时签约一本书的海外版权，主要是看中了该书"家"的主题，"在中国，家是一种信仰，是我们的图腾。中国出版拿什么走出去，应该是中国传统文化，中国文化这种精神是我们首先要推出去的内容"②。中国文化，特别是中国传统文化，借助图书的形式传播到全世界。每一本中国主题图书，都承载着传播中国文化的重要使命。

2019 年的第 26 届北京国际图书博览会体现了中国出版"走出去"步伐的进一步加快：人民出版社同英国查思出版社、俄罗斯尚斯国际出版集团、日本侨报社、韩国耕智出版社、土耳其哥白尼出版社签订了《平"语"近人——习近平总书记用典》英文版、俄文版、日文版、韩文版和土耳其文版的授权协议，诸多国外引进方代表表示，该书能够让海外读者对当代中国有更深入的理解。再现中国共产党诞生历程的大型文学作品《红船》《红色的起点》也输出了俄文版版权。二十一世纪出版社集团就著名作家杨志军最新创作的儿童文学力作《巴颜喀拉山的孩子》，分别与英国查思出版社、马其顿出版社、埃及出版社签署了英文版、马其顿文版、阿拉伯文版三种文字版权协议。该书描写了藏地少年的生活，探讨了人与自然的关系，具有浓郁的民族风情和文化特色。英国查思出版社编辑马修·基勒希望将《巴颜喀拉山的孩子》推介到全世界，并希望更多读者能够看到这部信仰之书、人性之书、希望之书，因为它"聚焦

---

① 《第二十五届北京国际图书博览会闭幕》，http://m.focus.cn/bj/zixun/b831c9d38d361214.html，最后访问日期：2023 年 8 月 27 日。

② 高丹：《北京图博会 | 版权输出，让更多中国作家"走出去"》，澎湃新闻，https://www.thepaper.cn/newsDetail_forward_2372411，最后访问日期：2020 年 3 月 15 日。

人与自然、传统与现代的冲突，主题具有世界性"。曾获得茅盾文学奖
的著名作家梁晓声首部儿童文学作品《梁晓声童话》输出尼泊尔文版版
权。江苏凤凰教育出版社《北极焰火》等一批原创童书版权输出马来西
亚……① 每一届北京国际图书博览会，都会有大量的中国主题图书输出
到国外，内容涉及政治、经济、文化等多个领域，输出对象国语言除英
语等使用较广的语种外，还有阿拉伯语、波兰语、阿尔巴尼亚语、土耳
其语、哈萨克斯坦语等非通用语种，北京国际图书博览会已成为国外引
进中国图书和了解中国的重要平台。

　　围绕某一主题或研究课题，紧跟时代步伐，以丛书的形式出版系
列图书，能够找准时代脉搏，逐渐形成主题图书体系。国家创新与发展
战略研究会和中国外文出版发行事业局合作策划的"读懂中国"系列丛
书，首批出版中、英文版图书 21 种，邀请中外著名的专家学者开展系
列课题研究。《中国关键词：十九大篇》是由中国外文出版发行事业局、
当代中国与世界研究院和中国翻译研究院联合组织实施的国家重点项
目——"中国关键词多语对外传播平台"项目的重要成果，延续了此
前《中国关键词（第一辑）》《中国关键词："一带一路"篇》的体例，
以中外文对照的形式呈现，涵盖了汉语、英语、法语、俄语、西班牙
语、阿拉伯语、德语、葡萄牙语、意大利语、日语、韩语、越南语、
印度尼西亚语、土耳其语、哈萨克语共 15 个语种。② 上海新闻出版发
展公司为满足海外读者的阅读需求，结合实际需要，打造了 300 多种
外文版"文化中国"丛书，其中近半数已销售至 43 个国家和地区，涉
及全球六大洲。这些成果由点到面逐渐丰富完善，有助于系统性地展
示和介绍中国。

---

① 史竞男、张漫子：《中国出版"走出去"步伐加快——第 26 届北京国际图书博览会成
　效显著》，中华人民共和国中央人民政府网，http://www.gov.cn/xinwen/2019-08/24/
　content_5424192.htm，最后访问日期：2020 年 3 月 15 日。
② 《〈中国关键词：十九大篇〉多语种图书发布》，http://news.gmw.cn/2019-01/12/
　content_32339746.htm，最后访问日期：2023 年 8 月 17 日。

市场更青睐知名作家的文学作品，借助知名电商平台，中国主题图书能够快速传播到世界各地。亚马逊全球出版持续挑选中国优秀文学作品，并专门成立译者平台将高质量的翻译作品介绍给全球读者，截至2019年翻译出版的中国文学作品达22部。贾平凹、陈忠实、冯唐、路内、虹影、韩寒、刘心武、秦明等多位知名作家的作品已经通过亚马逊美国网站成功"走出去"。2017年8月，贾平凹先生的《高兴》英文版 *Happy Dreams* 在亚马逊全球14大站点一经推出即广受好评，为响应"一带一路"倡议，亚马逊陆续又推出此书的印度版（英文），将刘高兴进城打工的故事带给更多国家和地区的读者。①

狭义上的北京主题图书是与北京相关的，能反映或体现北京的政治、经济、文化等方面的图书。北京是中国的首都，也是中国的政治、经济和文化中心，北京主题图书作为中国主题图书不可或缺的组成部分，为海外了解北京和中国搭建了重要的平台，提供了广泛的智慧支撑。在OCLC的书目库中，以"Beijing"或"Peking"为关键词，可以检索到除中文之外的共计111种语言的图书154843种（包括打印图书、电子图书、缩微品、硕士/博士学位论文、手稿、大字本以及盲人用的点字法图书等），其中英语111558种，约占72.05%；德语9507种，约占6.14%；法语4638种，约占3.00%；日语3457种，约占2.23%；藏语（Tibetan）2355种，约占1.52%；荷兰语（Dutch）827种，约占0.53%；韩语（Korean）809种，约占0.52%；维吾尔语（Uighur）572种，约占0.37%；瑞典语（Swedish）502种，约占0.32%；其他101个语言4378种，约占2.83%（见图1-4）。

可以看出，英语版的北京主题图书占了所有非中文语种北京主题图书的七成多，反映了英美等英语世界发达国家出版的北京主题图书占有绝对主体地位。北京主题图书涉及的领域广泛，包括语言、文学、商业

---

① 《版权输出，让更多中国作家"走出去"》，澎湃新闻，https://www.thepaper.cn/newsDetail_forward_2372411，最后访问日期：2020年3月26日。

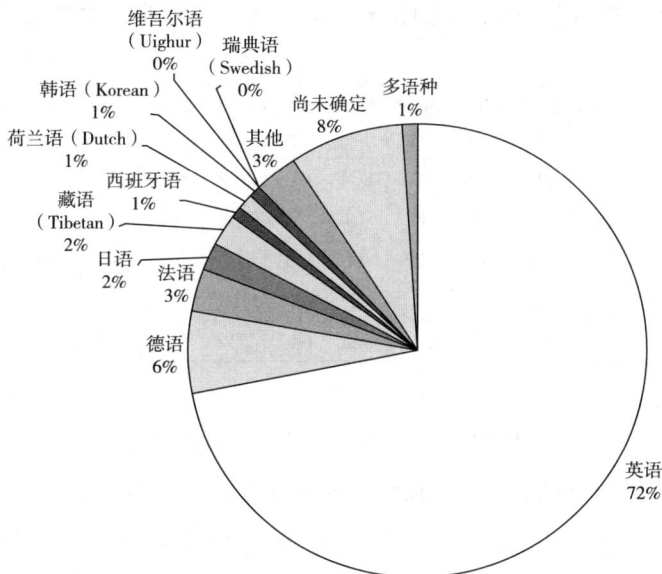

**图 1-4　OCLC 的书目库中非中文语种北京主题图书中各语种图书数量占比**

与经济学、历史与辅助科学、艺术与建筑、工程技术、法律、计算机科学、地理与地球科学、社会学、政治学、生物科学、政府文件、物理科学、哲学与信仰、数学、教育、农业、图书馆学、体育、人类学、表演艺术、化学、音乐、健康与公共卫生、心理学、临床前科学、药物医学、卫生设施、护理与历史、传染病及其他学科等。长期以来，北京主题图书在很多学科领域都有了一定的积累，逐渐形成了国外了解和研究北京的系统性的文献资源。

在全球规模最大的网上书店亚马逊（Amazon）图书上，以"Beijing"或"Peking"为关键词，检索到图书超过 70000 种，其中有英语图书 9000 余种，法语图书 285 种，德语图书 431 种，西班牙语图书 122 种（包括打印图书、电子图书、缩微品、硕士/博士学位论文、手稿、大字本以及盲人用的点字法图书等）。其中 2009~2019 年出版的英语、法语、德语、西班牙语北京主题图书有 6706 种（见表 1-2）。

表1-2　亚马逊图书2009~2019年出版的部分语种北京主题图书数量统计

单位：种，%

| 语种 | 2009年 | 2010年 | 2011年 | 2012年 | 2013年 | 2014年 | 2015年 | 2016年 | 2017年 | 2018年 | 2019年 | 合计 | 占比 |
|---|---|---|---|---|---|---|---|---|---|---|---|---|---|
| 英语 | 341 | 545 | 419 | 449 | 786 | 804 | 613 | 592 | 550 | 523 | 642 | 6264 | 93.41 |
| 法语 | 8 | 8 | 12 | 2 | 15 | 16 | 9 | 7 | 13 | 29 | 17 | 136 | 2.03 |
| 德语 | 12 | 12 | 16 | 17 | 16 | 34 | 14 | 24 | 28 | 33 | 30 | 236 | 3.52 |
| 西班牙语 | 10 | 1 | 7 | 3 | 8 | 8 | 6 | 9 | 3 | 10 | 5 | 70 | 1.04 |
| 合计 | 371 | 566 | 454 | 471 | 825 | 862 | 642 | 632 | 594 | 595 | 694 | 6706 | 100.00 |

从表1-2中可以看出，英语北京主题图书占据了非中文图书的绝大部分，其所占百分比，比在OCLC书目库中的占比多了21.36个百分点，反映出英语北京主题图书在所占市场份额上处于绝对优势地位；这也反映了其他语种的北京主题图书还有很大的增长空间。而非中文语种北京主题图书仅占全部北京主题图书的1/7，说明还有大量的中文北京主题图书有待翻译。

从表1-2中还可以看出，亚马逊图书上2009~2019年中每年出版的北京主题图书的数量有涨有跌，总体呈现缓慢增长的趋势。2013年、2014年数量突增，应该与中国政府采取了一系列改革举措有较强的相关性。

从表1-3中可以看出，2009~2019年出版的英语北京主题图书中，旅游与地图类图书最多，占26.6%，其次是辞典与工具书等学习类图书（21.7%），然后是历史类（18.1%）、政治与社会科学类（12.1%）以及文学与小说类（10.9%）图书，类别较为广泛，但也存在较不均衡的特点。总而言之，北京主题图书在数量、类别、语种等方面都有长期的积累，有着良好的发展势头，一定程度上代表着中国主题图书的发展情况。如《故宫》《这里是北京》等外宣图书的英译出版，就在业界获得了认可，其英译版本（包括电子版）在国外享有较高的知名度。[①] 同时，无论是北京主题图书还是中国主题图书，均有较大的增长空间。

---

① 魏万里：《媒介融合下外宣图书译介出版研究》，《中国出版》2018年第6期，第57页。

表 1-3 亚马逊图书 2009~2019 年英语北京主题图书分类统计
（不完全统计）

单位：种，%

| 分类 | 子类 | 数量 | 占比 |
|---|---|---|---|
| 旅游与地图 | 中国旅行指南、北京旅行指南、亚洲旅行书、旅行参考和攻略、特殊旅行、旅行随笔、亚洲旅行指南 | 1040 | 26.6 |
| 中国史 | 中国史 | 416 | 10.7 |
| 历史 | 亚洲史、世界总史 | 707 | 18.1 |
| 文学与小说 | 中国文学、文学小说、历史小说、世界文学、美国文学 | 426 | 10.9 |
| 政治与社会科学 | 亚洲政治、国际与世界政治、人类地理、政治学、政治与政府、社会科学、社会学 | 469 | 12.1 |
| 辞典与工具书 | 旅行写作参考，文字、语言与语法，外语学习，字典与辞典 | 845 | 21.7 |

## 四 北京主题图书对国际上中国形象的建构意义

本书涉及的北京主题图书不仅包含狭义的北京主题、来自北京区域、北京题材的主题图书，更是广义上的中国主题图书的代名词。本书的研究对象主要是国外出版的、面向国外读者的、非中文的中国主题图书和北京主题图书，侧重于研究国外的出版发行、市场营销和阅读情况，分析外国人对中国主题图书之于中国的意义的认知，贴近外国人对中国主题图书的观察视角，从而帮助我们了解外国人眼中的中国。

国家形象的内涵丰富，其概念和界定较为复杂，目前主要有经济学、社会心理学、政治学和传播学等研究视角。从传播管理视角来看，国家形象可以定义为"一个人或一群人所拥有的关于某个国家的信念、态度和印象的综合"①。刘康在《大国形象——文化与价值观的思考》中指出，国家形象是"综合、全面、复杂、多样、多元的形象，不仅仅受政府单

---

① 常欣、王沛:《国家形象的内涵及其结构：多学科的视角》，《中国外语》2018 年第 11 期，第 99 页。

一力量或传媒的影响，而是国家文化软实力、社会价值观、历史传承、意识形态的综合反映，是国家在政治、经济、社会、文化各方面的整体呈现"①。国家形象有诸多构成要素，刘艳房在综合参考了刘继南、管文虎、张昆、孙津、何茂春等人的论述后，认为国家形象由物质基础、政治制度、文化理念、意识形态和民族精神等构成。②孙祥飞在《中国形象：历史演进及跨文化传播路径》中，对国家形象做了极为全面和深入的研究。③国家形象是国家的一种软实力，其对国家开展国际合作和竞争具有重要的战略意义。国家形象的建构涉及国家的各个方面，是各种因素长期、持续相互作用的过程。要研究图书与中国形象海外建构的关系，有必要梳理中国形象的历史、中国形象的研究历史以及在此过程中图书所扮演的角色及所起的作用。

根据周宁的研究，西方的中国形象最早出现在 1250 年前后的蒙古强盛时期，从《柏朗嘉宾蒙古行纪》（1247 年）一书开始，一系列的图书为黑暗混乱的中世纪欧洲展示了成熟而多彩的中国文化，具体包括哲学理念、道德观念、政治制度、城市商贸、艺术娱乐、诗歌戏剧、技术器物、建筑园林、装饰审美、生活方式等，从而逐渐构建起一个"孔教乌托邦"的理想中国形象，并且其不断被西方启蒙文化利用，"变成一种社会文化运动的象征"。在中西方文化交流的过程中，传教士发挥了重要作用，撰写的诸多著作流行于当时的欧洲读者之间，让欧洲人对幅员辽阔的中国及其邻邦有了先入为主的印象，也对中国的政治、经济、语言以及风土人情等有了更为浓厚的兴趣。例如，由卫三畏撰写的《中国总论》和明恩溥撰写的《中国人的性格》被国外一些学校采用成为教材，并获得了较高的评价，其实其中不乏偏误。此外，诸如《马可·波罗游记》（现存抄本有 143 种）、

---

① 〔美〕刘康：《大国形象——文化与价值观的思考》，上海人民出版社，2015，第 109 页。
② 刘艳房：《全球化背景下的中国国家形象战略——基于国家利益的研究视角》，中央编译出版社，2016，第 35 页。
③ 孙祥飞：《中国形象：历史演进及跨文化传播路径》，社会科学文献出版社，2017，第 17 页。

《曼德维尔游记》（现存抄本约 300 种）、《大中华帝国志》和《利玛窦中国札记》等著作也备受欢迎。《大中华帝国志》是当时描述"西方的中国形象的典型文本"，它"塑造了一个完美的、优越的中华帝国形象，为此后两个世纪间欧洲的'中国崇拜'提供了一个认知与想象、评价与批判的起点，一个逐步将中国理想化的起点"。① 这些图书在通信和交通方式落后的古代社会产生了巨大的影响，可以说，当时西方对中国的几乎所有的认知都来自这些图书。单波和刘雅欣从跨文化传播视角对国家形象的构建做了全面而又深入的阐述，其中涉及大量的西方人所著的中国主题的图书，如孟德卫（David Mungello）的《1500~1800：中西方的伟大相遇》、沟口雄三（Yuzo Mizoguchi）的《作为方法的中国》、明恩溥（Arthur Henderson Smith）的《中国人的性格》、麦嘉湖（John MacGowan）的《中国人的生活方式》、余恩思（Bernard Upward）的《汉人：中国人的生活和我们的传教故事》、利玛窦（Matteo Ricei）的《利玛窦中国札记》等，单波和刘雅欣细致入微地分析了这些图书是如何影响西方人看待中国的方式以及中国形象的海外构建的。②

　　1250 年之后的几个世纪，西方国家不断美化中国，并将之视为一种潮流，尤其在 16 世纪和 17 世纪，这种潮流达到顶峰，当时西方塑造的中国形象俨然成为欧洲社会梦寐以求的生活环境。1750 年之后，随着西方的不断扩张和中国的持续衰落，西方开始诋毁、丑化、仇恨和排斥中国。例如，孟德斯鸠（Montesquieu）在《论法的精神》（1748 年）中证明中华帝国是"棍棒统治的专制帝国"。卢梭（Jean-Jacques Rousseau）在《论科学和艺术》（1749 年）中则表示：细腻、精巧的中国科学、文学和法律是没有益处的，因为它们并不能保护中国"避免无知而粗鲁的蒙古人的奴役"。而 1748 年英国海军上将安逊（George Anson）所写的《安逊环球航海记》，通过详细记录其在中国东南沿海旅行时的见闻，"对中国社

---

① 王寅生：《西方的中国形象》，团结出版社，2014，第 42~43 页。
② 单波、刘欣雅主编《国家形象与跨文化传播》，社会科学文献出版社，2017，第 110~143 页。

会生活和科技文化进行了严厉的批判和否定，猛烈地批评了中国官场的腐败以及国民的虚伪和自私"①。不到百年时间，西方社会对中国文化的印象发生了很大转变，并且这种看法历经几百年，直到今天也没有彻底改变。近现代以来有关中国形象的研究著作层出不穷，国外著作有倪维思（John Livingstone Nevius）的《中国和中国人》（1869年）、埃德加·斯诺（Edgar Snow）的《西行漫记》（1937年）、毛思迪（Steven Mosher）的《被误解的中国：美国的幻觉与中国的现实》（1990年）、克里斯托弗·杰斯普森（T. C. Jespersen）的《美国的中国形象（1931~1949）》（1996年）、哈罗德·伊萨克斯（Harold R. Isaacs）的《美国的中国形象》（1958年）、科林·麦克拉斯的（Colin Mackerras）《1949年以来西方的中国形象》（1989年）、约·罗伯茨（J. A. G. Roberts）的《十九世纪西方人眼中的中国》（1991年）、雷默（J. C. Ramo）等的《中国形象：外国学者眼里的中国》（2006）、艾田蒲（Rene Etiemble）的《中国之欧洲》（1988年）、基辛格（Henry Alfred Kissinger）的《论中国》（2011年）等，这些著作建构的中国形象，有些在历史上产生了深远影响，甚至在某种程度上改变了历史的走向和进程。国内关于国家形象阐释和研究的著作颇多，也凸显了国家形象建构的重要意义，如管文虎的《国家形象论》（2000年）、孙津的《赢得国家形象》（2002年）、刘继南等的《国际传播与国家形象》（2002年）、李正国的《国家形象构建》（2006年）、张昆的《国家形象传播》（2005年）、刘明的《当代中国国家形象定位与传播》（2007年）、周宁的《龙的幻象》（2004年）和《天朝遥远——西方的中国形象研究》（2006年）及其主编的"世界的中国形象丛书"（包括《美国的中国形象》《西欧的中国形象》《俄罗斯的中国形象》《日本的中国形象》《印度的中国形象》《东南亚的中国形象》《非洲的中国形象》《阿拉伯的中国形象》《拉丁美洲的中国形象》9部著作）、姜智芹的《镜

---

① 李玮：《俄罗斯人眼中的中国形象》，北京大学出版社，2016，第24~25页。

像后的文化冲突与文化认同——英美文学中的中国形象》（2008年）等。①
这些著作具有较高的学术参考价值，对中国形象的评价既有正面的，也
有负面的。

孙祥飞总结了中国国家形象"被塑造、被误读、被歪曲"的原因：
除了西方媒体刻意放大中国某些负面问题以迎合西方世界的刻板偏见，
以及中国自身缺乏有效的自我表达之外，其逻辑起点是，经过宗教改革、
启蒙运动、地理大发现等标志性的事件后，西方"确立了现代优于古代、
西方优于东方、自我优于神祇的观念"。因此，中国成了"西方世界自我
发展与自我反思的参照物"②。中国落后的反面形象，开始逐渐在西方世界
扎根、固化，周宁也对此做了精辟细致的论述："数世纪以来，西方人通
过不同类型的文本，建立起一套言说中国的词汇、意象、观念，形成一
套关于中国形象的知识话语体系，该体系构筑起西人想象、思考中国的
模式和框架。受该框架和模式的影响，西方人又生产出大量关于中国形
象的文本，这些文本混杂着真实与虚构的内容，相互参照，共同构建起
具有历史延续性和社会集体性的中国形象话语谱系。西方的中国形象是
西方文化投射的一种关于文化他者的幻想，是西方文化自我审视、自我
反思、自我书写的方式，表现了西方文化潜意识的欲望。"③周宁所说的文
本，其主体显然是图书，也就是说，西方人通过图书，建立起管窥中国
的狭隘视角，他们很难突破观察壁垒从而看到中国的全貌，体现出图书
对话语体系和思维模式的限制作用。同时也可以看出，图书能构建正面
形象，也能构建负面形象。在中国形象从完美到一落千丈的过程中，图
书始终都是一个极其重要的因素。

中国的国家形象在过去的770余年中，经历了从"中国潮"的高
峰到近现代屈辱落后的低谷的变化，如今依然面临着严峻的挑战。有些

---

①　王寅生：《西方的中国形象》，团结出版社，2014，第1~13页。
②　孙祥飞：《中国形象：历史演进及跨文化传播路径》，社会科学文献出版社，2017，第
　　2页。
③　周宁：《天朝遥远——西方的中国形象研究》，北京大学出版社，2006，第3页。

国家和媒体从未停止过对中国的脸谱化、标签化甚至"妖魔化"，以至
于长期以来西方世界对中国形象形成了固有的偏见。近些年来，随着中
国的综合国力不断提升，"中国崩溃论""中国责任论"等歪曲事实的
论调此起彼伏，这种偏见固然隐含着无知，但中国应积极主动地融入世
界，寻求各国人民的认同和接纳。这需要加强对国家形象的构建、完善
和提升，从而"减弱中国与其他国家在意识形态领域的对抗冲突，提高
中国在国际舆论场的话语权，最终为中国的发展创造良好的国际舆论环
境"①。当前，中国的国际影响力在不断扩大，但国家形象、国家软实力
和国际话语权亟待提升，在对外交流和传播中缺乏明确的、稳定的价值
观，中国的软实力建设和国家形象的塑造面临着诸多困境。总体上看，
西方国家对中国的好感度趋于下降。西方知名独立民调机构皮尤研究中
心 2014~2015 年对 33 个国家的追踪调查显示，巴基斯坦、俄罗斯、乌克
兰、秘鲁和大多数南部非洲国家对中国非常友好。对中国不友好的国家
主要是日本、越南、土耳其、约旦以及欧洲大陆国家和美国，尤其是美
国，2005~2015 年，美国民众对中国的好感度在逐步降低，恶感度却在上
升。②中国迫切需要获得更多的话语权，提高软实力，加大国际传播力度，
提升国家形象，以适应不断增长的国际影响力。

　　虽然世界对中国的关注度在不断提升，但多数研究的关注重点在
于中国发展对整个世界体系的影响，③如剑桥大学学者哈儿珀（Stefan
Halper）的《北京共识：中国模式将如何主导 21 世纪》、马丁·雅克
（Martin Jacques）的《当中国统治世界》等。此外，西方受众多关注中
国传统社会的器物和礼节，如汉语、北京故宫、长城、苏州园林、孔子、
道教、孙子兵法、兵马俑、丝绸、瓷器、京剧、少林寺、功夫、西游记、
针灸、中国烹饪等，④却"忽视中国现实社会的观念与价值"。谢晓娟分析

---

① 张昆主编《中国国家形象传播报告（2016）》，社会科学文献出版社，2017，第 3 页。
② 张昆主编《中国国家形象传播报告（2016）》，社会科学文献出版社，2017，第 13 页。
③ 谢晓娟：《文化多样性与当代中国软实力建设》，人民出版社，2015，第 189 页。
④ 胡晓明：《国家形象》，人民出版社，2011，第 97 页。

了中国国家形象面临困境的三个原因，即客观存在的中西文化差异容易导致对中国国家形象的误读和曲解、西强我弱的国际文化传播机制不利于中国国家形象成功的塑造以及缺乏对西方受众的研究造成传播内容的表面化。她指出了中国国家形象成功塑造的四个实现途径：一是确定具有鲜明"中国特色"的中国文化的核心内涵，包括"中国经验"、"中国情感"、"中国话语"和"中国智慧"；二是关注西方介质受众尤其是意见领袖的影响，包括在西方"土生土长"并精通中国语言和中国文化的学者，以及来自中国的在西方国家受过良好教育、熟悉西方国家文化和思维习惯的学者或华人学者；三是培养和挖掘大量既懂得汉语、了解中国文化，又了解受众国文化的人才，依靠他们中的部分人完成语言的转换和文化的对接；四是冷静看待西方国家出现的"中国热"，不能无视对社会现实的深刻洞察和理性批判，追求超脱现实的虚幻形象。[①] 文化传播和国际形象的建构与国家的软实力息息相关，且相互影响。谢晓娟的研究指出了构建国家形象面临的问题及路径，这为研究中国主题图书出版的选题和传播提供了思路与借鉴。

　　既然一个国家的形象是人的主观看法，那么要改变一个国家的形象，在很大程度上就需要改变和占据受众的信息来源。对海外受众而言，他们大多数只能通过阅读图书或接受其他媒体信息来在心中形成一个国家的形象。图书具有很强的媒介属性，图书中与其来源国直接或间接相关的内容，能够系统、长久地影响受众对其来源国的看法，因此图书对于构建国家形象有着极为重要的作用。早在二战时期，在"图书是思想战争的武器"理念的号召下，美国就启动了规模宏大的战时图书计划，为美国文化霸权的建立奠定了基础。约翰·B. 亨奇（John B.Hench）在《作为武器的图书》一书中对此进行了全面和透彻的分析研究。[②] 图书在文化输出中是一种无声的力量，是直指人心的文化战略武器。冷战时期，

---

①　谢晓娟：《文化多样性与当代中国软实力建设》，人民出版社，2015，第195~199页。

②　〔美〕约翰·B. 亨奇：《作为武器的图书》，蓝胤淇译，商务印书馆，2016，第6页。

美国极大强化了以图书为代表的传媒出版产品的战略传播功能，在全球塑造并传播了政治自由、经济富足、文化多元的美国形象，"推动了美国文化边疆的扩张"。[①] 由此可见世界头号强国美国从战略高度对于图书塑造国家形象的重视。国内对中国形象的研究开始于 20 世纪 90 年代中期，王大可总结了中国形象图书的出版情况，分析了中国形象图书对于提升国家形象的重要意义，指出出版工作应"融合中国形象图书出版与国家形象提升战略"。[②] 有关中国形象的图书，如《中国形象全球调查》《美国政府对中国国家形象的认知》《非洲的中国形象》《全球卫生时代中非卫生合作与国家形象》等，从不同领域对中国形象进行研究和总结。

中国主题图书的内容和质量、传播的广度和深度等，会在很大程度上影响读者的素质和规模，继而影响中国国家形象的构建，这是国家形象"自塑"和"他塑"共同作用的过程。从内容和质量来看，中国出版的外文书多是与中文书配套的外文版，有一定的主题方向，如"读懂中国"系列丛书。2013 年，当代知名作家、时任《小说选刊》杂志社主编杜卫东散文随笔集《岁月深处》英文版正式举行全球首发仪式，并在美国同步上市。杜卫东散文的思想追求充分体现了 21 世纪的文明观念。他在不少篇章中所强烈主张的平等竞争机制、普遍监督机制等，都抓住了建设理想社会和先进文化的关键问题，其见解深刻而独到。[③] 2014 年，中国第一位雨果奖得主刘慈欣的《三体》在北美地区已发行了 60 多万册，并获得美国前总统奥巴马的热捧，对中国科幻走向世界起到了很大的推广作用。外国出版的外文书，多是精品"爆款"，体现出明显的市场需求导向。如基辛

---

① 胡腾蛟：《文化冷战背景下美国图书的海外传播与国家形象塑造》，《中南大学学报》（社会科学版）2016 年第 2 期。

② 王大可：《探求域外的自我：中国形象图书出版演进趋势和内容挖掘》，《科技与出版》2018 年第 10 期，第 187 页。

③ 《北京图博会：中国文化走出去》，中国作家网，2013 年 9 月 17 日，http://www.chinawriter.com.cn/wxpl/2013/2013-09-17/174765.html。

格、傅高义等人的著作《论中国》《邓小平时代》，自出版以来连年再版、畅销不衰。这些优秀作品，都拉近了全球读者与中国社会生活的距离，参与构建了丰富的中国形象。因此，主题图书出版传播应以内容选题为指引，以提高质量为关键，以创新营销为手段，加大宣传推广力度，逐渐形成以构建中国形象和北京形象为主题导向的推广体系。

　　由上述分析可以看出，中国主题图书的传播是塑造国家形象的重要途径，中国主题图书的出版和传播在实践中探索多种"走出去"的有效方式，取得了较大的成就，对构建中国国家形象起到了至关重要的作用。与此同时，中国主题图书"走出去"战略还有较大的改进空间。张岩等对中国图书海外传播的体量和主题的研究表明，2005~2016 年，中国出口图书在"主题类型分布上始终未能突破既有的模式结构，即儿童类图书占比较高，哲学社会科学类、文化教育类图书突破艰难，科技类图书缺陷明显"（见图 1-5）。"这种结构显然不符合中国文化科技和图书产业发展的现状，也未能切实满足海外读者对中国国际形象的认知需求。出版的滞后性使图书不能完全满足海外读者的需求，图书选题集中性高、重复率高，跟风蹭热点的现象明显。"① 针对这些问题，张岩等也提出了自己的见解，认为出版机构应该对海外市场进行调研，详细了解对中国图书需求的变化趋势，顺应西方出版行业商业规则的不断变化，持续对图书跨文化传播理念进行创新，使其符合时下发展态势，紧跟时代主题的变化。《中国主题图书在主要发达国家出版情况综述》一文也指出了中国出版的中国主题图书进入国际市场的一些瓶颈，如选题范围狭窄，缺乏国际化、复合型作者和翻译人才，等等。可以看出，图书选题是构建中国形象的核心因素，而作者和译者，是构建中国形象的关键因素。② 作者和译者对图书的内容质量有着根本性的影响。而他们

---

① 张岩等：《中国图书海外传播的体量、地缘与主题研究（2006—2015）》，《编辑之友》2017 年第 8 期。
② "中国主题图书在主要发达国家出版情况的调研"课题组：《中国主题图书在主要发达国家出版情况综述》，《出版广角》2007 年第 9 期。

的知识和研究领域、工作和生活经历、社会地位以及对中国的了解对其著作有着直接深远的影响。具有中外生活背景的学者、学贯中西的文化名人、具有跨文化视野的意见领袖、长期在中国生活的外国网红等，本身具有较大的学术或社会影响。其著作或对某一现象具有独特的观察视角，或对某一话题有独到的见解，或对某一领域有着深入的思考、在该领域有所沉淀，因而通常具有突出的高度和深度。例如，在2019年3月伦敦书展上举办的"英国人眼中的中国"活动上发布的《徒步中国Ⅱ：为梦想行走》《中国乡村的"莎士比亚"——汉学家眼中的中国评剧》均由英国知名政要和学者所著，发布当天即在伦敦产生了广泛影响，[①] 其中《徒步中国Ⅱ：为梦想行走》是英国作者到中国体验后创作的。《丝绸之路：一部全新的世界史》为英国著名历史学家彼得·弗兰科潘（Peter Frankopan）所著，书中从历史和西方学者的角度，描绘了2000年来中国丝绸之路历史的宏伟画卷，并在西方引起了极大反响和广泛关注。此书言语通俗、描绘生动，在全球范围内被争相抢购。高水平的作者是中国主题图书出版的源头活水，尤其是对中国有深入了解和观察且抱有善意的中国问题专家，他们的一本著作，可能会撬动许多人的固有成见，善用他们的影响力，往往能起到事半功倍的效果。孙志鹏根据对日本出版中国主题图书的调研分析，提出要"充分重视日本众多知华友华人士的作用，注重培养知华友华的作者、编辑、书评人和出版人，通过他们实现知华友华内容资源的可持续创作和传播"[②]，就是看准了作者这个决定性因素。因此，可以发挥"外国人写作中国计划"优势，积极联络友好的境外知名出版机构、优秀作家、汉学家、业内专家等，使他们以亲身经历为范本，向世界讲述自己的"中国故事"。基于此，中国对外出版发展应向高质量出版转型，包括提升出版质量、强化创新发展、丰富

---

① 佟萌：《提高中华文化国际影响力研究——以中国主题图书海外编辑部为例》，《传播与版权》2019年第9期，第112页。

② 孙志鹏：《推动日本中国主题图书供给侧改革的有益探索——基于中国主题图书出版联盟的调研》，《对外传播》2018年第9期，第29页。

出版特色；从传播功能看，要向多元服务功能转型，包括创新服务模式、强化编辑队伍建设、全面推进服务功能创新等。[①]

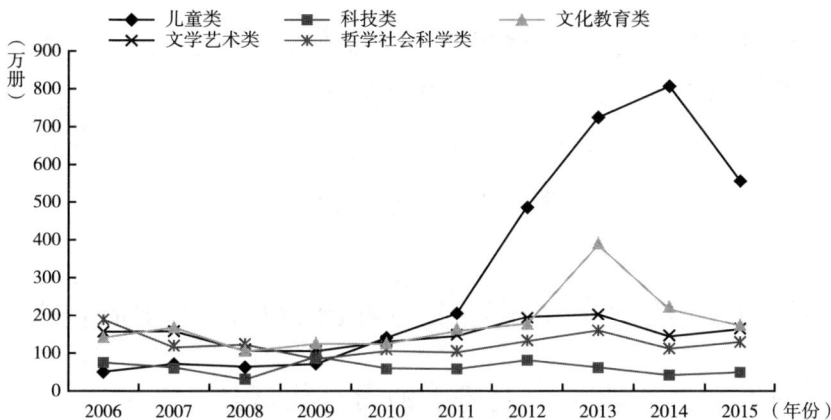

**图 1-5　2005~2016 年各类中国出口图书数量变化趋势**

资料来源：中国新闻出版广电网，https://www.chinaxwcb.com。

综上，中国对外出版工作以图书为媒介和载体，以文化传播为使命，工作目标明确，成效显著，这既是因为历史形势的驱动，也是因为较强的现实紧迫性。要促进中国形象和北京形象的进一步构建和提升，需要加大主题图书出版和传播的力度，尚有大量的中文图书需要主动译介和海外出版。另外，当前，中国形象多数源于西方人的描绘，缺少中国主体的形象表达。因此，在塑造国家形象的过程中，应将更多的主动权掌握在自己手中，加之中国形象在国际社会的构建发生在跨文化、跨语言的背景下，翻译已然成为形象塑造和传播的重要途径。早期的意大利传教士利玛窦翻译的《论语》、马礼逊翻译的《三字经》《大学》等都由西方人自主完成翻译。中国近些年推出各种文化工程，就是要变被动译介为主动输出。2019 年新中国成立 70 周年之际，中国图书对外推广计划

---

① 龚笑楠：《中国出版业海外传播定位及优化策略》，《中国出版》2019 年第 12 期，第 67~68 页。

发布了"新中国 70 年百种译介图书推荐目录"，该目录精选了新中国成立以来的具有代表性的优秀图书，旨在推动"中外出版机构集聚优势资源力量，合作译介推荐图书，让中国好书走向世界，让全世界人民读到更多中国好书"①。如何大量翻译图书也是亟须解决的问题，要想将图书内容传递给更多的、更需要了解中国的海外受众，对图书语言的转换至关重要。要把握好中国主题图书的主动译介和海外出版，寻求相应的路径办法，就需要熟悉主题图书的海外出版和传播情况。

## 五　广义的北京主题图书对外出版及国外出版情况

### （一）广义的北京主题图书的对外出版情况

图书对于国家形象的构建，最终要落脚在出版工作，尤其是对外出版工作上。在这一点上，法国的做法可圈可点，值得借鉴。法国具有悠久的文化外交传统，而且是国内拥有 7000 余家出版社的出版大国，每年的营业额高达 40 亿欧元，仅图书出口就占法国文化产品出口总额的 25%。②而且"在西方发达国家中，法国是唯一设有政府出版管理机构的国家。政府把支持本国出版业的发展视为保持法国的世界大国地位和捍卫世界文化多样性的重要手段，而且一直把出版业作为国家的'第一文化产业'"③。法国外交部通过资助和推介法语图书作者、推动法语图书外译、培训高水平法语译者、鼓励法语图书改编为影视作品等政策措施促进法语图书对外出版。法国文化部则通过其下设的图书阅览处和国家图书中心两个机构，采取扶持译者、出版商和海外法语书店等措施，"致力于推动法语图书外译，加强与国外的文化交流，加大法语图书海外推广力度，提高国外图书馆、书店、文化机构引进和翻译法语图书的数量和

---

① 刘宇阳：《"新中国 70 年百种译介图书推荐目录"诞生始末——专访中国新闻出版研究院院长魏玉山》，《出版参考》2019 年第 9 期，第 13 页。
② 陆本瑞主编《外国出版概况》，辽海出版社，2003，第 103 页。
③ 陆本瑞主编《外国出版概况》，辽海出版社，2003，第 103 页。

质量"。①法国将对外出版工作作为法国文化战略的重要组成部分，形成了一套全面、完备的支持体系。法语能够成为仅次于英语的第二大被翻译语言，很大程度上得益于法国长期以来对图书对外出版的重视和扶持，这对中国的对外出版工作有重要的启示意义。当前，中国已将对外出版工作作为国家战略之一，为推动中国出版"走出去"提供了重要支持。中国政府部门通过一系列相关的文化、出版等项目建设，特别是一系列出版"走出去"国家级项目（其中主要项目见表1-4）的建设，大力支持开展对外出版交流。例如，中华优秀传统文化传承发展工程提出要推进国际汉学交流和中外智库合作，加强中国出版物国际推广与传播，扶持汉学家和海外出版机构翻译出版中国图书，②这从弘扬中国传统文化角度为中国对外出版指出了方法和路径。国家新闻出版广电总局办公厅在《关于报送2018年图书、音像电子出版物出版计划的通知》中提出，要推动中国出版走出去，"围绕促进'一带一路'国际合作、推动构建人类命运共同体等方面，精心策划一批外向型出版选题"，为中国出版"走出去"指出了明确的方向和要求。

表1-4　出版"走出去"主要国家级项目情况

| 序号 | 项目名称 | 起始年份 | 支持方式/项目定位 |
| --- | --- | --- | --- |
| 1 | 大中华文库出版工程 | 1994 | 国家出版基金资助的重大翻译项目 |
| 2 | 中国图书对外推广计划 | 2006 | 资助出版中国主题图书和向国外图书馆赠送图书 |
| 3 | 中国文化著作翻译出版工程 | 2009 | 以资助系列产品为主，既资助翻译费用，也资助出版及推广费用 |
| 4 | 中外图书互译计划 | 2008 | 签署政府间互译协议，双方互译重点作品 |

---

① 王吉英:《文化外交视角下的法国对外图书出版政策》,《出版科学》2018年第6期，第103页。

② 《中共中央办公厅　国务院办公厅印发〈关于实施中华优秀传统文化传承发展工程的意见〉》，新华网，http://www.xinhuanet.com//politics/2017-01/25/c_1120383155.htm，最后访问日期：2020年4月26日。

续表

| 序号 | 项目名称 | 起始年份 | 支持方式／项目定位 |
|---|---|---|---|
| 5 | 经典中国国际出版工程 | 2009 | 图书翻译资助，先期资助 |
| 6 | 边疆新闻出版业走出去扶持计划 | 2009 | 鼓励边疆省区通过版权贸易、资本走出去、营销渠道拓展、会展平台搭建等方式、扩大对周边国家辐射力和影响力 |
| 7 | 中国出版物国际渠道拓展工程 | 2010 | 构建中国出版物国际立体营销网络，以推动更多中国优秀的中文版和外文版出版物走向世界 |
| 8 | 国家社科基金中华学术外译项目 | 2010 | 促进中外学术交流，推动中国哲学社会科学优秀成果和优秀人才走向世界 |
| 9 | 中阿典籍互译出版工程 | 2008 | 中阿之间第一个国家级的互译出版工程 |
| 10 | 丝路书香工程 | 2014 | 资助图书翻译和重大项目实施，先期资助 |
| 11 | 图书版权输出奖励计划 | 2014 | 纸质图书版权输出，后期奖励 |
| 12 | 中华优秀传统文化传承发展工程 | 2017 | 加强中国出版物国际推广与传播，扶持汉学家和海外出版机构翻译出版中国图书 |
| 13 | 图书"走出去"基础书目库 | 2017 | 重点资助入库图书的多语种翻译 |

　　资料来源：息慧娇：《十八大以来中国出版业"走出去"概况》，《科技与出版》2019年第2期，第69页。

　　在围绕图书提供先期资助的项目中，截至2018年，中国图书对外推广计划资助图书翻译出版超过3100种，与80多个国家积极交流合作，建立联系，涉及出版机构700多家。举例来说，截至2010年，《于丹〈论语〉心得》海外版权共签约33个。[①] 经典中国国际出版工程重点支持国内出版单位向世界主要国家和地区输出经典作品，向国际市场推广中华文化，展示当代中国形象，2013~2017年5年间共资助境内外203家出版机构近2000种图书。截至2018年，国家社科基金中华学术外译项目将近700个中国哲学社会科学研究优秀成果翻译成外文在国外权威出版机构出版和发行，使其进入国外主流传播渠道。中国当代作品翻译出版

[①] 诸葛蔚东等：《"中国图书对外推广计划"在英国实施状况分析》，《对外传播》2015年第10期，第47页。

工程资助包括中国优秀小说、诗歌、散文、文学评论等在内的 70 多种图书的翻译出版。<sup>①</sup>截至 2016 年，中国文化著作翻译出版工程已和 25 个国家的 61 家出版机构签订资助协议 101 项，涉及图书 1062 种、文版 16 个。经典中国国际出版工程自 2009 年开始实施，截至 2017 年，累计资助国内外出版机构 1323 个项目，涉及 44 个语种，共输出 55 个国家和地区。2013~2017 年，共资助了境内外 203 家出版机构的 980 个项目，其中包括 1989 个图书品种，涉及 44 个语种。2014 年中宣部批准立项的丝路书香工程，截至 2018 年累计已与 129 家出版单位签订资助协议，涉及 1257 种图书，几乎覆盖所有通用语种，涉及中国文化、文学、少儿、历史、地理、经济、管理、科技、国际关系、社会、建筑、医学、环境、教育、法律、哲学和宗教等 17 个门类，对加快中国精品图书在共建"一带一路"国家出版发行起到了推动作用。<sup>②</sup>2014 年启动的图书版权输出奖励计划旨在对出版企业、版权代理机构和个人作者申报的实现版权输出且在海外实际出版的图书进行奖励，该计划已对 2011~2017 年实现版权输出且在海外出版的近 1800 个项目给予普惠制奖励。以德国为例，受到奖励计划的影响，中国作品被翻译成德语的数量明显增加，并保持上升势头。<sup>③</sup>2017 年，国家新闻出版广电总局开始建设中国图书"走出去"基础书目库，确定首批入库图书 200 种，通过集中推介，实现多种图书的多语种版权输出。<sup>④</sup>

中国出版机构"走出去"的形式主要是成立出版联盟、建立国际编辑部和海外分社等。在成立出版联盟方面，2018 年 7 月第七次中国–

① 王珺:《十八大以来我国出版业国际传播能力建设情况综述》,《科技与出版》2019 年第 2 期，第 64 页。
② 郝婷:《中国主题图书在"一带一路"沿线国家出版发行情况简析——以丝路书香工程重点翻译资助项目为例》,《中国编辑》2018 年第 12 期，第 46 页。
③ 谢琼、张欣:《德国图书版权贸易现状及影响力研究》,《中国出版》2018 年第 11 期，第 71~72 页。
④ 息慧娇:《十八大以来中国出版业"走出去"概况》,《科技与出版》2019 年第 2 期，第 70 页。

中东欧国家领导人会晤期间，时任总理李克强明确指出，要继续办好"16+1"框架下各类人文活动，推动成立"16+1出版联盟"。同年8月，中国－中东欧国家出版联盟（"16+1出版联盟"）在北京成立，[①]为中国与中东欧国家在出版领域的密切合作揭开了新的一页。[②]2019年，中国图书对外推广计划工作小组第十四次工作会议指出：新时代的中国需要向世界展示自己，变化的世界需要更好读懂中国。为加大图书"走出去"工作力度，推动中国出版高质量"走出去"，由中国人民大学出版社发起，来自世界30个国家和地区的94家出版机构、学术机构和专业团体共同成立了"一带一路"学术出版联盟。截至2019年，联盟成员数量增加到300余家，遍及56个国家，覆盖六大洲各大区域，成员涵盖出版机构、学术机构和专业团体，出版学科囊括人文社会科学等各类学科。[③]出版联盟的成立是顺应时代发展的结果，对中国图书对外推广起到了有力的推动作用。

此外，建立国际编辑部是许多出版社为将来出版合作做准备时采取的重要模式，国际编辑部数量也逐年增多，这在一定程度上体现了图书海外传播的发展势头良好。截至2019年，新世界出版社已经在世界范围内建立了12家中国主题图书海外编辑部，涉及12个国家、12个语种，落地出版图书30种。[④]2018年，国际图书博览会在北京举办期间，"牛津国际编辑部"举行了揭牌仪式，该编辑部是由商务印书馆与牛津大学出版社共同创建的。双方表明要开发国际汉语学习词典，面向以非

---

① 杨晓芳：《中国－中东欧国家出版联盟启动仪式在京举行》，《中国出版》2018年第16期，第78页。

② 王彦祥等：《蓄势待发的一年——2018年中国人文社科图书出版盘点》，《科技与出版》2019年第3期，第19页。

③ 郝天韵：《"中国图书对外推广计划"参与者热议新时代出版走出去》，山东宣传网，http://www.sdxc.gov.cn/xwcb/cbgl/201905/t20190510_11444038.htm，最后访问日期：2020年4月28日。

④ 史竞男、张漫子：《中国出版"走出去"步伐加快——第26届北京国际图书博览会成效显著》，中华人民共和国中央人民政府网站，http://www.gov.cn/xinwen/2019-08/24/content_5424192.htm，最后访问日期：2020年4月28日。

汉语为母语的读者，并将通力合作以开发进阶和多角度词典等系列词典。
2018 年 6 月，商务印书馆会同格鲁吉亚金羊毛出版社成立了国际编辑部，
这是中格文化交流与合作中取得的重要成果。中译出版社计划与海外出
版机构积极合作，拟成立 16 家中国主题国际编辑部，2018 年北京国际图
书博览会期间，中译出版社和孟加拉国等国家的出版机构签署了编辑部
建设协议。而在构建海外分社过程中，中国也取得了诸多显著成就，例
如，2018 年 9 月 24 日，浙江大学出版社在佛罗伦萨建立了意大利分社，
以出版意大利文和英文图书为主，这也是中国出版社在意大利成立的第
一家海外分社，为推动浙江大学与欧洲的合作奠定了基础。分社成立之
际，浙江大学出版社与意大利 Cafoscarina 出版社领导为双方合作出版的
《徐霞客游记》（意大利文版）举行了首发仪式。同年，湖南人民出版社
于北京国际图书博览会上成立了越南办事处（分社），并举行办事处揭牌
仪式和《新常态下的大国经济》（越南文版）首发仪式，中国主题图书出
版"走出去"取得了诸多显著成效。[①] 这无疑凸显了中国在国际出版领域
的成果，并推动了与其他国家出版社的合作纵深发展。海外分社数量的
增加，推动了中国出版业与世界各国的文化交流与互鉴，搭建了长期高
效的可持续发展平台。中国出版机构部分国际编辑部（海外编辑部）或
海外分社成立情况见表 1-5。

表 1-5　中国出版机构部分国际编辑部或海外分社成立情况

| 出版机构 | 部分国际编辑部或海外分社成立情况 |
| --- | --- |
| 人民出版社 | 美国、意大利、拉丁美洲的编辑中心已经运营，日本编辑中心也在洽谈中 |
| 商务印书馆 | 与牛津大学出版社共建"牛津国际编辑部"<br>与格鲁吉亚金羊毛出版社共同成立国际编辑部 |
| 外文出版社 | 与德国、西班牙等 9 个国家的知名出版机构成立中国主题图书海外编辑部。2017~2018 年已完成 40 语种中国主题图书海外出版 |

① 王彦祥等：《蓄势待发的一年——2018 年中国人文社科图书出版盘点》，《科技与出版》
2019 年第 3 期，第 19 页。

续表

| 出版机构 | 部分国际编辑部或海外分社成立情况 |
|---|---|
| 新世界出版社 | 在印度、土耳其、韩国、英国、埃及、波兰等 12 个国家建立中国主题图书海外编辑部。已用英文、印地文、土耳其文、韩文、波兰文 5 种文字，在对象国出版了 30 余种中国主题图书* |
| 中译出版社 | 与海外出版机构计划合作成立 16 家中国主题国际编辑部 |
| 接力出版社 | 成立约旦分社、埃及分社。2017 年输出 95 种图书版权 |
| 浙江大学出版社 | 成立意大利分社 |
| 湖南人民出版社 | 成立越南办事处（分社） |
| 凤凰传媒 | 收购美国国际出版公司童书部门及海外子公司全部股权 |

资料来源：田又萌：《"一带一路"战略下我国出版产品"走出去"的机遇及策略研究》，《出版广角》2016 年第 16 期；徐步：《中国主题图书从这里走向世界》，《中国新闻出版广电报》2019 年 8 月 19 日，第 7 版。

　　各国际编辑部合作出版的书籍包括英文版的《中国共产党如何反腐败？》《那年那月人马情》《中国在人类命运共同体中的作用》《愚公移山》《盘古开天地》《年糕的故事》《清明节的故事》；波兰文版的《中国关键词："一带一路"篇》；土耳其文版的《百姓记忆》《草根寻梦录》《布达拉宫》《中国梦：谁的梦》《中国共产党如何应对挑战？》《当代中国建筑师》《像中国人那样思考》《生活在世界屋脊上 I》；韩文版的《中国关键词（第一辑）》《中国关键词："一带一路"篇》《中国梦：谁的梦》《孔子》《孔宁，地球新娘》《简明中国文明史》；印地文版的《图说中国梦》《一带一路：中国崛起给世界带来什么？》《东方主战场》《中国梦：谁的梦》《中国关键词（第一辑）》《中国关键词："一带一路"篇》《109 个春天》《愚公移山》《盘古开天地》《年糕的故事》《清明节的故事》；等等。① 从这些图书的题目可以看出，图书内容既有中国神话传说、中国传统文化、中国历史地理，也有现实的中国经验和中国故事，选题丰富，紧贴中国

---

① 佟萌：《提高中华文化国际影响力研究——以中国主题图书海外编辑部为例》，《传播与版权》2019 年第 9 期，第 112 页。

文化和中国现实。

中国主题图书对外传播包括版权输出和实体书出口。从 1990~2017 年中国图书国际贸易情况可以看出，中国图书版权贸易总量总体上呈现逐渐上升的趋势。就版权输出来说，在 2010 年之前，中国图书版权输出总量增长较为缓慢，2010 年之后进入快速增长阶段（见图 1-6）。[①] 版权输出意味着中国主题图书的国外出版，版权输出量的变化，也与国外出版中国主题图书数量的变化紧密相关。

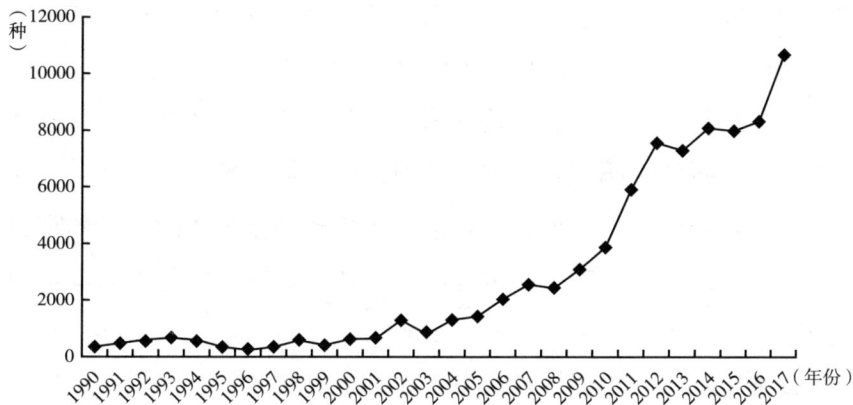

图 1-6　1990~2017 年中国图书版权输出总量变化趋势

资料来源：《中国版权年鉴 2009》（1990~1999 年）及国家版权局网站（2000~2017 年）。

## （二）广义的北京主题图书的国外出版情况

本书涉及的广义的北京主题图书是指在内容上涉及中国政治、经济、文化及社会生活等方面的图书，出版语言包括中文、英文等世界通用语和非通用语，出版主体包括国内外出版社及基于丰富多元的合作模式形成的合作出版主体。图书作者既有中国作者，也有外国作者。图书形式

---

① 曾妍妍：《中国图书版权贸易 40 年：回顾与分析》，《出版发行研究》2019 年第 8 期，第 77 页。

既有中外文专著图书，也有从中文等语种翻译成其他语种的译著图书。如莫斯科东方文献出版社于 2006~2010 年出版的六卷本巨著《中国精神文化大典》，是俄罗斯知识分子建构中国传统文明体系的成果，它的出版意味着俄罗斯汉学家们"在积极重新介绍和发掘中国古典文化遗产及其价值"，该书可以系统地丰富俄罗斯人关于中国的知识，同时有助于塑造他们的中国观，"使之产生对博大精深的中国文化的好感和敬意"。这套书与季塔连科主编的《中国哲学百科全书》、特卡琴科编纂的《中国文化》、克拉夫佐娃的《中国文化史》等巨著"共同为正处于知识重构期的俄罗斯人提供了中国智慧，并将长期滋养未来俄罗斯读者对中国文明的兴致"[1]。前文列举了大量的国外出版的中国主题图书，尤其是过去几百年有关中国形象的图书，它们多是外国人撰写的非中文图书，这些国外出版机构自主出版的中国主题图书，对中国有贬抑有褒扬，有客观理性的介绍，也有狭隘无知的偏见，往往代表着其他文化对中国文化的观察和理解，是"他塑"中国形象的重要载体，其传播效果和影响力与中国自主出版图书大相径庭。

国外出版中国主题图书数量之多，难以具体统计，但出版总体规模大致可用 OCLC 书目库或亚马逊图书销售网站中的图书数量侧面反映。在 OCLC 书目库中，对 1969~2018 年用中文之外的语言出版的中国主题图书（包括纸质图书、手稿、大字本、盲文图书）的品种进行统计发现，1969~2018 年的 50 年中，虽然有起有落，但非中文的中国主题图书种数整体上呈现不断增长的趋势。最少为 1969 年的 4646 种，1969~2000 年一直处于缓慢增长阶段，2001 年（15173 种）之后增长速度明显加快，经历 2006 年（33957 种）的小高峰后，回落至 2007~2010 年（21715 种）的平稳期，随后继续快速增长，2013~2014 年（47938 种）短暂回落后，2016 年达到最高峰（67039 种），2018 年回落至 36617 种。这 50 年平均每年出版 1.8 万种左右，而 2009~2018 年平均每年出版 4.2 万种左右（见

---

① 李玮：《俄罗斯人眼中的中国形象》，北京大学出版社，2016，第 100 页。

图 1-7）。图书涉及 90 多个语种，其中英语占了将近一半。OCLC 书目库中非中文中国主题图书的数量，大致能够反映国外出版的中国主题图书的情况。另据何明星研究发现，OCLC 数据显示，2009~2013 年 5 年间从中文翻译成其他语言的相关学术图书有 8752 种，其中，除 2363 种由中国大陆出版机构翻译出版之外，其余 73% 均由世界其他国家的出版机构出版。这些图书涉及 52 个语种，其中翻译为英语出版的品种有 4393 种，约占总数量的 70%。这些图书涉及密克罗尼西亚语、保加利亚语、印度尼西亚语、旁遮普语、古吉拉特语、葡萄牙语、罗马尼亚语、僧伽罗语、斯洛文尼亚语、塞尔维亚语、瑞典语、泰米尔语、泰语、土耳其语等 46 种非通用语，以及美国、英国、法国、德国、西班牙、捷克、丹麦、荷兰、芬兰、瑞典、以色列、印度、斯里兰卡、土耳其、越南、尼泊尔、日本、韩国、新加坡等 30 多个国家的 200 多家出版机构。"这个数据表明，从事中国主题图书出版、传播的机构，规模十分庞大，并主要集中在英语文化区内。"[①] 翻译图书的数量也间接反映了中国主题图书的国外出版情况。

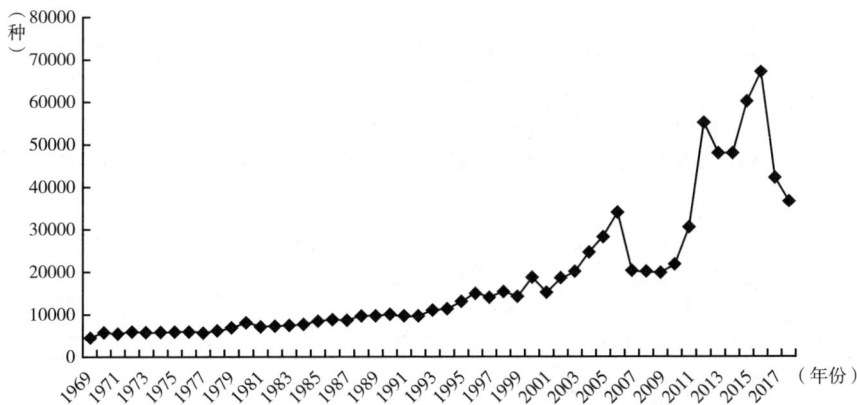

图 1-7　1969~2018 年非中文中国主题图书种数变化趋势

资料来源：https://www.worldcat.org/。

---

① 何明星：《中国主题图书"走出去"：70 年回顾与展望》，《人民论坛》2019 年第 25 期，第 129 页。

在亚马逊图书销售网站中，可以看到在国外出版的中国主题图书总量呈现出上升的势头，内容多元化发展，涉猎领域广泛。在日本，中国主题图书数量庞大，涉猎了各个领域。以"中国"为关键词分别检索亚马逊相关语种图书销售网站的图书，检索到英语图书超过 70000 种，日语图书超过 50000 种，法语图书超过 20000 种，德语图书超过 10000 种，西班牙语图书超过 6000 种（见表 1-6）。五大语种的中国主题图书数量，在某种程度上反映了中国主题图书的国外出版和市场情况。

**表 1-6    按语种分类的亚马逊图书销售网站中国主题图书**

单位：种

| 语种 | 种数 | 主题 |
|---|---|---|
| 英语 | >70000 | 中国历史、亚洲历史、儿童读物、政治与社会科学、文学与小说 |
| 日语 | >50000 | 艺术、摄影、传记、自传、商业、投资、日历、儿童图书、漫画、插图小说、计算机、科技、食谱、美食、酒类、手工艺、兴趣爱好、家居、教学、参考书、同性恋、健康、健身、瘦身、历史、恐怖小说、幽默、娱乐、文学、小说、杂志、医学图书、推理、惊悚、纪实、户外、自然、育儿、家庭、政治学、社会科学、专业、技术、宗教、灵修、浪漫小说、科学、科幻小说、自我疗法、体育运动、青少年、旅游 |
| 法语 | >20000 | 旅游和旅行、新闻、政治与社会、公司和证券交易所、字典、语言和百科全书、社会科学、历史、小说与文学、艺术、音乐和电影、科学技术与医学、日历和日记、高等教育、创意爱好、装饰和情感、漫画、宗教与灵性 |
| 德语 | >10000 | 政治与历史、社会科学、旅行与冒险、法律、学校与学习、商业与职业、顾问、股市与货币、教科书、文学与小说、电影、艺术与文化、日历、科学技术 |
| 西班牙语 | >6000 | 书籍和旅游指南、家居、手工艺品和生活方式、社会与社会科学、历史、经济与商业、政治、健康、家庭和个人发展、语言、语言学和写作、学习和复习指南、中文、大学和高等教育书籍、青年、幼稚、艺术与摄影、文学与小说、传记、日记和真实事件、科学技术与医学、宗教 |

资料来源：https://www.amazon.com、https://www.amazon.co.jp、https://www.amazon.fr、https://www.amazon.de、https://www.amazon.es。

中国主题图书出版种数在过去多年里长期维持在较高的水平。以俄罗斯为例，2005~2014 年，俄罗斯共出版中国主题图书 3099 种，包括俄罗斯作者直接用俄语撰写的、从俄罗斯国外引进版权并从汉语翻译过来的、从汉语外的其他外语转译而来的图书，种数整体上保持平稳（见图1-8）。①这与图1-6所示的中国图书版权输出总量的变化有一定的相关性。

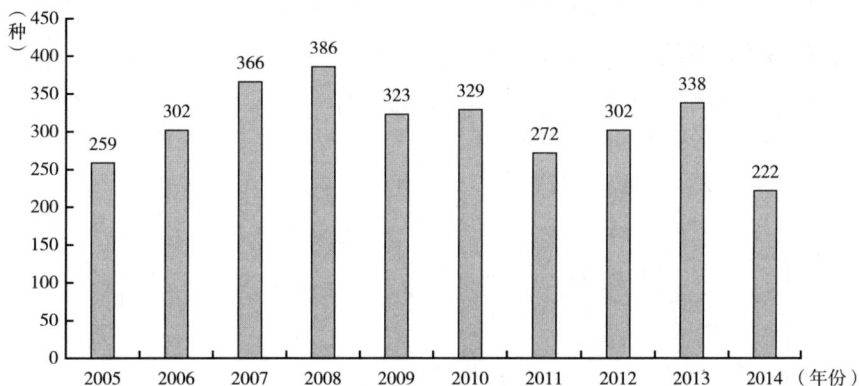

图1-8　2005~2014年俄罗斯出版中国主题图书种数

赵新利和陈曦对2017年日本出版社出版的366种日语版中国主题图书进行了研究。这366种图书分为文化、政治、经济、历史、社会五大类，占比分别为30.6%、22.1%、17.5%、16.1%、13.7%。其中文化和政治类合计超过了一半。作者详细分析了各类图书的特点，并总结出日本出版的中国主题图书的三大特点：一是对中国的关注度高；二是日本出版界较为关注中国历史、中国传统文化、中国经济、中国市场等领域；三是仍然有少数图书对中国进行抹黑和污蔑，"中国威胁论""中国崩溃论"等论调依然存在。②

与北京相关的图书数量则相对较少，且种数波动较大，整体上不算平稳。以德国为例，据谢琼研究，2000~2018年德国共出版北京主题图书（狭义）641种，年均出版33.74种（见图1-9）。出版情况发生波动主要是因为受到国际政治经济形势、出版业发展情况、中德两国关系等

① 刘淼：《中国主题图书在俄罗斯出版情况调查分析》，《中国编辑》2015年第5期，第34页。
② 赵新利、陈曦：《2017年日本涉华图书中的中国形象》，《对外传播》2018年第8期，第13页。

因素的影响。2008 年出现峰值，是因为北京成功举办第 29 届夏季奥运会，极大地提升了国际关注度，德国出版业也顺应时机，大量引进与北京旅游、城市文化、奥运会相关的书籍。谢琼和张欣总结了在德国出版的北京主题图书的三个特点：充分反映德国人对北京的兴趣点，出版量显著提高的年份大多有重大事件或重要活动发生，选题分布不均、主题集中。①

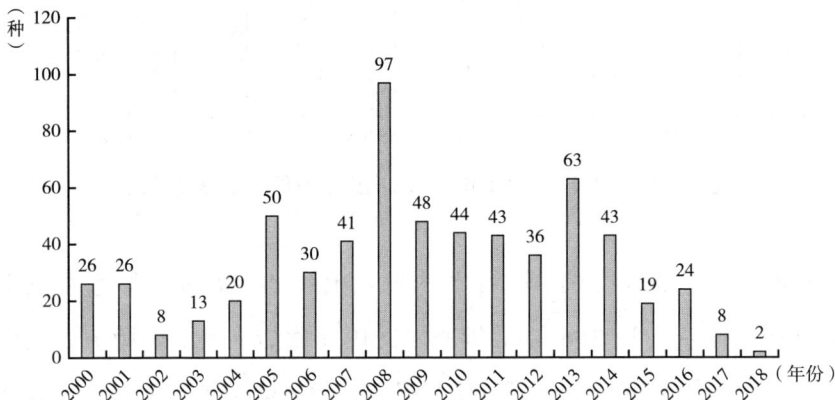

图 1-9　2000~2018 年德国出版北京主题图书种数

资料来源：德国国家图书馆。

何明星总结了中国主题图书出版与传播的三大特点：一是紧随中国热点及现实性、针对性问题；二是欧美各个大学、专业中国研究机构的出版社成为中国主题图书出版与传播的主体；三是普遍存在意识形态特征。②基于以上分析，从宏观上看，我们可以总结出国外出版的中国主题图书有以下几个特点。

第一，国外出版的中国主题图书总量稳步增长，涉及的国家和语种越来越多，英语版图书占大部分，欧洲国家出版数量占比较大。这可以

---

① 谢琼、张欣：《北京主题图书在德国出版情况研究》，《中国出版》2019 年第 3 期。

② 何明星：《中国主题图书"走出去"：70 年回顾与展望》，《人民论坛》2019 年第 9 期。

从 OCLC 书目库和亚马逊图书销售网站的数据、中国图书版权输出情况、按国别统计的出版情况等多个角度得到反映。从 2004~2013 年中国图书对外推广计划实施情况看，推广计划资助出版图书数量最多的国家依次是德国、美国、法国、新加坡、英国、韩国等，其中欧洲国家资助出版图书数量占到接近 45%，可见欧洲是中国的主要图书出口市场。[①] 这侧面反映了欧洲国家出版中国主题图书的数量和占比较高。

第二，国外出版的中国主题图书议题多样，紧随中国热点和现实问题，涉及政治、经济、文化、历史、社会、科技等诸多领域，同时也普遍存在意识形态特征，尤其是社科方面的图书。如日本的少数反华人士为了盈利，炮制耸人听闻的图书标题，其观点十分极端，用词极为夸张，对中国肆意抹黑和污蔑。一些经济类图书也充斥着中国崩溃的论调，歇斯底里地唱衰中国，以此吸引眼球、谋取利益。

第三，国外通过引进版权等方式出版的中国主题图书所占的比例逐渐提高，中国作者逐渐增多。这有多方面的原因。首先，中国综合国力和国际影响力不断增强。2010 年，中国发展成为世界第二大经济体，为世界经济发展贡献了诸多力量。与此同时，中国的文化影响力和中国出版影响力也不断增强。世界有足够的理由将中国作为研究对象，需要通过图书等载体来了解中国，这是国外出版中国主题图书的根本原因。其次，在 2018 年我国修改宪法时，宪法序言中增加了"推动构建人类命运共同体"，这也展现出"一带一路"倡议在中国发展过程中的战略地位。推动"一带一路"图书出版工作稳步前行，是进一步加强中国与共建"一带一路"国家的文化合作与交流的重要途径，也为在政治和经济领域的长期合作奠定了基石。[②]"一带一路"倡议等对各国出版中国主题图书产生了较大的影响。最后，近些年来推出的丝路书香工程、中国图书对

---

① 诸葛蔚东等:《"中国图书对外推广计划"在英国实施状况分析》，《对外传播》2015 年第 10 期。

② 王大可:《"一带一路"图书出版演进趋势和内容特征（2013—2017）》，《出版科学》2019 年第 1 期。

外推广计划等一系列措施、计划、工程，促使中国图书主动"走出去"，不断推动中国实体图书出口和版权输出，越来越多的中国图书被国外翻译出版。总之，中国主题图书出版的中国主导因素越来越多，"自塑"中国形象的图书的比例越来越高。

## 第二章
# 丹麦文化和图书市场特点

## 一 丹麦概要和中丹关系

### （一）丹麦概要

丹麦[①]，北欧五国之一，是一个君主立宪制国家，拥有两个自治领地——法罗群岛和格陵兰岛。北部隔北海和波罗的海与瑞典和挪威相望，并与之合称为斯堪的纳维亚国家，南部与德国接壤，首都兼第一大城市是哥本哈根（英语：Copenhagen，丹麦语：København）。

截至 2020 年 9 月，丹麦人口达 582.5 万人，其中近九成人口为丹麦人。官方语言为丹麦语。约 74% 的居民信奉基督教路德宗，0.6% 的居民信奉罗马天主教。公元 985 年，丹麦形成统一王国。公元 8~12 世纪，丹麦进入海盗全盛时期，曾征服现英国、挪威、法国莱茵河畔等地区。14 世纪走向强盛，并于 1397 年成立以丹麦女王玛格丽特一世为盟主的卡尔马联盟，疆土包括现丹麦、挪威、瑞典、冰岛、格陵兰岛、法罗群岛以及芬兰的一部分。15 世纪末开始衰落。1523 年瑞典脱离联盟独立。1814 年将挪威割予瑞典。1849 年建立君主立宪政体。1918 年冰岛脱离丹麦独立。

---

① 丹麦王国（英语：The Kingdom of Denmark，丹麦语：Kongeriget Danmark）。

两次世界大战中丹麦均宣布中立。1940 年 4 月至 1945 年 5 月被纳粹德国占领。1949 年加入北约，1973 年加入欧共体。丹麦拥有对格陵兰岛和法罗群岛的主权。①

丹麦的重要人物之一——女王玛格丽特二世（Queen Margrethe Ⅱ）于 1940 年 4 月 16 日生于哥本哈根，曾就读于丹麦哥本哈根大学、奥胡斯大学，法国巴黎大学，英国剑桥大学和伦敦经济学院。1967 年 6 月 10 日与亨里克（Henrik）亲王结婚。1972 年 1 月 14 日登基，成为丹麦历史上第二位女君主。女王的长子为腓特烈王储（Frederik），次子为约阿希姆（Joachim）亲王。女王兴趣广泛，爱好考古、绘画、歌舞、阅读文学作品、滑雪等。女王曾于 1979 年 9 月和 2014 年 4 月两次访华，被称为"中国人民的老朋友"②。

丹麦的经济在全球较为发达，人均 GDP 在世界名列前茅。在 2022 年洛桑国际管理发展学院（IMD）世界竞争力排名中，丹麦首次荣登榜首，2017~2021 年，丹麦在世界竞争力排名中从第 6 位到第 8 位然后到第 2 位再到第 3 位，2022 年位居第 1。

丹麦是一个高福利社会，其福利体系常被人们称为"斯堪的纳维亚福利体系"（Scandinavian welfare system）。在这个体系中，所有公民都平等享有获得社会保障的权利。在丹麦的福利体系中，公民可享受许多免费服务。实际上，丹麦医疗和教育都是免费的。丹麦福利体系由国家财政支持，因此丹麦也有着极高的个人所得税率，相反，企业税负则在欧盟内很有竞争力。

丹麦还是全球最具创新力的国家之一，这吸引了许多大型跨国企业将它们的总部设在丹麦。这些企业包括但不限于：马士基（航运）、诺和诺德（制药）、嘉士伯（酿酒）、乐高（玩具）、潘多拉（珠宝）、哥本哈

---

① 《丹麦国家概况》，中华人民共和国外交部网站，2023 年 4 月，https://www.fmprc.gov.cn/web/gjhdq_676201/gj_676203/oz_678770/1206_679062/1206x0_679064/。

② 《习近平同丹麦女王玛格丽特二世举行会谈》，新华网，http://www.xinhuanet.com//politics/2014-04/24/c_1110400168.htm，最后访问日期：2020 年 4 月 12 日。

根皮草（皮草和拍卖）、爱氏晨曦（乳制品）、丹麦皇冠（肉制品）、ISS（设施管理）、维斯塔斯（风电）、科汉森（食品原料和益生菌生产）、丹麦银行、沃旭（能源和天然气）、爱步（鞋履）、灵北（制药）、艾法史密斯（建筑材料和设备）、康乐保（医疗器械）、丹佛斯（气候和能源）、格兰富（泵业）、大北（视听技术、助听和无接触设备）、日德兰银行、TDC（电信）和铂傲（音响设备）。

　　文化方面，丹麦培育了许多享誉世界的文化名人和科学家，如童话家汉斯·克里斯蒂安·安徒生（Hans Christian Andersen）、作曲家卡尔·尼尔森（Carl Nielsen）、物理学家尼尔斯·玻尔（Niels Bohr）、雕塑家巴特尔·托瓦尔森（Bertel Thorvaldsen）、神学家索伦·克尔凯郭尔（Søren Kierkegaard）、舞蹈家奥古斯特·布农维尔（Auguste Bournonville）与建筑家阿纳·雅科布森（Arna Jacobsen）等。截至2022年，共有14位丹麦人获得诺贝尔奖。丹麦在天文学、生物学、环境学、气象学、解剖学、免疫学、光速计算、电磁、血清研究和核物理研究等领域亦处于世界领先地位。[①]

　　文化民主是丹麦福利型社会的一个重要组成部分，强调文化的多样性和文化需求的多元性。整个国家奉行"使每个社会成员在文化方面得到平等发展"的文化方针，充分鼓励地方发展文化事业。这样的文化政策既保证了文化艺术创作和表达的自由，也确保了所有公民均享文化艺术的机会。[②]

　　对外关系方面，丹麦积极参与地区和全球事务，努力发挥自身影响力。丹麦视联合国、欧盟和北约为其外交三大支柱，视美国为最重要战略盟友，视北约为其安全保障，积极拓展以北欧合作为基础的环波罗的海合作。重视应对全球化挑战，强调发展与中国、印度、巴西等新兴国

① 《我向往的国家——丹麦》，新浪博客，https://blog.sina.com.cn/s/blog_4ac4518901000a58.html，最后访问日期：2023年8月27日。
② 《丹麦：突出文化的体验经济地位》，人民网，http://culture.people.com.cn/n/2015/0302/c172318-26618129.html，最后访问日期：2020年4月12日。

家的关系。积极推行"绿色外交"，支持气候变化《巴黎协定》。重视对外发展援助，强调以外援促进人权与民主。①

## （二）中丹关系

中国与丹麦之间的关系可谓源远流长。丹麦是唯一一个与中国有着超过一个世纪不间断外交关系的西方国家。

两国的外交官互设始于 1908 年。1912 年，丹麦外交官阿列斐公爵（Count Preben Ahlefeldt-Laurvig）在北京建立了丹麦大使馆，使中国在彼时成为拥有丹麦使馆的唯一亚洲国家。1950 年 1 月 9 日，丹麦承认新中国，同年 5 月 11 日，两国正式建交。这是第二个同新中国建交的西方国家。

中丹建交以来，两国在各个领域的交流与合作逐步开展。在中国恢复联合国合法席位的进程中，丹麦对中国持支持态度。20 世纪 60~70 年代，两国交往愈发频繁，贸易合作稳步向前。1974 年 10 月，时任丹麦首相保罗·哈特林（Poul Hartling）访华，这是丹麦政府首脑首次正式访华。1979 年 9 月，丹麦女王玛格丽特二世访华，成为第一位访华的丹麦国家元首。80 年代，两国政府首脑实现互访。②

2008 年 10 月，时任丹麦首相安诺斯·福格·拉斯穆森（Anders Fogh Rasmussen）出席第七届亚欧首脑会议并正式访华，两国共同发表《中华人民共和国政府和丹麦王国政府关于建立全面战略伙伴关系的联合声明》。

2017 年 5 月 2~5 日，时任丹麦首相拉尔斯·勒克·拉斯穆森（Lars Løkke Rasmussen）应邀对中国进行正式访问。双方一致认为，建交 67 年以来，中丹关系始终保持良好发展态势。2008 年两国建立全面战略伙伴

---

① 《丹麦政治环境》，中华人民共和国商务部网站，2023 年 4 月 10 日，http://dk.mofcom.gov.cn/article/ddgk/zwjingji/202304/20230403402735.shtml。
② 《丹麦投资与经贸风险分析报告》，《国际融资》2009 年第 11 期。

关系后，双边关系快速发展，各领域合作的力度、深度和广度不断提升。两国元首于 2012 年和 2014 年实现互访，双方政治互信进一步深化，贸易和双向投资呈现积极发展势头，人文交流日趋活跃，两国关系非常友好。为进一步充实中丹全面战略伙伴关系内涵，更好实现互利共赢，双方决定共同发表《中丹联合工作方案（2017—2020）》。[①]

经济方面，中国是丹麦在亚洲最大贸易伙伴和海外第二大投资国。近几年来，双边贸易增长较快。2019 年，中丹双边货物贸易额达 127.1 亿美元，同比增长 11.9%。其中，中国出口 72.9 亿美元，同比增长 2.7%；进口 54.2 亿美元，同比增长 27.4%。[②] 中国对丹麦主要出口机电、服装、纺织品等，自丹麦进口农产品、医药品、精密仪器、发电及制冷设备等。

1982 年，丹麦开始对华进行直接投资。截至 2019 年底，投资项目共有 1111 个，实际使用金额 41.9 亿美元。丹在华投资主要集中在医药、制造业领域。丹在华投资企业约有 500 家，主要有马士基（中国）有限公司、诺和诺德（中国）制药有限公司、诺维信（中国）生物技术有限公司、丹佛斯（天津）有限公司、维斯塔斯风力技术（中国）有限公司、西藏拉萨啤酒有限公司等。中国累计对丹投资额约为 3.2 亿美元，投资主体主要包括中石化、中国国际旅行社等单位。

文化教育方面，中丹在文化领域的交往趋向活跃，两国文艺团体互访频繁。上海木偶剧团、武汉京剧团、河南杂技团、广东杂技团、西藏歌舞团等先后赴丹麦演出，丹麦特里多努斯合唱团、皇家芭蕾舞团也曾来华访问。此外，两国还多次举办电影周、艺术展等文化活动。1997 年，丹麦授予新中文版《安徒生全集》的译者林桦丹麦骑士勋章和 1997 年度安徒生奖。1999 年 5 月，中丹签署《1999—2002 年中丹文化、科学、教育合作计划》。2002 年，中国作家林桦在丹麦获卡伦·布里克森文学奖。

---

① 《中丹联合工作方案（2017—2020）》，新华网，http://www.xinhuanet.com/world/2017-05/04/c_129587149.htm，最后访问日期：2020 年 4 月 12 日。

② 《2019 年中丹货物贸易创历史新高》，中华人民共和国商务部网站，2020 年 2 月 10 日，http://www.mofcom.gov.cn/article/i/jyjl/m/202002/20200202935000.shtml。

自 2002 年起，中国春节主题文化活动每年都在丹麦举行。2003 年，两国签署了《中丹文化交流与合作意向书》。2004 年，丹麦安徒生诞辰 200 周年纪念活动在北京举行。2006 年，中国故宫博物院与丹麦王室展览基金会联合举办"中国之梦"文物展。2008 年北京奥运会期间，丹麦皇家芭蕾舞团、童声合唱团来华演出。2010 年，丹麦"小美人鱼"雕像首次走出国门参展上海世博会。2013 年 12 月，中丹签署互设文化中心协定。2014 年 6 月，哥本哈根中国文化中心正式揭牌。2016 年 6 月，丹麦皇家芭蕾舞团来华演出。2017 年，中丹共同举办"中丹旅游年"。2018 年 8 月，"中国电影节"在哥本哈根等 5 座城市举行。

1974 年起中丹开始互派留学生。截至 2023 年 4 月，包括浙江大学、复旦大学和北京第二外国语学院在内的多所高校与丹麦的哥本哈根大学、奥胡斯大学等建立了校际交流关系。哥本哈根商务孔子学院、奥尔堡大学创新学习孔子学院、丹麦皇家音乐学院孔子学院等于 2008~2012 年分别正式开始运行。

1985 年，中丹两国签署了《中丹科学技术合作议定书》和《中丹关于建筑科学技术以及经济合作谅解备忘录》。2007 年 5 月，"中丹可再生能源和能源效率研讨会"在哥本哈根举行。[①] 2016 年 4 月，中丹科技合作联委会第 19 次会议召开。2017 年 9 月，由中国科学院大学与丹麦哥本哈根大学等 8 所丹麦大学联合创建的中国－丹麦科研教育中心正式启用。

随着中国经济和社会的进一步发展，中国与丹麦的合作一直都和中国与国际社会的融合息息相关，中丹两国之间的对话也扩展到两国所有共同感兴趣的领域。目前，丹麦与中国在气候、能源和环境、科技、反腐、教育、贸易、人权等许多方面有着广泛合作。

2020 年是中丹两国关系中的一个重要节点，涉及中丹两国 80 个政府机关和机构的《中丹联合工作方案》的更新突显了这一点。《中丹联合

① 《中国同丹麦的关系》，中华人民共和国外交部网站，2023 年 4 月，https://www.fmprc.gov.cn/gjhdq_676201/gj_676203/oz_678770/1206_679062/sbgx_679066/。

工作方案》不仅是中丹合作的重要依据，还是两国密切双边关系的佐证。2020 年相关合作文件的签署也标志着中丹两国在可持续发展和推动形成绿色解决方案领域的合作更加紧密。

2023 年是丹麦与中国建立外交关系 73 周年。早在 17 世纪便有丹麦商船抵达中国，丹麦也是最早与中国建交的西方国家之一。过去 70 余年中，中国与丹麦通过两国政府间、企业间以及民间的交往拓展了许多合作领域，并建立了深厚的联系。

70 多年来，中国同丹麦的交流合作愈发密切，双方致力于进一步推动双边关系向前发展，深入推动中丹双方全面战略伙伴关系平稳向前，为不同国家、不同地区、不同民族、不同文化间的交流合作提供了参考。

## 二　丹麦文化市场特点

丹麦具有较为成熟的文化管理模式。"自 1961 年文化部成立以来，丹麦历届政府在文化发展上有着比较广泛的共识：奉行'一臂之距'的管理原则，采取分权式的行政管理体制；国家文化政策的目的是保障艺术创作自由和文化多样性，必须保证所有公民参与文化活动的机会；在强调文化的教育功能和社会功能的同时，重视文化与商业的结合。"[1]

丹麦文化政策制定所依据的原则与联合国教科文组织大会 2005 年通过的《保护和促进文化表现形式多样性公约》所秉承的原则非常相似。在丹麦，文化部负责以下政策领域：视觉艺术、音乐、戏剧、电影、图书馆、艺术教育、档案馆、博物馆、动物园设施、文化环境、体育、广播和版权。在许多情况下，丹麦对这些领域内的全部或部分活动通过公共手段予以资助。丹麦对文化的公共资助分为两个级别：中央政府资助

---

[1]　《丹麦：突出文化的体验经济地位》，人民网，http://culture.people.com.cn/n/2015/0302/c172318-26618129.html，最后访问日期：2020 年 4 月 12 日。

和各地市政局资助。

　　针对单个文化目标的资助的财政资金来源差别很大。例如，剧院主要由国家资助，图书馆大部分的资助来自各地市政局，而对体育的公共支持则主要来自市政资源和彩票收益。丹麦政府以不同的方式——通过向机构提供资助、根据客观标准，或从"公平原则"出发——支持创意艺术。为确保艺术和文化中的表达自由，给予艺术家的资助不附带任何政治条件，并且，对任何人（包括机构）进行批评都是允许的。在适用公平原则的情况下，政界人士和文化部均不参与具体的资助分配，也不扮演评委或仲裁者的角色，而是在由专家对申请人的艺术品质量进行评估后给予资金支持。议会负责全局性文化政策结构性体系和财政体系的建构，而文化部通过与议会合作，负责文化财政体系和文化立法体系的运行。

　　人人享有接触多种文化艺术表现形式的权利是丹麦文化政策的重要目标。通识教育协会、体育协会、图书馆和许多其他文化机构合作，确保丹麦社会不同文化层面之间有平台进行相互交流。

## （一）多样多元的丹麦公共文化领域

丹麦公共文化领域主要由博物馆、图书馆、电影和剧院等组成。

### 1. 博物馆

　　为了使过去与现在联系起来并保护人们赖以生活的文化，了解文化遗产（cultural heritage）非常重要。在丹麦，人们努力交流、保护和探索其自身的文化遗产，以最大限度地造福丹麦人民和外来游客。熟悉文化遗产为了解人们所处的时代提供了一个很好的出发点，了解文化遗产使人们更好地与周围的世界进行对话。丹麦拥有丰富的文化遗产，保存在其景观和城市环境以及其博物馆、档案馆、宫殿、城堡和图书馆中。

　　丹麦拥有众多值得参观的不同主题的博物馆，这些世界级博物馆适合各年龄层游客。无论游客是喜欢历史、艺术、自然还是科学，总有一个博物馆能提起人们的兴趣。

2009 年，丹麦博物馆的参观人次达到 1070 万，与 2008 年相比增加了约 2.2%。在统计的 249 家博物馆中，有 156 家由国家资助。路易斯安那现代艺术博物馆（Louisiana Museum of Modern Art）的访客量最高，达到 47.5 万人次；其次是丹麦国家博物馆（The National Museum of Denmark），其拥有 39.7 万人次访客。[①] 2011 年，丹麦博物馆的参观人次达到 1330 万。在统计的 281 家博物馆中，有 147 家由国家资助。国家资助或国有博物馆在 2011 年有 1040 万人次游客，约占当年博物馆游客总数的 78%。[②] 2011 年，丹麦国家博物馆显然是丹麦访客量最大的博物馆，入场人次达到 97.5 万。访客量第二高的是路易斯安那现代艺术博物馆，入场人次达到 62.9 万。不过，ARoS 奥胡斯艺术博物馆（ARoS Aarhus Art Museum）正在迅速追赶路易斯安那现代艺术博物馆。从 2010 年到 2011 年，ARoS 奥胡斯艺术博物馆的访客量增加了 136%，在丹麦十大博物馆中绝对是"访客量上的跳高运动员"。2011 年，ARoS 奥胡斯艺术博物馆共有 52.3 万人次的访客，排名第三。访客量的大幅增长部分归功于阿斯格·约恩（Asger Jorn）的展览，部分归功于"你的彩虹全景"（Your Rainbow Panorama）彩色环形玻璃走廊的开放。2012 年，丹麦博物馆的参观人次达到 1330 万。在统计的 274 家博物馆中，有 144 家由国家资助。国家资助或国有博物馆在 2012 年有 1080 万人次游客，约占当年博物馆游客总数的 81%。[③] 2013 年，丹麦博物馆的参观人次达到 1340 万。在统计的 258 家博物馆中，有 131 家由国家资助。国家资助或国有博物馆在 2013 年有 1070 万人次游客，约占当年博物馆游客总数的 80%。

---

① S. J. Gunnersen and M. P. Bisgaard,eds., *Statistical Yearbook 2010* (Copenhagen: Statistics Denmark, 2010).

② U. Agerskov and M. P. Bisgaard, eds., *Statistical Yearbook 2012* (Copenhagen: Statistics Denmark, 2012).

③ U. Agerskov, M. P. Bisgaard, and P. D. Frandsen, eds., *Statistical Yearbook 2014* (Copenhagen: Statistics Denmark, 2014).

作为丹麦国家博物馆一部分的普林森宫（Prinsens Palais）访客量最高，共接待 72.8 万人次游客。路易斯安那现代艺术博物馆有 58.9 万人次游客，当年排名第二。① 2014 年，丹麦博物馆的参观人次达到 1450 万。在统计的 255 家博物馆中，有 129 家由国家资助。国家资助或国有博物馆在 2014 年有 1130 万人次游客，约占当年博物馆游客总数的 78%。2014 年，路易斯安那现代艺术博物馆是丹麦访客量最大的博物馆，入场人次达到了 64.8 万。访客量第二高的是作为丹麦国家博物馆一部分的普林森宫，入场人次达到 59.1 万。② 2015 年，丹麦博物馆的参观人次达到了 1610 万。在统计的 254 家博物馆中，有 130 家由国家资助。国家资助或国有博物馆在 2015 年有 1270 万人次游客，约占当年博物馆游客总数的 79%。2015 年，路易斯安那现代艺术博物馆是丹麦访客量最大的博物馆，入场人次达到了 72.5 万。访客量第二高的是圆塔（Rundetårn），入场人次达到 58 万。③ 2016 年，丹麦国家博物馆是丹麦访客量最大的博物馆，入场人次达到了 177.2 万。④2017 年，有近 1550 万人次游客参观了各种展览。事实上，自 20 世纪 80 年代以来，博物馆参观者的数量一直在增加，80 年代时每年的参观者不到 1000 万人次。⑤

由往年数据可以看出，丹麦各类博物馆的访客量呈稳步上升的趋势，并且超过半数的博物馆均由国家资助。丹麦人也非常喜欢逛博物馆。丹麦参观者最多的几家博物馆是丹麦国家博物馆、ARoS 奥胡斯艺术博物馆和路易斯安那现代艺术博物馆。

丹麦国家博物馆位于丹麦首都哥本哈根，其内陈列的文物展现了丹

① U. Agerskov, M. P. Bisgaard, and P. D. Poulin, eds., *Statistical Yearbook 2015* (Copenhagen: Statistics Denmark, 2015).

② U. Agerskov, M. P. Bisgaard, and P. D. Poulin, eds., *Statistical Yearbook 2016* (Copenhagen: Statistics Denmark, 2016).

③ M. P. Bisgaard and P. D. Poulin, eds., *Statistical Yearbook 2017* (Copenhagen: Statistics Denmark, 2017).

④ M. P. Bisgaard, ed., *Denmark in Figures 2018* (Copenhagen: Statistics Denmark, 2018).

⑤ M. P. Bisgaard, ed., *Denmark in Figures 2019* (Copenhagen: Statistics Denmark, 2019).

麦从石器时代、维京时代、中世纪、文艺复兴时期到现代的历史文化。国家博物馆坐落于皇储宫殿内，该宫殿由丹麦建筑师尼古拉·伊格维德（Nicolai Eigtved）于1743~1744年建成，最初是为王储弗雷德里克（Frederik）五世和公主路易丝（Louise）而建的。

馆内常设展区有大型的民俗藏品展区、来自古代及近东的古董文物展区和铸币藏区等。其中维多利亚时期的公寓展览是最值得推荐的。公寓完整地保留了其1890年的模样，瞬间让人们忘记了所处的时空，仿佛回到了维多利亚时期。馆内收藏了许多丹麦国宝，譬如青铜时期的"伊格维德少女"（Egtved Girl）、维京海盗时期的考古发现等。游客可以在博物馆内自助游览，纵览丹麦历史、家族史以及世界史。

ARoS奥胡斯艺术博物馆位于丹麦第二大城市奥胡斯，是丹麦顶级的艺术博物馆，馆藏了黄金时代的名作、现代主义作品和顶级艺术家如安迪·沃霍尔（Andy Warhol）、罗伯特·劳森伯格（Robert Rauschenberg）、柯比沛（Per Kirkeby）等大师们的当代作品。

ARoS奥胡斯艺术博物馆的建筑结构是按照诗人但丁《神曲》中"天堂"和"地狱"的概念而设计的。博物馆入口位于四楼，往下可到达"地狱"，往上可到达"天堂"。底层的"地狱"由九个黑暗沉静的空间组成，如同《神曲》中的九层地狱。楼顶的"你的彩虹全景"环形观景走廊的灵感也源自《神曲》中对天堂的描述。在走廊里环行一周，在"彩虹"七彩的颜色下观赏奥胡斯城市景色，是完全不一样的体验。博物馆里面最引人注目的莫过于巨型男孩雕塑《Boy》，男孩眼神忧郁，嘴部却带有微笑，上半身裸露着蹲在高台上。观众欣赏这件作品时，感觉他好像也正望着观众，神态十分逼真。

路易斯安那现代艺术博物馆坐落在丹麦哥本哈根弗雷登斯堡（Fredensborg）以北35公里的厄勒海峡（Oresund Strait）岸上。它是丹麦的一座具有里程碑意义的现代建筑，集绘画、雕塑、现代建筑、自然风光于一体。

路易斯安那现代艺术博物馆的永久收藏主要是二战后的绘画等艺术品，涵盖了建构主义、"眼镜蛇运动"艺术家风格极简艺术、抽象现实主义和波普艺术。在这里可以看到毕加索、弗朗西斯·培根、安迪·沃霍尔和罗伯特·劳森伯格等国际大师的作品。花园的山丘后边展示着亨利·摩尔（Henry Moore）的巨大青铜器和马克斯·恩斯特（Max Ernst）的作品。馆内还收藏了丹麦本土大师阿斯格·约恩、卡尔·赫宁·彼得森（Carl-Henning Pedersen）、罗伯特·雅各布森（Robert Jacobsen）等的作品。丹麦人常说："走进路易斯安那现代艺术博物馆，恍若步入了睡美人城堡的后花园。"

丹麦人口仅 580 多万人，但其博物馆数量与参观者人数十分可观。博物馆成为丹麦民众青睐的公共文化场所之一，一方面得益于丹麦博物馆极富特色的布展及活动设计，另一方面则与其博物馆完备的教育功能与先进的理念有着很大的关系。丹麦博物馆在一定程度上承担了丹麦学校之外的延展教育功能，其尤为重视未成年群体，正因如此，丹麦民众从小养成了前往博物馆的习惯。①

正如建造"你的彩虹全景"环形观景走廊的知名丹麦裔冰岛籍艺术家奥拉维尔·埃利亚松（Olafur Eliasson）所言，"一个城市就是一个小宇宙，是我们共同生活并获得社会认同的地方。而博物馆则是我们看世界的一部大机器，在这里我们思考，我们交流，在这里我们质疑，我们迷茫，我们豁然开朗。你其实就是这个世界活动的晴雨表。你的收获最终将让你创新塑造出新的东西"②。

2. 图书馆

图书馆的基本职能是收藏典籍和传播知识，并向民众提供丰富多样的信息，以促进教育、科学和文化发展。

---

① 《丹麦博物馆重视未成年人观展人群》，网易网，2016 年 6 月 2 日，https://www.163.com/fashion/article/BOINQSC800264MK3.html。

② Olafur Eliasson, "The Future is Curved," *Architectural Design* 84(2014): 86-93.

丹麦地处北欧，冬季漫长。在阴冷的冬日里，点亮温馨的暖色照明灯，读一本自己喜欢的书籍，成了丹麦人最爱的消遣方式之一。丹麦是世界上图书馆占有比例和图书馆利用率最高的国家之一。丹麦人爱读书习惯的养成，与政府对公共图书馆系统的重视与投入有着很大的关系。

丹麦图书馆服务的主要法律依据是 2000 年通过的《图书馆服务法》（Act Regarding Library Services）。该法案明确规定了政府负责丹麦公共图书馆的主要经费划拨，这一职能由各个地方政府及隶属于丹麦文化部的机构——文化署具体履行。[①] 政府为公共图书馆划拨资金，一方面可以激发图书馆改善自身环境与服务理念的积极性，另一方面也有助于对全国图书馆的发展方向进行整体的规划与引导，使全国图书馆的发展既有地域特色，又有基本一致的方向。

2010~2015 年，丹麦公共图书馆借出的纸质图书逐年递减，每年下降约 3%。[②] 作为丹麦公共图书馆系统的一部分，数字图书馆系统将全国图书馆的馆藏资源统一起来，读者可以通过数字图书馆搜寻自己喜欢的图书或其他影音资料，在网上提交借阅申请，并可自行选择提取图书或资料的图书馆。接到申请后，数字图书馆系统统一调配，将读者希望借阅的书籍或资料发送到指定的图书馆。同时，丹麦数字图书馆也提供大量在线电子书籍和影音资料，供读者免费下载。随着网络技术的普及与发展，越来越多的丹麦民众选择通过网络下载电子文档以获取图书和资料。因此，丹麦公共图书馆纸质图书和资料的借阅量在近几年略有下降，而电子书和资料的下载量则逐年攀升。[③]

在丹麦，除了为数众多的社区公共图书馆外，还有 400 多个供调查

---

① 《丹麦公共图书馆体系建设成就"阅读之国"》，个人图书馆，http://www.360doc.com/content/15/1223/15/29691842_522538049.shtml，最后访问日期：2023 年 9 月 1 日。

② M. P. Bisgaard and P. D. Poulin, eds., *Statistical Yearbook 2017* (Copenhagen: Statistics Denmark, 2017).

③ 张喜华、周丰：《丹麦文化市场活力研究：形态、实践生成与保障机制》，《学习与探索》2022 年第 4 期，第 181 页。

和学术研究使用的国立图书馆，其中也包括大学和研究所的图书馆。而丹麦皇家图书馆（Royal Danish Library）则是北欧最大的图书馆。

丹麦皇家图书馆是哥本哈根滨水地区最重要的标志性建筑之一。它表面覆盖着黑色花岗岩，线条简洁利落、立面闪闪发亮，被世人誉为"黑钻石"，是哥本哈根的建筑瑰宝之一。丹麦皇家图书馆以开放性和民主性为特色，建筑内部设有咖啡厅，书店，展览厅，餐厅，科技与文学研究机构，屋顶露台，一个可举办音乐会、戏剧演出和会议的 600 席音乐厅，以及共设有 486 个座位的 6 个阅览室。这座坚实的黑色立方体建筑，由一个宽敞通透的中庭划分为两部分，其间合理分布着大部分的公共功能区。皇家图书馆已成为哥本哈根的一个地标建筑，为哥本哈根市民、学生、游客提供了一个非正式的聚会场所，更为世界学者提供了宝贵的图书资源。

这座图书馆最吸引人的无疑是它那炫酷前卫的"现代风"外观，拥有悠久历史的丹麦皇家图书馆于 1673 年开馆，位于丹麦国家议会对面。丹麦国王弗雷德里克三世酷爱阅读，他主导了图书馆的建设，并将 4 座私人藏书室中的文化财富拿出来，成为皇家图书馆的奠基人。18 世纪，馆藏的增加主要靠购买私人藏书、接受馈赠和战争掠夺；而到了 18 世纪末，图书馆性质改变，成为一个学术型的国家图书馆。1989 年，丹麦皇家图书馆与哥本哈根大学图书馆合并，并直接归丹麦文化部管理，成为整个丹麦"后台最硬"的图书馆。[①] 它肩负着"为研究、学习和体验提供大量藏书，同时也确保这些藏书能够得到珍藏、保护，能延续使用，为哥本哈根大学相关研究和教育提供最为相关与综合的学术文献，在人文、神学、社会科学和法律领域为全国提供相关藏书"[②] 的职能。丹麦人好读书、重视文化财产的优点在这里展现得淋漓尽致。

---

① 《丹麦皇家图书馆》，《图书馆建设》2016 年第 4 期。

② The Royal Danish Library, "Summary of the Annual Report 2005," accessed 2005, retrieved from http://www5.kb.dk/export/sites/kb_dk/en/kb/aarsberetning/aarsberetninger/Summary2005.pdf.

丹麦皇家图书馆是整个北欧乃至欧洲的一个"外脑"，存储着几百年来的珍贵记忆。这要得益于 1697 年丹麦国王发出的一项具有划时代意义的指令——"呈缴令"：所有印刷厂都要向皇家图书馆上交其生产的印刷品。1927 年，丹麦国会将其立为法律，并一直延续至今。丹麦皇家图书馆保存了大量珍贵文献。

丘吉尔有一句名言："先是人造建筑，后是建筑造人。"（We shape our buildings, and afterwards our buildings shape us.）"黑钻石"整个建筑充满着厚重感，承载着丹麦三百多年图书馆发展史，与旁边 17 世纪中期建造、20 世纪初扩建的老馆以对比的方式和谐共生，古老与现代相得益彰，这座反映出丹麦不同时代文化发展和生活方式的文化建筑书写了哥本哈根的城市记忆。

3. 电影

丹麦人看电影的频率，每年都不一样。

2009 年，丹麦电影院放映电影的售票数量达到 1410 万张，比 2008 年增长了 6%，其中美国电影的售票数量增长了 12%，而丹麦本土电影的售票数量下降了 43%。2009 年，最多人看过的三部电影是《龙文身的女孩》（*män som hatar kvinnor*）、《玩火的女孩》（*flickan som lekte med elden*）和《哈利·波特与混血王子》（*Harry Potter and the Half-Blood Prince*）。最受欢迎的丹麦电影是《死后方醒》（*sorte kugler*），2009 年的售票数量为 404777 张。[①]

2010 年，丹麦电影院放映电影的售票数量接近 1300 万张，比 2009 年下降了 7.8%，其中，美国电影的售票数量小幅增加了 38000 张，与 2009 年相比增长了 0.5%，而丹麦本土电影增长了 18%。2010 年，最多人看过的三部电影是《阿凡达》（*Avatar*）、《小丑》（*klovn*）和《哈利·波特与死亡圣器（上）》（*Harry Potter and the Deathly Hallows: Part 1*）。最

---

[①]　S. J. Gunnersen and M. P. Bisgaard, eds.,*Statistical Yearbook 2010* (Copenhagen: Statistics Denmark, 2010).

受欢迎的丹麦电影是《小丑》，2010 年售票数量为 554382 张。①

从 2010 年到 2011 年，丹麦电影院放映电影的售票数量下降了约 7.7%，仅售出 1200 万张票，其中，美国电影的售票数量减少了 759000 张，比 2010 年下降了 9.8%，而丹麦本土电影则增长了 17%。2011 年，最多人看过的三部电影是《哈利·波特与死亡圣器（下）》（*Harry Potter and the Deathly Hallows: Part 2*）、《迪赫奇》（*dirch*）和《荒唐同学会》（*klassefesten*）。最受欢迎的丹麦电影是《迪赫奇》，2011 年的售票数量为 471819 张。②

从 2011 年到 2012 年，丹麦电影院放映电影的售票数量增长了约 13.3%，达到了 1360 万张。美国电影的售票数量小幅减少了 42000 张，与 2011 年相比下降了 0.6%，而丹麦本土电影增长了 16%。2012 年，最多人看过的三部电影是《007：大破天幕杀机》（*Skyfall*）、《抵抗行动》（*hvidsten gruppen*）和《你需要的就是爱》（*den skaldede frisør*），其中最受欢迎的丹麦电影是《抵抗行动》，2012 年的售票数量为 754000 张。③

从 2012 年到 2013 年，丹麦电影院放映电影的售票数量下降了 5.1%，共计 1290 万张，其中，美国电影的售票数量小幅增长了 2%，2013 年达到约 710 万张。2013 年，最多人看过的三部电影是《笼中女人》（*kvinden i buret*）、《狩猎》（*jagten*）和《霍比特人：史矛革之战》（*The Hobbit: The Desolation of Smaug*），其中最受欢迎的丹麦电影是《笼中女人》，2013 年的售票数量为 691000 张。④

从 2013 年到 2014 年，丹麦电影院放映电影的售票数量下降了 7.7%，

① U. Agerskov and M. P. Bisgaard, eds.,*Statistical Yearbook 2011* (Copenhagen: Statistics Denmark, 2011).

② U. Agerskov and M. P. Bisgaard, eds., *Statistical Yearbook 2012* (Copenhagen: Statistics Denmark, 2012).

③ U. Agerskov and M. P. Bisgaard, eds., *Statistical Yearbook 2013* (Copenhagen: Statistics Denmark, 2013).

④ U. Agerskov, M. P. Bisgaard, and P. D. Poulin, eds., *Statistical Yearbook 2015* (Copenhagen: Statistics Denmark, 2015).

共计 1190 万张，其中，美国电影的售票数量小幅减少了 2%，2014 年共售出约 690 万张。最受欢迎的丹麦电影是《悬案密码 2：野鸡杀手》（*fasandræberne*），2014 年的售票数量为 749000 张。①

从 2015 年到 2016 年，丹麦电影院放映电影的售票数量下降了 6%，共计 1290 万张，其中，欧洲（丹麦除外）电影的售票数量减少了 30%，2016 年共售出 180 万张。最受欢迎的丹麦电影是《悬案密码 3：信仰的阴谋》（*flaskepost fra P*），2016 年的售票数量为 687842 张。②

2017 年，最受欢迎的电影是《星球大战 8：最后的绝地武士》（*Star Wars: The Last Jedi*），售票数量为 470000 张。③

我们以 2008~2019 年丹麦的电影市场份额分配为例，可以看出，美国电影始终占据 50% 及以上的份额，而丹麦本土电影也不甘落后，除 2009 年跌落至 17%，其余年份的市场份额均保持在 21%~32%（见图 2-1）。

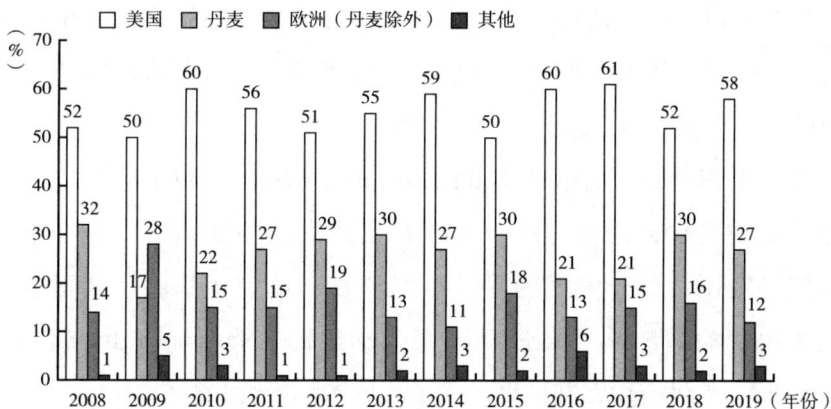

图 2-1　2008~2019 年丹麦的电影市场份额分配

资料来源：丹麦统计局（Statistics Denmark）。

---

① U. Agerskov, M. P. Bisgaard, and P. D. Poulin, eds., *Statistical Yearbook 2016* (Copenhagen: Statistics Denmark, 2016).

② M. P. Bisgaard and P. D. Poulin, eds., *Statistical Yearbook 2017* (Copenhagen: Statistics Denmark, 2017).

③ M. P. Bisgaard, eds., *Denmark in Figures 2019* (Copenhagen: Statistics Denmark, 2019).

丹麦的电影制作史可以追溯到 1897 年。如今，丹麦出现了各种高质量的银幕戏剧、喜剧和纪录片。尽管丹麦电影的流行在 20 世纪 90 年代成为一种全球性现象，但在此之前的一个世纪中，当地电影业已然蓬勃发展。丹麦导演早在 1897 年就开始工作，当时丹麦电影先驱彼得·埃尔菲特（Peter Elfelt）制作了纪录片《和格陵兰岛的狗一起旅行》（*Travelling with Greenlandic Dogs*）。埃尔菲特于 1903 年还制作了丹麦的第一部长篇电影《处决》（*The Execution*）。

1906 年，丹麦制片公司北欧电影公司（Nordisk Film）成立，并很快决定致力于制作全长故事片以供出口。它的成功使丹麦成为欧洲的电影制作中心，并开启了欧洲知名女电影明星阿斯塔·尼尔森（Asta Nielsen）的事业。到 20 世纪 20 年代，丹麦导演卡尔·德莱叶（Carl Dreyer）成为最伟大的无声电影导演之一。他的作品《圣女贞德受难记》（*The Passion of Joan of Arc*）被誉为当时最有影响力的电影。

随着有声电影的流行，语言障碍使丹麦电影不再适合国际出口。20 世纪 30~80 年代的大多数丹麦电影都是轻喜剧。20 世纪 60~70 年代，丹麦的色情影片也开始引起世界观众的关注。

丹麦电影协会（Danish Film Institute）成立于 1966 年，是丹麦文化部下属的机构，为特定的丹麦电影项目提供国家补贴。1989 年，它扩大资助范围，这一发展为丹麦电影的复兴奠定了基础。丹麦电影协会还为电影教育机构［如丹麦国家电影学校（National Film School of Denmark）］提供资助，并推动丹麦电影的国际发行和推广。

1995 年，四位雄心勃勃的年轻电影导演——拉斯·冯·提尔（Lars von Trier）、托马斯·温特伯格（Thomas Vinterberg）、克里斯汀·莱文（Kristian Levring）和索伦·克拉格·雅格布森（Søren Kragh-Jacobsen）共同签署并发表了《道格玛宣言》（The Dogma 95 Manifesto），致力于制作更真实、更简单的电影。他们认为，好莱坞对巨额预算和电影特效的依赖削弱了电影的艺术性，需要彻底改变这种现象。《道格玛宣言》所提出的艺术计划使丹麦电影在世界范围内广受欢迎，尤其是温特伯格的《家宴》（*The Celebration*）和拉斯·冯·提尔的《黑暗中的舞者》（*Dancer in the Dark*）。该宣言挑战了所有约定俗成的电影"陈规"，引起了国际社会对丹麦电影的关注，也使得丹麦电影特色鲜明。

丹麦电影的成功，关键在于丹麦电影创作的特殊模式。丹麦电影协会和丹麦国家电影学校为影片创作提供了良好的机制。相较好莱坞和其他欧洲电影强国而言，丹麦电影制作环境中的组织架构更为扁平化，决策机制更具集体主义风格。

电影创作模式传统意义上可分为欧洲电影传统和美国电影传统。但丹麦的电影创作模式不同于这两种占主导地位的传统。经典的欧洲电影传统奉行"导演作者论"（auteur theory），即最好的电影是由具有独特的个人视角的电影人制作的，他们自编自导。而在好莱坞，制片公司起到关键作用。制作人聘请导演来将剧本转换为屏幕形象，影片的作者身份更加集体化，电影创意以市场来检验。但丹麦电影的情况则全然不同。在丹麦，导演、制片人和编剧在一个创意团队中共同享有权力，丹麦电影业的组织结构扁平，很多丹麦电影摄制组成员都有机会表达自己的声音，对电影制作产生影响。这也意味着，丹麦电影界的佼佼者们可以获得比国外同行更多的创意、观点和改进建议。

### 4. 剧院

尽管国土面积相对较小，但丹麦演艺活动丰富多样，这与其作为欧洲主要大国的悠久历史有着密切关系。丹麦努力确保所有公民都能接触到多种形式的艺术活动，如表演、艺术培训和艺术教育。在丹麦，约有11家由国家资助的剧院公司，1家由国家全额资助的剧院。丹麦竭尽一切努力为所有公民带来高质量的艺术作品。

2008~2009年度，国家资助剧院入场人数与上年度相比增长了3.6%，达到230万人次。戏剧（plays）占其中的41%，而儿童剧（children's theatres）则占19%。其他类型剧院入场人数占比情况如下：歌剧

（opera）占 10%，轻歌剧 / 音乐剧（operettas/musicals）占 10%，芭蕾舞 / 舞蹈（ballet/dance）占 10%，而表演和时事讽刺剧 / 歌舞表演（performance and revues/cabarets）则共占 10%。国家资助剧院共推出 540 台节目，演出 11970 场次。2008~2009 年度，非国家资助剧院共推出 184 台节目，演出 3886 场次。入场人数共达 662000 人次，平均每场演出入场 170 人次。戏剧占总入场人数的 25%，儿童剧占 24%，轻歌剧 / 音乐剧占 18%。非国家资助剧院入场人数占丹麦戏剧入场总人数的 23%。[1]

2009~2010 年度，丹麦剧院入场人数与上年度相比下降了 4%，即减少了 121000 位观众。因此，每场演出入场人数会相应减少。2008 至 2009 年度，平均每场演出入场 185 人次；2009~2010 年度，平均每场演出入场人数降至 174 人次。[2]

2010~2011 年度，丹麦剧院入场人数与上年度相比下降了 0.7%，即减少了 19000 位观众，平均每场演出入场 180 人次。[3] 此后直到 2014~2015 年度，国家资助剧院入场人数均保持在 200 万 ~210 万人次。[4]

丹麦只有一家真正由国家全额资助的剧院——丹麦皇家剧院（Royal Danish Theatre），其下有国家剧院、国家歌剧院、国家交响乐团和国家芭蕾舞团，并提供芭蕾舞、歌剧和戏剧的系列培训课程。丹麦皇家剧院及其成员组织均由丹麦文化部资助。丹麦皇家剧院获得了大部分的国家资助资金，但约有 11 家地区剧院公司和众多其他表演艺术公司每年获得 1000 万丹麦克朗的资助资金，用于在全国范围内进行表演。

丹麦皇家剧院第一座建筑——"老剧院"（The Old Stage）是由著

[1] S. J. Gunnersen and M. P. Bisgaard,eds., *Statistical Yearbook 2010* (Copenhagen: Statistics Denmark, 2010).

[2] U. Agerskov and M. P. Bisgaard, eds., *Statistical Yearbook 2011* (Copenhagen: Statistics Denmark, 2011).

[3] U. Agerskov and M. P. Bisgaard, eds., *Statistical Yearbook 2012* (Copenhagen: Statistics Denmark, 2012).

[4] U. Agerskov, M. P. Bisgaard, and P. D. Poulin, eds., *Statistical Yearbook 2016* (Copenhagen: Statistics Denmark, 2016).

名庭院建筑师尼古拉·伊格维德设计的，他还策划建造了阿美琳堡王宫（Amalienborg Palace）。1774年，建筑师哈斯道夫（C. F. Harsdorff）重建老剧院，以容纳更多观众。

剧院成立初期，人员配备很少。剧院全体成员最初由8名男演员、4名女演员、2名男舞者和1名女舞者组成。在随后的几十年中，丹麦皇家剧院逐渐成为一家多功能剧院，汇集了戏剧、歌剧、芭蕾舞和音乐会等多种表演艺术。

1848年君主专制政体废除后，丹麦皇家剧院的"城市剧院"地位下降。丹麦皇家剧院不再享有表演艺术领域的垄断地位，坐落于哥本哈根市中心国王新广场（Kongens Nytorv）的"老剧院"已不能满足人们对艺术的欣赏和体验需求，于是有了扩建和新建的建筑。

丹麦皇家剧院在21世纪经历了丹麦250多年历史上最广泛的转型。丹麦皇家歌剧院（The Royal Danish Opera）于2005年1月落成，由莫勒基金会（A. P. Møller and Chastine Mc-Kinney Møller Foundation）捐赠，著名建筑师亨宁·拉森（Henning Larsen）设计。丹麦皇家剧场（The Royal Danish Playhouse）于2008年竣工，由建筑师伯杰·伦佳德（Boje Lundgaard）和勒纳·特兰伯格（Lene Tranberg）设计。如今，丹麦皇家剧院由国王新广场旁的"老剧院"、丹麦皇家歌剧院和丹麦皇家剧场组成。

## （二）重视文化与商业的结合

为适应新的文化艺术形式和人们新的文化艺术需求，丹麦政府自20世纪90年代后期提出"体验经济"，2000年出台《创意潜力报告》（Denmark's Creative Potential, Culture and Business Policy Report 2000），2003年提出"文化与体验经济战略"（Denmark in the Culture and Experience Economy — 5 New Steps），旨在突出文化艺术在全球体验经济和新的创意产业中的地位。在强调文化的社会效益的同时，丹麦十分重视文化与商业的结合，将文化创意产业作为新兴经济模式，鼓励文化与商业的结合，进而创造就业机会、促进经济发展。丹麦文化部、教育部、研究部、商业部四个部门共同资助多个文化项目。①

文化与商业之间的互动为丹麦带来了巨大潜力，一方面为文化和艺术提供了新的发展机会，另一方面推动了工商业向创新和智慧方向发展。文化和商业已经在越来越多的领域中获得了共同利益。

人们通常认为文化和商业来自两个截然不同的世界。一个是文化世界，充满了自由的艺术表达、美学和反思；另一个是涉及市场份额、市场策略和产品开发的工商业世界。在文化世界中，我们保留挑衅、试验、超越和划定界限的权利。在工商业世界中，我们可以精准地提供消费者期望得到的产品和服务。在丹麦，我们可以看到文化和工商业两个世界相互融合的许多例子。

首先，文化产业本身已成为一种商业增长型产业。它创造就业机会，带动出口并促进创新。其次，文化是工商业创新和创造力的源泉。艺术和文化领域的一些独特要素，如智慧、创意和叙事技巧正迅速成为衡量 21 世纪企业竞争力最重要的几项参数。丹麦铂傲（B & O）公司创建新的故事实验室，医疗保健公司诺和诺德（Novo Nordisk）公司与 Da Capo 戏剧小组合作进行领导力开发，参卓帕（Zentropa）电影公司与 IT 公司甲骨文（Oracle）合作在网上开发新的电视频道，诸多类似的公司与文化领域之间更紧密的互动为丹麦公司注入了新活力。最后，文化成为区域发展的新动力。全球竞争引发了区域间和城市间在吸引各类顶级企业、优秀职员和中高端游客方面的激烈竞争。近年来，区域和城市越来越有意识地利用文化和艺术来创建富有创造力和活力的环境，从而使其国际形象得以不断提升。区域（城市）本就可以被看成一个产品，需要精细化运营。市场经济时代，竞争是主题，有竞争就势必有品牌营销。

---

① 《丹麦：突出文化的体验经济地位》，人民网，http://culture.people.com.cn/n/2015/0302/c172318-26618129.html，最后访问日期：2020 年 4 月 12 日。

只有成功打造具有特色的区域（城市）文化品牌，才能为区域（城市）吸引更多的人才、政策、消费等资源。比如，风城芝加哥、光明之城巴黎、永恒之城罗马、大苹果纽约、童话之都哥本哈根等都是很好的城市文化品牌。区域（城市）的文化品牌形象能直观地向大众传递其气质特征，提升其国际地位，增强其竞争力。

着重发展文化创意产业是社会经济发展进入新阶段后一个必然的转型方向。文化创意产业背后蕴藏着巨大的商业价值，甚至可以成为一个地区的支柱性产业。作为丹麦政治、经济、文化和交通中心的哥本哈根便是一个鲜活的案例。

哥本哈根文化创意产业的兴起发展与丹麦整体国家发展策略和历史传统有着密切关系。丹麦城市发展政策制定者长期以来都将文化视为促进城市发展的重要手段。进入 21 世纪后，丹麦政府开始在国家层面上重新强调文化和创意发展背后的经济潜力。丹麦人民文化生活需求日益增加，文化领域涉及的电视、电影、广播、服装时尚、广告、建筑设计等行业已经为丹麦经济发展做出了实质性贡献。另外，文化发展也是一种吸引人才和投资的方式。从长远角度来看，文化发展有助于创造一个充满活力的环境，在提升人民生活质量的同时塑造更好的区域形象。文化发展带来的创新也可以提高工商业产品和服务的附加值。例如，好的工业设计就能使产品在功能不变的情况下更受消费者青睐。

哥本哈根市政府为了发展经济和就业、营造一个国际化大都市形象，不断推动大型基础设施（厄勒海峡大桥、地铁系统等）建设。同时，市政府也努力为区域经济构建以知识为基础的后工业发展模式。市政府通过建设一系列文化活动设施，如阿肯现代艺术博物馆（Arken Museum of Modern Art）、丹麦国家美术馆（Statens Museum for Kunst）等，从物理空间上给予文化发展推动力。为进一步促进文化发展，市政府还组织了一系列文化娱乐活动，如哥本哈根国际电影节（Copenhagen International Film Festival）、哥本哈根爵士音乐节（Copenhagen Jazz Festival）等。

此外，哥本哈根的文化休闲娱乐发展在给予居民丰富多彩精神生活的同时，也刺激了人们的创新思维能力，并进一步促进了当地文化创意产业的蓬勃发展，区域内的创新产业，特别是时尚设计、广告、音乐、电子游戏和电影等行业发展迅猛。

目前，文化产业发展已成为丹麦经济发展进程中的一个重要因素。为进一步推动文化与经济间良性互动，丹麦政府提出了五大战略方向：为文化创意产业领域提供更多的风险资本和创投基金（better access to venture capital）；提供文化创意产业的专业知识培训，为文化创意产业建立创新环境（improved competence and knowledge）；重视文化创意产业的全球化发展（globalization）；为文化创意产业建立有效的市场机制，规范市场环境（efficient markets）；改善文化创意与产业界之间的互动关系，促进文化与产业互动发展（improved frameworks for correlation between industry and the arts）。①

丹麦对文化与商业融合发展的重视和倡导体现在丹麦文化创意产业的蓬勃发展中。文化创意产业带来了高附加值的经济发展模式和经济发展内生动力。

## 三 丹麦图书市场特点

图书是一个国家民族的价值观及其国民生活方式、生活态度的体现。图书是读者获取信息、获得娱乐的重要方式，也是增进人们对文化和艺术理解的重要途径。安徒生童话故事在中国家喻户晓，因而丹麦在中国读者眼中成了"童话王国"。丹麦读者对中国的了解同样也与中国主题图书在丹麦的传播息息相关。对丹麦图书市场的主要特点进行研究，能为中国主题图书走进丹麦图书市场提供一些参考和启示。

---

① 《丹麦文化创意产业发展》，找法网，http://china.findlaw.cn/chanquan/zhishichanquanzhishi/20110602/36961.html，最后访问日期：2023 年 9 月 1 日。

丹麦高度重视阅读，丹麦人从小就开始培养读书的兴趣。"丹麦小学生唯一的家庭作业就是阅读。学生每天回家阅读 20 分钟，这是写在丹麦学校课程表上的'硬任务'。"[1] 在丹麦，全民阅读的高涨热情保持了丹麦图书市场的稳定，刺激了丹麦图书市场的发展。

丹麦的法律政策、财务制度和技术体系都深刻地影响着图书的创作、出版、发行和阅读。2015 年，丹麦"图书与文学小组"（The Book and Literature Panel）发布首份年度报告，阐明了这些影响因素与图书市场发展趋势的直接关系。近年来，丹麦图书市场也在不断调整、革新，以顺应国际图书和媒体市场的发展趋势。"图书与文学小组"总结了丹麦图书市场发展的三个重要特点，即自主化、数字化和全球化，[2] 此外，近年来丹麦图书市场民族化特点也越来越明显。

## （一）自主化发展特点

自 2000 年以来，丹麦图书市场逐步开放，迈向自主化的发展阶段。丹麦人崇尚自由，出版行业发展相对自由，大、中、小、微型出版社不断成立与崛起。丹麦哥本哈根大学经济学教授哈乔斯－安德森（Hjorth-Andersen）早在 2000 年就预言："科技的力量终会改变成为一名作者的概念。在未来，作者出版自己的作品将容易得多。"[3] 20 多年后，丹麦图书市场的发展印证了他的说法。各种替代性出版形式层出不穷，新兴的出版商也如雨后春笋般崛起，为作者出版作品提供了更多途径。

### 1. 自主出版等多种出版形式出现

丹麦经济企稳向好，图书市场欣欣向荣，传统出版业得到了进一步

---

[1]　李潘：《丹麦教育：让阅读成为一生的习惯》，《中国新闻出版广电报》2018 年 6 月 22 日，第 8 版。

[2]　The Book and Literature Panel, *Books and Literature 2015*, 2015, retrieved from https://slks.dk/fileadmin/user_upload/dokumenter/Litteratur/Books_and_literature_2015_annual_report_of_the_Book_and_Literature_Panel___.pdf.

[3]　C. Hjorth-Andersen, "A Model of the Danish Book Market," *Journal of Cultural Economics* 24(2000): 40.

发展，各种自主出版和共同出版形式百花齐放，替代性出版形式的出现成为丹麦图书经济发展新的增长点。大量自主出版书社涌现于出版市场，如 2017 年由哥本哈根大学教师达墨革（Peter Damgaard）成立的丹麦沙铁书社（Forlaget Sand & Jern）就专门出版中国文学译著，尤其以出版莫言作品的丹麦语译著见长。① 尼尔斯·比耶维格（Nils Bjervig）曾率领丹麦"图书与文学小组"对出版的替代形式进行调研，他们对丹麦自主出版人 / 商的问卷调查显示：59% 的受访者认为创作自由是他们选择这种出版方式的主要原因，43% 的受访者提到由于财务原因选择自主出版。"越来越多的电子文学作品选用自主出版的形式，因为这省去了许多技术和财务的麻烦。"② 38% 的受访者提到曾被传统出版商拒绝；26% 的受访者以"作者"为其主要职业；50% 的受访者说写作是其第二职业；24% 的受访者称写作为其业余爱好；46% 的受访者之前依靠传统出版商出版其作品。③ 由此可见，以自主出版为代表的替代性出版形式便捷高效，广受欢迎，前景广阔。

研究结果还表明，传统的图书出版形式与自主出版等替代性图书出版形式之间的边界已经模糊，各种各样的"混合"形式随之出现。许多出版商可根据作者需求与企业效益进行权衡，采取适合的出版形式。由此，许多公司既开展传统出版业务，也为自主出版人 / 商提供服务。例如，在线图书经销商 Saxo 既销售传统出版物，也帮助作者进行自主出版。出于各种原因，越来越多知名作家也开始尝试减少与大型出版社的合作，选择通过自己的公司或类似途径进行自主出版。

---

① 资料来源：https://sandogjern.dk/om/.

② The Book and Literature Panel，*Books and Literature 2015*, 2015, retrieved from https://slks.dk/fileadmin/user_upload/dokumenter/Litteratur/Books_and_literature_2015_annual_report_of_the_Book_and_Literature_Panel___.pdf.

③ The Book and Literature Panel，*Books and Literature 2015*, 2015, retrieved from https://slks.dk/fileadmin/user_upload/dokumenter/Litteratur/Books_and_literature_2015_annual_report_of_the_Book_and_Literature_Panel___.pdf.

**2. 大中型出版商被收购、合并，小微型出版商顺势崛起**

图 2-2 显示了 2006~2015 年丹麦十大虚构类图书出版商出版份额的变化。在 2006 年，这十大出版商出版了的新虚构类图书约占丹麦虚构类图书市场 51% 的份额；到 2015 年，这十家出版商出版的虚构类图书在市场上仅占 19.3% 的份额。造成这种情况的原因有很多，其中包括一些出版商不再作为独立出版商存在——博根出版社（Borgen）2013 年被居伦达尔出版社（Gyldendal）收购，停止了独立出版业务；艾勒出版社（Aller）也停止了图书出版业务；阿舍霍克出版社（Aschehoug）与林德哈特和林霍夫出版社（Lindhardt & Ringhof）合并。

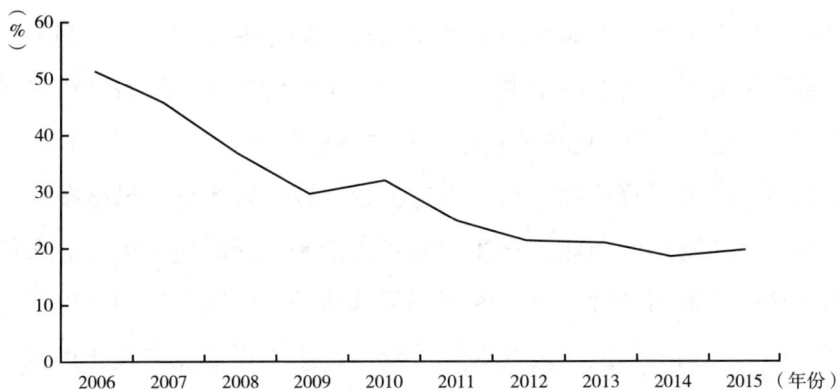

图 2-2　2006~2015 年丹麦十大虚构类图书出版商的出版份额

资料来源：丹麦图书馆中心（DBC）、"图书与文学小组"。

"由于数字技术的发展以及丹麦出版市场的高度市场化，作者本人作为出版商出版自己的数字作品成为可能，因此，小微型出版商逐年递增。"① 丹麦的小微型出版商以数字出版为主，部分公司也开展传统出版业务，出版丹麦语文学作品与翻译作品，整体发展形势与丹麦图书市场发展形势一致。"对引进翻译版权的外国出版社而言，丹麦语

---

①　王墨雨、于凤静：《丹麦出版产业数字化转型研究及其启示》，《科技与出版》2021 年第 4 期，第 35~39 页。

图书在销售利润上并没有实际吸引力，在国际范围内也很少有读者集中关注丹麦语文学作品。"① 丹麦的小微型出版商主要承担起丹麦本土作品的出版任务，"希望通过自身努力使丹麦图书市场保持高水准、多样性和多元化的特质"②。这些小微型出版社的存在显示了丹麦图书市场参与者的理想主义情怀，是丹麦社会信任度高、幸福指数高的侧面写照。

### 3. 销售环节的自主

宽松商业环境对丹麦图书的销售环节产生了一系列影响。自 2011 年以来，丹麦图书市场的图书定价一直未受到监管，没有固定的定价标准。因此，丹麦图书市场上价格竞争激烈，现今除了传统的实体书店出售图书以外，超市和线上书店也占据了越来越大的图书销售份额。图书价格竞争首先引发了读者对畅销书在图书市场定价的讨论，消费者可以通过不同销售途径比较同一图书的价格，有选择地购书。

自主化的发展趋势也让丹麦人有机会阅读内容多样、风格多元的文学作品。日益发达的商业化媒体为丹麦人带来了新的生活体验。人们原本担忧这一发展将侵蚀丹麦人的图书阅读活动，挤压丹麦图书出版业的发展空间，但相反，这一进程促使丹麦人产生了更强烈的文化追求。在图书供应端和消费端的双重刺激下，丹麦图书市场的文学作品多样性大大提升。

从丹麦各大图书销售平台的在架书单上可以看出，国内虚构类和非虚构类图书丰富，外语原著、译著繁多。在电子出版兴起的冲击下，2009~2020 年丹麦出版的纸质图书种数持续稳定居高（见表 2-1），这充分体现了在自主出版和自主发行销售的调节下丹麦读者群体和图书市场的稳定。

---

① 徐迪：《丹麦微型出版社的运营特色与实践创新策略》，《出版科学》2021 年第 1 期。
② 徐迪：《丹麦微型出版社的运营特色与实践创新策略》，《出版科学》2021 年第 1 期。

### 表 2-1　2009~2020 年丹麦出版的纸质图书种数

单位：种

| 2009年 | 2010年 | 2011年 | 2012年 | 2013年 | 2014年 | 2015年 | 2016年 | 2017年 | 2018年 | 2019年 | 2020年 |
|---|---|---|---|---|---|---|---|---|---|---|---|
| 5754 | 5741 | 6083 | 6331 | 5920 | 6063 | 6380 | 6495 | 6855 | 6740 | 6379 | 6165 |

资料来源：丹麦统计局网站，https://www.statbank.dk/statbank5a/default.asp?w=1920。

## （二）数字化发展特点

互联网成为图书发行的重要阵地，为作者、出版商和读者之间的沟通交流提供了全新平台。丹麦图书发展的数字化进程改变了图书从作家创作到出版社发行，再到书店销售，最后到读者阅读的传统历程。"丹麦出版商已经成功地以有声读物、电子书和数字教学门户网站的形式创建了新的数字图书市场格局。"[1] 在很长一段时间内，电子书在丹麦图书市场上都没有成为主流，受众非常有限。然而，近年来，这种情况已经发生了翻天覆地的变化。电子书已经走进了大众生活，为读者提供了新的阅读方式，挤占了传统出版商的图书销售份额。丹麦奥胡斯公共图书馆馆长玛丽·奥斯特加德（Marie Oestergaard）指出："所有技术的使用都是为了让人们能够更好地访问信息、获得个性化体验以及拥有在技术世界中表达自己和把握方向的能力。"[2]

### 1. 电子书出版种数大幅增加

丹麦出版的电子书种数 2009 年为 199 种，2011 年大幅攀升到 1644 种，2016 年达到峰值，之后逐渐进入稳定居高的状态（见表 2-2）。

---

[1]　王墨雨、于凤静：《丹麦出版产业数字化转型研究及其启示》，《科技与出版》2021 年第 4 期，第 35~39 页。

[2]　〔丹麦〕玛丽·奥斯特加德：《以人为本的可持续发展：丹麦奥尔胡斯公共图书馆馆长访谈》，屠淑敏译，《图书馆研究与工作》2021 年第 7 期。

表 2-2　2009~2020 年丹麦出版的电子书种数

单位：种

| 2009 年 | 2010 年 | 2011 年 | 2012 年 | 2013 年 | 2014 年 | 2015 年 | 2016 年 | 2017 年 | 2018 年 | 2019 年 | 2020 年 |
|---|---|---|---|---|---|---|---|---|---|---|---|
| 199 | 770 | 1644 | 2776 | 4149 | 5219 | 5697 | 9331 | 6407 | 4291 | 4564 | 5114 |

资料来源：丹麦统计局网站，https://www.statbank.dk/statbank5a/default.asp?w=1920。

数字化的图书发展趋势给丹麦作者带来了更多的出版便利，他们可以通过互联网这一平台与出版社和书商建立合作，进行自主出版，这更大程度地激发了他们的写作和出版意愿，而且互联网为实体书和电子书的发行创造了新的机会——电子书作为一种新的媒介节省了印刷成本，从而免去了纸质图书的运输和存储费用。

由此，电子书市场的发展催生了一批小、微型出版商，其中有许多公司并无纸质书发行的业务，仅提供电子书发行业务及周边服务。除此之外，电子书市场的繁荣还为丹麦诗歌的发展开辟了新的空间。"如果有的诗人被（传统）出版商拒绝，他们可以在网上出版自己的诗歌。"[1] 电子出版商为诗歌出版提供了更多的机会和选择，鼓舞了丹麦诗人的创作热情。

丹麦图书市场的数字化发展趋势还为新的参与者提供了打入市场的机会。越来越多的出版行业从业者正在引进先进技术来创建新的商业模式，探索书籍生产和阅读的新方式。丹麦最大的在线图书经销商 Saxo 不仅出售纸质图书和电子书，还为作者提供一系列相关服务，方便作者在 Saxo 的平台上发布他们的个人作品。

丹麦图书市场上电子书所占市场份额快速增长。"从出版商的角度来看，2012 年是电子书正式进入图书市场的开局之年。"[2] 新出版各类电子

---

[1]　C.Hjorth-Andersen, "A Model of the Danish Book Market," *Journal of Cultural Economics* 24(2000): 27-43.

[2]　Lisbeth Worsøe-Schmidt, "The E-book War in Denmark," *Journal of Librarianship and Information Science* 51(2019): 95~105.

书的种数从 2009 年的 199 种增至 2020 年的 5114 种。电子书市场扩大有两个方面的原因：一方面，新创作的图书中以电子书形式出版的数量大幅增加；另一方面，许多经典文学作品和其他纸质出版的图书以电子书形式重新发行，经典作品在数字世界获得新生，绽放光彩。丹麦统计局数据显示丹麦电子书出版种数在 2016 年达到峰值，后来虽有所回落，但整体较 10 年前大幅提升（见表 2-2）。

"不论是现在还是未来，表达的数字化呈现都将是一个强大的发展领域。"[1] 数字化转型已是全球企业发展的大势，丹麦的电子书市场也将成为极具潜力、长期活跃的领域。

2. 数字化图书借阅量增加

丹麦图书馆直接面向图书供应端与读者，成为反映和调节丹麦图书出版的重要中介，也集中反映了丹麦读者的阅读偏好和对图书市场的发展需求，这对丹麦图书市场发展具有积极意义。丹麦是世界上图书馆占有率和访问率最高的国家之一。"2018 年丹麦公共图书馆年访问量达 3760 万人次，相当于平均每人访问 6.6 次图书馆。"[2] 公共图书馆是丹麦人获取图书资源最常使用的设施，成为联结丹麦图书供应端与读者的重要枢纽。"丹麦的公共图书馆系统已经超出传统意义上的文化政治的基础作用，开始成为图书市场独立的角色。"[3] 丹麦图书馆的图书借阅情况既反映了各类图书的市场占有比例，也反映了图书市场的发展趋势。数字化进程对丹麦的公共图书馆借阅的影响同样明显，据丹麦统计局统计，纸质书借阅被图书市场的数字化发展所冲击，"越来越多的人在继续借阅实体资源的同时已经养成了借阅数字资源的习惯"[4]。丹麦公

---

① 〔丹麦〕玛丽·奥斯特加德：《以人为本的可持续发展：丹麦奥尔胡斯公共图书馆馆长访谈》，屠淑敏译，《图书馆研究与工作》2021 年第 7 期。

② 宋毅、李梦涵：《丹麦图书出版业发展探析》，《出版参考》2020 年第 8 期。

③ Lisbeth Worsøe-Schmidt, "The E-book War in Denmark," *Journal of Librarianship and Information Science* 51(2019): 95~105.

④ 〔丹麦〕玛丽·奥斯特加德：《以人为本的可持续发展：丹麦奥尔胡斯公共图书馆馆长访谈》，屠淑敏译，《图书馆研究与工作》2021 年第 7 期。

共图书馆纸质图书馆藏数量近年来也一直在下降。2018~2019 年，纸质图书馆藏数量从 1460 万本减少至 1410 万本，减少 3.4%（见图 2-3）。

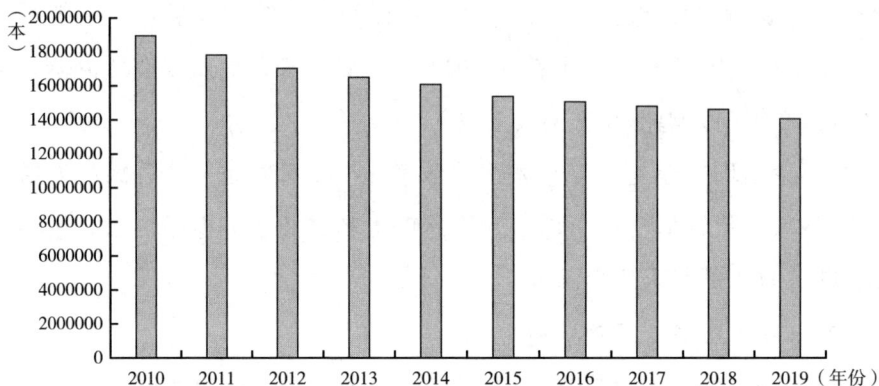

图 2-3　2010~2019 年丹麦公共图书馆的纸质图书馆藏数量

说明：2016~2017 年数据未统计，此处为官方推算的数据。

资料来源：丹麦统计局。

丹麦图书馆的电子图书馆 eReolen 成为读者借阅高频访问的书库。2018~2019 年丹麦公共图书馆实体书、电子书和有声读物的总借阅量从 28750574 次增加至 29905323 次，同比增长 4%（见图 2-4）。

音像图书资料同样受到数字化进程影响，2010~2019 年，丹麦公共图书馆的实体有声读物借阅量减少了 2/3，2013 年后网络有声读物借阅量逐年攀升（见图 2-5）。

互联网除了促进数字化图书的发行和借阅，还增进了图书馆与读者间的互动。图书馆抓住数字化契机，为读者提供相关信息，鼓励读者就文学和文化观点进行讨论。疫情期间，丹麦奥胡斯公共图书馆就筹办了大型文学节——LiteratureXchange，这一活动采取线上线下相结合的方式开展，外国作家在线上参与分享，奥胡斯当地举办线下交流和探讨活动。此外丹麦移动设备上的有声读物和电子书订阅服务 Mofibo 也向读者提供按月订阅的数字图书馆服务，补充和丰富了丹麦读者的数字化阅

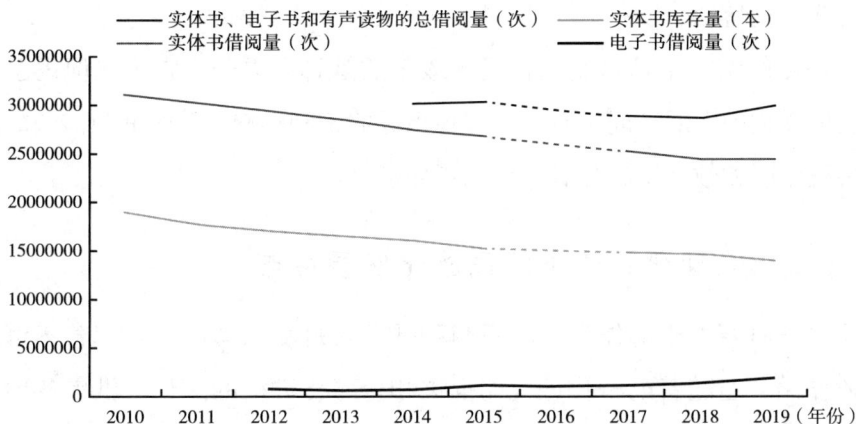

图 2-4　2010~2019 年丹麦公共图书馆的图书借阅量和库存量

说明：2016~2017 年的实体书借阅、实体书库存、电子书借阅相关数据未统计，此处为官方推算的数据。

资料来源：图书馆统计数据、丹麦统计局数据、eReolen 月度统计数据（https://netbib.dk）（2012~2014 年）E-BIB 的数据（2012~2019 年）。

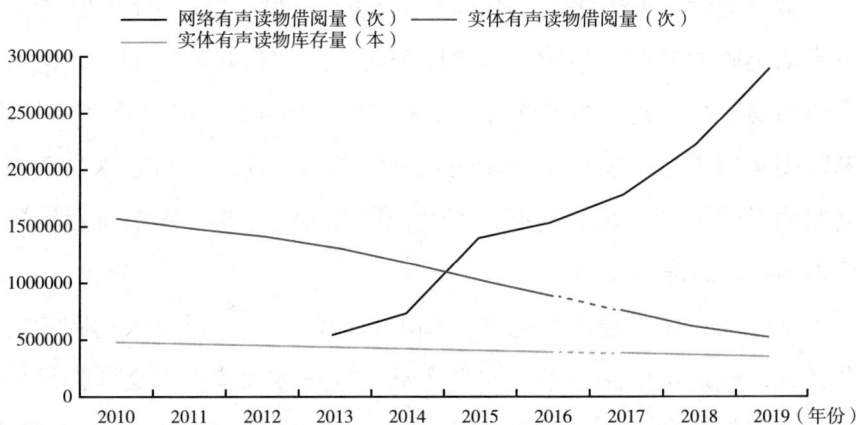

图 2-5　2010~2019 年丹麦公共图书馆有声读物的借阅量和库存量

说明：2016~2017 年的实体有声读物借阅量、库存量数据未统计，此处为官方推算的数据。

资料来源：丹麦统计局。

读方式和内容。

　　丹麦的图书馆是丹麦文化民主政策的落脚点之一，它不仅促进了丹麦阅读文化的发展，而且有助于减轻市场的不利影响。[①] 图书馆借阅数据对传统出版和数字出版具有一定的指导意义。

## （三）全球化背景下的民族化发展特点

　　尽管丹麦本土的作家、出版商和书商在丹麦图书市场发挥着不可替代的作用，但随着电子化进程的推进和全球化进程的深化，世界各地的出版从业者也不断地影响着丹麦图书市场的发展格局。谷歌（Google）和苹果（Apple）为用户提供在线书籍阅读的服务；亚马逊的发展与繁荣深刻改变了欧美图书交易方式，为图书发行、定价以及行业员工的工作条件建立了新标准，亚马逊在对图书进行分类时"完全打破传统书店的主题分类模式，而采用基于大数据读者分析的评分制。它还利用其海量的消费数据和消化能力，为读者提供更加丰富和人性化的信息和用户体验"[②]。亚马逊近年来在欧洲市场上已占有重要一席，但该平台却尚未上架以丹麦语出版的书籍。尽管这些跨国公司鲜少销售丹麦语图书，但是这些平台的发展对丹麦图书市场行业政策、技术标准的制定具有刺激作用。图书跨国销售平台的发展让丹麦民众喜忧参半，许多人担心这些跨国平台会制约丹麦图书市场的发展；不过，也有人认为其是图书行业发展的标杆和典范，值得丹麦学习。

　　全球化加大了丹麦图书的进口和出口合作力度。丹麦人的阅读需求量非常大，他们不仅阅读本土文学作品，也通过阅读外国文学作品来丰富见闻、了解世界。这也促使丹麦成为图书进口大国，市场上有英语、瑞典语、德语、法语等多语种的原文书籍和译自这些语种图书的丹麦语

---

①　Lishbeth Worsøe-Schmidt, "The E-book War in Denmark," *Journal of Librarianship and Information Science* 51(2019): 95~105.

②　范军、张晴：《国际出版业发展的新动向与新变化》，《中国新闻出版广电报》2019 年 6 月 17 日，第 8 版。

译著。与此同时，全球化发展格局进一步促使丹麦大型出版商开始注重国际合作，开拓丹麦图书的海外市场。居伦达尔是丹麦最大的出版商，"2020 年 11 月，居伦达尔与文字音像出版国际（Word Audio Publishing International）达成协议，2021 年 1 月 5 日，居伦达尔全面接管文字音像出版国际，同时接管该公司在瑞典和芬兰开发和出版的有声读物的版权，包括 1300 个瑞典语作品版权以及 300 个其他语言作品版权，以此向其他欧洲国家发展，寻找新的市场增长机会"[1]。Simon & Schuster 出版公司是美国最大的出版商之一，丹麦与其旗下的 Saga 出版社合作，拓展丹麦作家作品的海外市场，"目前，Saga 正探索在 20 个国家（包括冰岛、日本、印度、中国、意大利、智利和一些非洲国家）投入大量资金，出版销售以丹麦作家作品为主的 2000 多种数字图书"[2]。全球化促进了丹麦图书及其版权的全球出口，同时也成为丹麦文化国际传播的重要推力，符合丹麦彰显民族身份的国家需求。

　　除了全球化的外部推力，丹麦内部还通过立法鼓励丹麦文学的本土发展和域外传播，以展现其民族身份和民族声音。2014 年，丹麦文化部颁布了《丹麦文学法》（Lov om Litteratur）[3]，其适用于丹麦本土作品和译为丹麦语的外国作品（包括散文、诗歌、戏剧、儿童文学、青年文学以及其他虚构和非虚构类作品）。依据此法，丹麦艺术基金会（The Danish Arts Foundation）为丹麦文学作品的创作、翻译、出版以及国内外宣传推广等提供资助。

　　虽然丹麦国民整体英语水平很高，很多还具备多语种阅读能力，但丹麦民众阅读丹麦语文学作品最多，受阅读需求的刺激，近年来丹麦图

---

① 王墨雨、于凤静：《丹麦出版产业数字化转型研究及其启示》，《科技与出版》2021 年第 4 期，第 35~39 页。

② 王墨雨、于凤静：《丹麦出版产业数字化转型研究及其启示》，《科技与出版》2021 年第 4 期，第 35~39 页。

③ The Ministry of Culture of Denmark, "Bekendtgørelse af Lov om Litteratur," 2014, retrieved from https://www.retsinformation.dk/eli/lta/2014/31，最后访问日期：2023 年 8 月 31 日。

书市场上以丹麦语创作的虚构类和非虚构类文学作品的数量都有所增加，许多外语文学作品被译成丹麦语引入丹麦图书市场，近20年以丹麦语出版的纸质图书数量稳中有升。2020年，丹麦出版的丹麦语纸质图书的种数相比2009年增长了20%以上，且2016~2020年稳定在年均4000种以上。通过对比，可以发现同时期（2016~2020年）丹麦出版的英语纸质图书种数却在逐年下降（见表2-3）。

表2-3　2009~2020年丹麦出版的丹麦语和英语纸质图书种数对比

单位：种

| 语种 | 2009年 | 2010年 | 2011年 | 2012年 | 2013年 | 2014年 | 2015年 | 2016年 | 2017年 | 2018年 | 2019年 | 2020年 |
|---|---|---|---|---|---|---|---|---|---|---|---|---|
| 丹麦语 | 3478 | 3520 | 4040 | 3790 | 3766 | 3741 | 3869 | 4052 | 4400 | 4271 | 4270 | 4201 |
| 英语 | 1463 | 1409 | 1199 | 1720 | 1352 | 1455 | 1590 | 1490 | 1478 | 1474 | 1159 | 1006 |

资料来源：丹麦统计局网站，https://www.statbank.dk/statbank5a/default.asp?w=1920。

2009~2020年，丹麦出版的丹麦语纸质图书种数整体平稳增长，丹麦语电子书种数更是大幅提升，而丹麦出版的英语纸质图书种数2020年比2009年减少了31%，英语电子书种数2020年比2016年减少了52%。由此可以说明，英语图书在丹麦外语图书市场中的地位整体呈波动下降趋势，尤其是纸质图书种数下降明显，电子书种数2016~2020年回落明显（见表2-4），这与丹麦电子书出版总种数呈现的上升趋势很不一致。

表2-4　2009~2020年丹麦出版的丹麦语和英语电子书种数对比

单位：种

| 语种 | 2009年 | 2010年 | 2011年 | 2012年 | 2013年 | 2014年 | 2015年 | 2016年 | 2017年 | 2018年 | 2019年 | 2020年 |
|---|---|---|---|---|---|---|---|---|---|---|---|---|
| 丹麦语 | 162 | 629 | 1222 | 2067 | 2836 | 3643 | 3827 | 6922 | 4736 | 2950 | 3210 | 3564 |
| 英语 | 26 | 85 | 217 | 394 | 843 | 1063 | 1120 | 1665 | 1002 | 813 | 784 | 807 |

资料来源：丹麦统计局网站，https://www.statbank.dk/statbank5a/default.asp?w=1920。

此外，丹麦地处北欧，与瑞典、挪威的关系极为密切，这三个国家从区域角度看，历史上分分合合，亦敌亦友；从欧洲整体角度看，都属于北欧国家。丹麦图书市场的北欧特色鲜明，挪威语和瑞典语的纸质图书种数自2009年以来持续稳定，瑞典语出版物略多于挪威语出版物。在2009~2020年，丹麦出版的瑞典语纸质图书和电子书种数在2015年达到最高，分别为287种和252种（见表2-5）。瑞典语和挪威语图书出版种数在2009~2020年的稳定充分体现了北欧区域特征，凸显了区域文化特色。

表2-5　2009~2020年丹麦出版的瑞典语纸质图书和电子书种数

单位：种

| 语种 | 2009年 | 2010年 | 2011年 | 2012年 | 2013年 | 2014年 | 2015年 | 2016年 | 2017年 | 2018年 | 2019年 | 2020年 |
|---|---|---|---|---|---|---|---|---|---|---|---|---|
| 纸质图书 | 269 | 252 | 248 | 274 | 218 | 269 | 287 | 266 | 237 | 275 | 256 | 265 |
| 电子书 | 4 | 20 | 132 | 124 | 142 | 171 | 252 | 251 | 182 | 189 | 188 | 173 |

资料来源：丹麦统计局网站，https://www.statbank.dk/statbank5a/default.asp?w=1920。

通过对比2009~2020年丹麦出版的丹麦语与英语的纸质图书和电子书种数发现，丹麦图书市场民族化发展趋势明显，丹麦语图书所占比例均稳步上升，英语图书在市场上的地位在波动中下降。丹麦图书出版的国内外发展都注重丹麦语和丹麦作家作品的推介和发行，以强化凸显丹麦的民族身份。丹麦作为北欧小国家，地域小，人口仅有不到600万，近年来丹麦外交部等政府部门在各项对外工作中都在不断强调丹麦国家形象的海外建构，以实现丹麦语言保护、体现文化特色和民族身份。丹麦外交部的外宣要求就是要提高丹麦在国际社会中的显现度（make Denmark visible），丹麦教育界培养人才的能力目标之一就是要能够表达丹麦观点。在此语境下，在全球化可能淹没小国声音的国际背景下，以丹麦语出版的图书种数的增加符合社会需求和政治需求。

丹麦图书市场的发展整体上显示出自主化、数字化、民族化的基本特点。近年来，丹麦电子书市场大势崛起，传统出版业稳步发展，多元化出版形式不断丰富，出版商数量增加。中国对丹麦的研究规模也在逐渐扩大，中国的丹麦研究图书成果走进丹麦图书市场，与丹麦凸显其民族身份的图书市场特点非常契合，为中国图书走向丹麦图书市场提供了良好契机。结合丹麦公共图书馆馆藏图书数据和丹麦人阅读习惯，中国出版商可深入了解丹麦人的阅读偏好和市场需求，从而精准定位，使中国主题图书走进丹麦的图书市场，促进中国和丹麦的文化交流和文化贸易。中丹两国 2008 年建立了全面战略伙伴关系，两国政府制定了《中丹联合工作方案（2017—2020）》，2021 年两国开始磋商新的《中丹联合工作方案》。文化是两国沟通交流的纽带和桥梁，图书是文化的载体，在文化贸易中占有重要地位。对丹麦图书市场特点和发展趋势的把握能够为中国图书在丹麦的发展提供参考，为中丹图书互通、文化互鉴、民心相通提供新的切入点。这对中国文化"走出去"，传播中国声音，提高中国国际传播能力具有积极意义。

第三章

# 北京主题图书在丹麦的出版现状

国家关于北京有着明确的定位，即"全国政治中心、文化中心、国际交往中心、科技创新中心"①。中国通过加强北京文化对外传播来推动首都国际交往中心功能建设。北京主题图书作为北京文化的重要传播载体，是北京对外文化贸易和文化交流不可或缺的组成部分。

丹麦与中国关系稳定友好，2008年与中国建立了全面战略伙伴关系。丹麦幸福指数在全球持续名列前茅，文化教育事业发达，国民受教育程度高。丹麦有580多万人，国民阅读率接近99%，堪称世界阅读大国。进入全球出版商（Publishers Global）名录的丹麦知名出版机构有73家。丹麦有5000多所大大小小的图书馆。丹麦的人均公共图书馆拥有量居于世界前列，几乎每一个城市的每一个社区都有图书馆。丹麦的公共图书馆每年平均借出图书近1亿册。丹麦被誉为"北欧中心"，对丹麦图书市场的调查研究结果在北欧地区具有代表意义，能够基本反映出北欧地区北京主题图书的出版概况。研究丹麦出版北京主题图书的情况，可以了解丹麦图书市场对北京主题图书的需求特点和动态，促进中丹两国图书文化层面的交流与合作，对今后北京主题图书在丹麦的出版和发行具

---

① 《习近平在北京考察 就建设首善之区提五点要求》，新华网，2014年2月26日，http://www.xinhuanet.com/politics/2014-02/26/c_119519301_3.htm。

有参考意义，能够有效地推动北京文化在丹麦乃至北欧地区的传播与推广，进一步促进丹麦等北欧地区对北京文化乃至中国文化的全面了解。

本章中的北京主题图书是指在丹麦出版的与北京和中国主题相关的图书，第一章已经对该概念进行了界定，具体包括丹麦作者直接用丹麦语或英语撰写的图书，丹麦从国外引进版权、由汉语或其他语种翻译成丹麦语或英语的图书，由丹麦出版机构与北京出版机构合作出版的图书。

本章所用的全部数据均来自 https://bibliotek.dk，它是收录所有丹麦图书馆（包括公共、专业与学术图书馆）文献的门户网站，所有人均可以通过其访问、使用、浏览、搜寻和借阅丹麦出版物和各图书馆馆藏资料。本章选取了 1950~2020 年（共计 71 年）的全部纸质图书数据，并在此基础上整理出了北京主题图书书单，进行了分类研究。

## 一　中国和丹麦两国图书互通情况总览

丹麦的面积仅有 4.3 万平方公里，人口也不多（2020 年约为 580 万人），但在安徒生的笔下，丹麦被描绘成了一个温馨的童话王国。虽然1950 年丹麦才承认新中国并与新中国建交，但中丹两国的交往历史可以追溯到 17 世纪，当时一艘丹麦船只驶向了中国。因此，可以说中丹交往历史源远流长。几十年来，中丹友好关系平稳前行，特别是近年来，两国深入合作，并保持相互尊重、互利共赢、和平友善的态度。虽然中国同丹麦距离遥远，政治、习俗、文化等方面的国情也有差异，但双方互惠互利，对推动双方关系和平友好发展都有着强烈愿望。

早在 19 世纪，丹麦童话作家安徒生便享誉世界，并对中国优秀文化有着深深的向往，为此，他创作了一部题材具有中国特色的作品《夜莺》。1912 年，安徒生童话首次进入中国。随着安徒生童话在国内的不断传播，不少学者开始对安徒生童话进行翻译和研究，其中叶君健的中文译本尤为经典。翻译作品的出版让安徒生在中国享有极高的知名度，他的许多故事也家喻户晓，《卖火柴的小女孩》《海的女儿》等故事更是脍炙人口。在中国百年来的发展过程中，安徒生童话极大程度地融入汉语文化中，对儿童的心灵起到了呵护作用。丹麦前首相赫勒·托宁·施密特（Helle Thorning-Schmidt）曾经在和中国网友互动的过程中说："在全球范围内，我们还没有看到像中国这样喜爱安徒生童话的国家。"[①]

## （一）中国出版的丹麦主题图书的数据采集与分析

### 1. 书目数据采集

本书研究伊始，项目组就对中国出版的丹麦主题图书进行了搜集整理，并对数据进行了整理分析。整理步骤如下。

① 在国家图书馆书目库和凯利斯（CALIS）书目库中用 NoteExpress 筛选出题名和关键词分别为丹麦、安徒生、哥本哈根、乐高的书目信息，共 3075 条，导出为 xls 格式文件。

② 在 CALIS（中国高等教育文献保障系统）中全面检索丹麦、安徒生、哥本哈根、乐高，共获得 1345 条书目信息，以电子表格形式呈现。

③ 逐步处理 CALIS 数据：

　　a. 处理并列题名不在一行的；

　　b. 分开题名和著者；

　　c. 删除等号后的英文；

　　d. 删除空格；

　　e. 整理出版社；

　　f. 分开出版地和出版社；

　　g. 合并著者和译者；

　　h. 规范著者；

---

① 刘俊阳:《中丹关系的丰收之年》,《前线》2015 年第 1 期。

ⅰ. 繁体转换为简体；

ⅱ. 规范题名。

④将国图与 CALIS 数据第一列分别插入"国图"和"CALIS"字样，然后合并。

⑤批量删除数据。

⑥统一作者（包括著者和译者）姓名，将安徒生的英文名、全称、缩写都统一为安徒生。

⑦删除作者的国家。

⑧将著者和译者分开。

⑨在国图、CALIS、谷歌图书、OCLC 中检索信息不全的图书，补齐信息。

⑩批量删除编、著、译字样。

⑪修改错别字，把"着"改为"著"。

⑫规范出版社名称。

⑬删除非中国出版社数据。

⑭删除或翻译其他语种的数据。

⑮把标点符号统一为中文符号。

**2. 书目数据分析**

经过上述步骤的处理，共得到书目记录 2887 条，分别按照主题、出版地、出版年份进行统计。在中国出版的丹麦主题图书中，关于安徒生或者安徒生童话的图书占 78%，关于乐高的图书占 10%，关于丹麦的其他图书共占 12%（见图 3-1）。可见安徒生和安徒生童话几乎是中国民众对丹麦的首要印象。从中国出版的丹麦主题图书的出版地分布看，其中有 36% 的图书在北京出版，10% 的图书在上海出版（见图 3-2），其余图书（除出版地不详者之外）的出版地分布在中国的 50 个城市，从这个层面也可以看出丹麦主题图书在中国的传播范围非常广泛。

从中国大陆和港澳台地区出版机构的出版情况看，共有 573 家出版

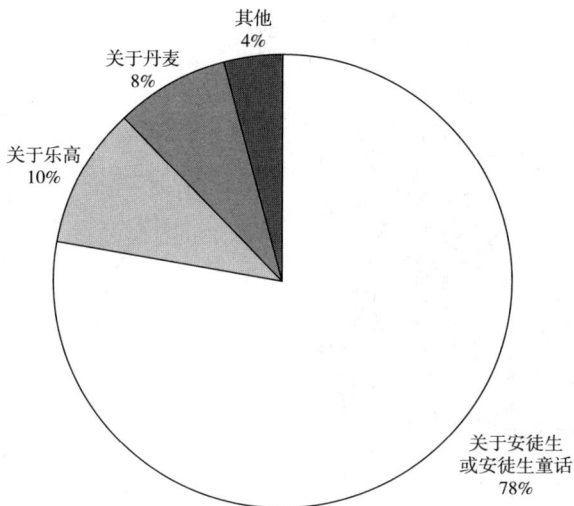

图 3-1 中国出版的丹麦主题图书主题分布

社出版过丹麦主题的图书。其中，国家开放大学出版社出版量最大，为83 种；吉林美术出版社的出版量为 77 种，人民邮电出版社的出版量为68 种，上海译文出版社的出版量为 56 种，人民文学出版社的出版量为53 种，安徽少年儿童出版社的出版量为 49 种，中国少年儿童出版社的出版量为 40 种，北京教育出版社的出版量为 34 种，新文艺出版社的出版量为 33 种。图 3-3 是按出版量绘制的中国出版丹麦主题图书出版机构词云图。

从出版年份看，有记载的中国最早出版的丹麦主题图书是 1924年由商务印书馆出版的由沈泽民、沈雁冰等人翻译的《近代丹麦文学一览》。1924 年，上海新文化书社还出版了赵景深翻译的《安徒生童话集》。近一个世纪以来，特别是改革开放以来，中国出版的丹麦主题图书百家争鸣，各地出版机构纷纷出版丹麦主题图书。2016 年，年出版数量创历史新高，中国出版丹麦主题图书数量达到 263 种（见表 3-1）。

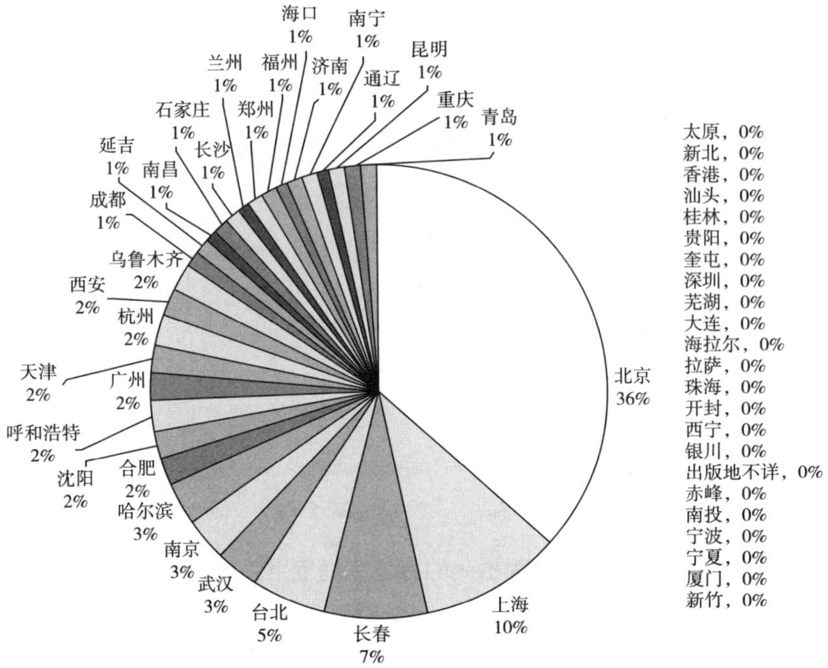

海口 1%　南宁 1%　昆明 1%
兰州 1%　福州 1%　济南 1%　通辽 1%
石家庄 1%　郑州 1%　重庆 1%
延吉 1%　长沙 1%　青岛 1%
成都 1%　南昌 1%
乌鲁木齐 2%
西安 2%
杭州 2%
天津 2%　广州 2%
呼和浩特 2%
沈阳 2%　合肥 2%
哈尔滨 3%
南京 3%
武汉 3%
台北 5%
长春 7%
上海 10%
北京 36%

太原，0%
新北，0%
香港，0%
汕头，0%
桂林，0%
贵阳，0%
奎屯，0%
深圳，0%
芜湖，0%
大连，0%
海拉尔，0%
拉萨，0%
珠海，0%
开封，0%
西宁，0%
银川，0%
出版地不详，0%
赤峰，0%
南投，0%
宁波，0%
宁夏，0%
厦门，0%
新竹，0%

图 3-2　中国出版的丹麦主题图书出版地分布

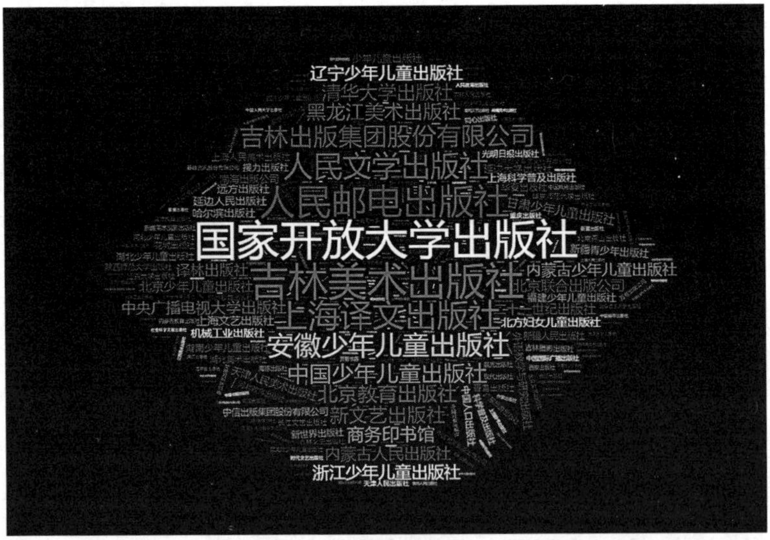

图 3-3　中国出版的丹麦主题图书出版机构词云

说明：按出版量绘制。

表 3-1 中国出版的丹麦主题图书的出版年份和出版数量

单位：种

| 出版年份 | 出版数量 | 出版年份 | 出版数量 | 出版年份 | 出版数量 |
|---|---|---|---|---|---|
| 1924 | 2 | 1960 | 1 | 1995 | 18 |
| 1925 | 1 | 1961 | 1 | 1996 | 23 |
| 1927 | 2 | 1963 | 1 | 1997 | 19 |
| 1928 | 1 | 1964 | 3 | 1998 | 18 |
| 1929 | 4 | 1965 | 5 | 1999 | 39 |
| 1930 | 8 | 1966 | 3 | 2000 | 40 |
| 1931 | 3 | 1970 | 1 | 2001 | 40 |
| 1932 | 2 | 1972 | 1 | 2002 | 83 |
| 1933 | 4 | 1973 | 2 | 2003 | 60 |
| 1934 | 5 | 1975 | 1 | 2004 | 65 |
| 1935 | 2 | 1977 | 1 | 2005 | 132 |
| 1936 | 2 | 1978 | 28 | 2006 | 56 |
| 1937 | 4 | 1979 | 4 | 2007 | 41 |
| 1940 | 2 | 1980 | 7 | 2008 | 36 |
| 1942 | 1 | 1981 | 11 | 2009 | 99 |
| 1945 | 1 | 1982 | 13 | 2010 | 135 |
| 1947 | 2 | 1983 | 9 | 2011 | 114 |
| 1948 | 2 | 1984 | 10 | 2012 | 174 |
| 1949 | 2 | 1985 | 2 | 2013 | 136 |
| 1950 | 6 | 1986 | 22 | 2014 | 194 |
| 1951 | 2 | 1987 | 8 | 2015 | 176 |
| 1953 | 4 | 1988 | 17 | 2016 | 263 |
| 1954 | 4 | 1989 | 8 | 2017 | 208 |
| 1955 | 13 | 1990 | 6 | 2018 | 234 |
| 1956 | 15 | 1991 | 13 | 2019 | 98 |
| 1957 | 21 | 1992 | 18 | 不详 | 2 |
| 1958 | 21 | 1993 | 18 | | |
| 1959 | 21 | 1994 | 13 | | |

## （二）丹麦出版北京主题图书的数据采集与分析

### 1. 丹麦国家图书馆索引数据采集

通过查询丹麦国家图书馆索引，发现自 1641 年起丹麦开始有关于出版中国主题图书的记载。本章共查询了两册索引图书，其中，《丹麦中国书目 1641~1949》（*Danish China Bibliography 1641-1949*）由奥胡斯大学出版社于 1991 年出版，汉斯·J. 欣普和勃·格雷杰森汇编；下册《丹麦中国书目 1950~2000》（*Danish China Bibliography 1950-2000*）由国家图书馆于 2005 年出版，汉斯·J. 欣普汇编。

这两本索引多层全面地收集了丹麦出版的中国相关图书。项目组在哥本哈根大学留学生的帮助下，对索引进行了翻译和整理，对 1950~2000 年丹麦出版的北京主题图书进行了分析。

### 2. 丹麦国家图书馆索引书目数据分析

1950~2000 年，丹麦出版的中国主题图书共有 2003 种。题材涉及中国小说、文学史、语言结构、戏剧、电影、宗教哲学、旅行报告、1949 年之后的历史、农业、工业、贸易、商业和经济、法制政治、对外政治、烹饪书籍、医学、保健、体育游戏、科学技术、熊猫、地理、虚构人物传记、机构研究杂志的索引等。

从整理出来的数据中可以看到，2000 年丹麦出版的中国主题图书数量最多，达到 92 种。总体来看，如果从 1950 年开始，按每 10 年或 11 年为一个周期计算，1950~1960 年丹麦出版的中国主题图书约有 190 种，1961~1970 年丹麦出版的中国主题图书约有 220 种，1971~1980 年丹麦出版的中国主题图书有近 500 种，1981~1990 年丹麦出版的中国主题图书有近 450 种，1991~2000 年丹麦出版的中国主题图书有近 570 种（见图 3-4）。可以看出，在 1970 年以后，丹麦出版的中国主题图书数量显著增加，虽然在 1981~1990 年有所回落，但丹麦出版的中国主题图书数量总体仍然呈上升趋势。

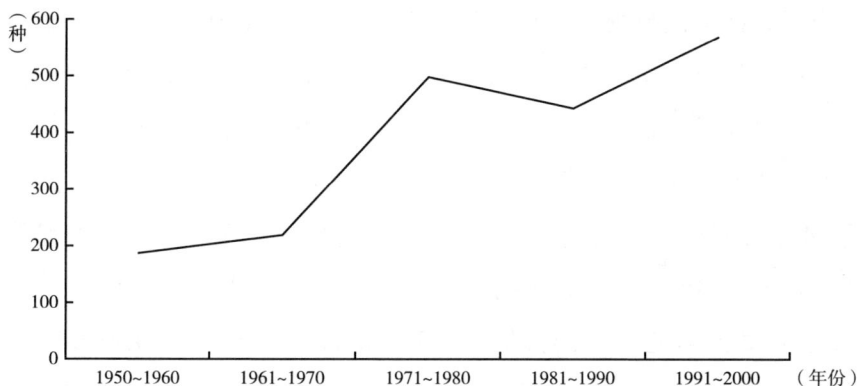

图 3-4　1950~2000 年丹麦出版中国主题图书数量

1950~2000 年丹麦出版的中国主题图书中，包含了中国作家撰写的中国小说和西方小说，并涉及文学史、语言、哲学、旅游、文化创新、社会、教育、农业、书法、京剧、剪纸、建筑、瓷器、邮票、丝绸、杂技、刺绣、法律、政治、涉外事务、饮食、养生、益智游戏、科技、熊猫、地理等领域。其中出版的小说有近 400 种。1950~2000 年丹麦出版的主题图书中不乏包括白居易、吴承恩、老子和毛泽东等在内的诸多古代和近现代文学大家、诗人、哲学家、政治家的名作，如 1953 年出版的 *Ah Q's Real Story*（《阿Q正传》）、1965 年出版的 *Eternal Characters: Chinese Lyric from the Tang Period*（《不朽的文字：中国唐诗》）、1973 年出版的 *The Long March—38 Poems by Mao Zedong*（《长征——毛泽东诗词 38 篇》）、1983 年出版的 *The Grand Chinese Fairytale about the Monkey King*（《西游记》）、1989 年出版的 *The Tiger Killer, Wu Song, and Other Tales from the Great Chinese Novels*（《武松打虎及其他中国著名小说》）、1990 年出版的 *The Wild Goose—Poems by Po Chu-yi*（《白居易诗集：雁点青天字一行》）、1993 年出版的 *Green Mountains: Jueju from the Tang and Song Dynasties*（《唐宋绝句：青山集》）、1998 年出版的 *The Victim* 和 *Black and White Li*（《牺牲》与《黑白李》，老舍的两部短篇小说）等，出版时间多集中在 20 世纪 70 年代以后。

此外，如果按照图书题名进行检索，可以发现 1950~2000 年出版的中国主题图书涉及文化类书籍 38 种，针灸类书籍 30 种，市场类书籍 24 种，题名包含"夜莺"的书籍 12 种，道德经和中医类书籍各 8 种，旅游类书籍 7 种，等等。以"中国"作为关键词检索，发现共出版题名涉及"中国"的书籍 794 种，以"香港"和"台湾"作为关键词检索，发现共出版题名涉及"香港"的书籍 47 种、涉及"台湾"的书籍 26 种。此外，按图书的英文题名进行词云分析，去除 China、Chinese 和 Danish 等基本词，可以看到 1950~2000 年丹麦出版中国主题图书英文题名中的高频词有 east、Hong Kong、Asia、Asian、world、Tibet、Dragon、Mao、Taiwan、travel、life、Peking、Shanghai 等（见图 3-5）。由此可以看出，在 1950~2000 年，丹麦出版的中国主题图书从起初较为单一的文学类图书开始向各领域不断延伸，内容也愈发丰富。1950 年时丹麦已经开始出版中国主题图书，随着中国改革开放政策的实施和不断推进，丹麦出版中国

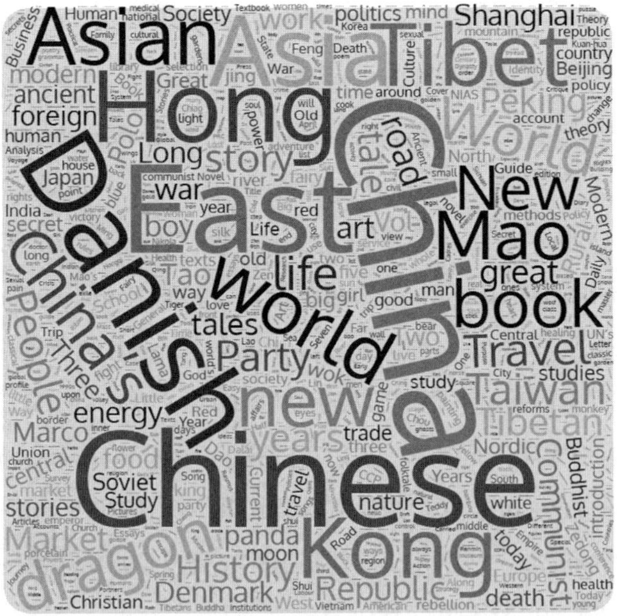

图 3-5　1950~2000 年丹麦出版中国主题图书英文题名中高频词词云

主题图书的数量也显著提高，进一步体现出中国在改革开放后与国际社会的交往愈发密切，日益走向国际舞台的中央，从而使包括丹麦在内的诸多国家开始对中国的政治、经济、文化、民生等产生浓厚兴趣，不断扩大出版中国主题图书的规模，以期进一步加强对中国的历史文化、政治发展、经济贸易、社会民生等的了解。

本书通过对 1950~2000 年出版的 2003 本中国主题图书的检索发现，图书题名中带有"China"的书籍共有 612 种，带有"Chinese"的书籍共有 309 种。本书研究项目组成员从政治、经济、文化、社会、健康、农业、饮食、旅游、技术等领域入手，对丹麦出版的中国主题图书进行检索发现，关于"policy"的书籍有 53 种，关于"economy"的书籍有 28 种，关于"culture"的书籍有 60 种，关于"society"的书籍有 60 种，关于"healthy"的书籍有 26 种，关于"agriculture"的书籍有 13 种，关于"food"和"cooking"的书籍有 26 种，关于"travel"的书籍有 39 种，关于"technology"的书籍有 15 种。从上述数据信息中可以看出，丹麦出版的中国主题图书中关于政治、文化、社会的占比较大，这也是世界各国在对外交往过程中普遍关注的三个领域，其次是旅游、健康、饮食等。从上述的关注程度排序中可以看出，人们在研究和了解一个国家之初，往往先以政治、文化和社会等领域为出发点展开研究，在对一个国家有了一定了解后，再对该国的旅游、健康和饮食等服务行业进行研究。此外，在丹麦出版的中国主题图书中，不少书籍题名涉及中国的省份或城市，如 Peking（北京）、Shanghai（上海）、Taiwan（台湾）、Hong Kong（香港）、Tibet（西藏）、Xinjiang（新疆）、Xi'an（西安）、Shandong（山东）等，介绍了当地的美食、旅游、经济、工业等方面的情况，如 *Peking Duck*（《北京烤鸭》）、*Marco Polo. Venice-Peking / Return*（《马可·波罗：威尼斯—北京往返》）、*Retailing in Shanghai*（《上海零售业》）、*Subbureaucratic Government in China in Ming Times—A Study of Shandong Province in the Sixteenth Century*（《明代中国的官僚制政府：十六世纪山东省研究》）等，都介绍了中国各地区时下的发展状况和历史。

总体来说，1950~2000 年，丹麦出版的中国主题图书或对中国的传统历史文化较为关注，或对中国本身的发展状况较为关注。以中国传统历史文化相关图书为例，丹麦在 1950~2000 年出版了包括《中国古代传说》《中国神话传说》《中国寓言》《西游记》《道德经》《浮生六记》《易经》等在内的诸多中国传统经典著作，其中《道德经》于 1953 年出版后，在 1968 年、1971 年、1982 年、1985 年、1997 年、2000 年再次出版，由此也可以看出当时丹麦对中国的传统文化、古典名著、历史习俗等较为关注。项目组在以主题对图书进行分类后发现，丹麦出版的中国主题图书中，文学类、政治类和历史类书籍数量位居前三，其中以文学类书籍出版最多，超过 450 种，政治类主题图书出版超过 300 种，历史类主题图书出版超过 200 种，而其他关于语言、艺术、健康等主题的图书每类都只出版不超过 100 种。不难看出 1950~2000 年出版的中国主题图书的种类数量分布较不均衡，部分领域主题图书的出版情况较差，这或许是由当时中丹两国的社会状况决定的。

3. 其他来源书目数据采集与分析

除了对丹麦国家图书馆权威索引数据进行采集和分析，本书还对 https://bibliotek.dk（丹麦图书馆总站）、https://www.kb.dk/（丹麦皇家图书馆网站）、https://books.google.com/?hl=zh-CN（谷歌图书）、https://www.worldcat.org/（世界书目数据库）中丹麦语和英语两种语言的北京（中国）主题图书的书目信息进行了采集。用八爪鱼采集器（以下简称"八爪鱼"）采集丹麦语和英语的搜索结果，搜索方式包括全字段搜索和主题搜索两种，搜索关键词为"Beijing"（Peking）或"China"（以及丹麦语中的 Kina）。用全字段搜索采集到丹麦语书目记录 247 条，英语书目记录 1759 条，用主题搜索采集到书目记录 7875 条，合并后为 8130 条。删除不相关的出版社的记录后，剩余 177 条书目记录，其中 52

条来自 27 家已有一定历史的丹麦出版机构，125 条来自 49 家新的出版机构。

英语图书书目记录全部采集自丹麦皇家图书馆网站。搜索 1998~2018 年主题为"Beijing"（Peking）的英语图书，结果有 12679 条。针对约 70 个主题（subjects）分别用八爪鱼采集（由于软件原因部分主题采集不完整）书目记录，共获得记录 1777 条。丹麦图书馆总站是一个网站，没有实体的图书馆，该网站保存丹麦的所有出版物等资料，包括丹麦公共图书馆和研究图书馆中的资料。丹麦皇家图书馆是一个综合性图书馆，同时也是丹麦的国家图书馆和最大的研究图书馆。哥本哈根大学图书馆、奥胡斯大学图书馆、罗斯基勒大学图书馆、奥胡斯州立图书馆、丹麦国家艺术图书馆和丹麦行政图书馆等，承担着充当大学图书馆、保存丹麦文化遗产、研究和传播文化以及作为主要公共图书馆的任务。

丹麦皇家图书馆网站检索系统为艾利贝斯的 Primo 发现系统。通过检索"Beijing"或"China"，获得 154 条丹麦语相关记录，后通过八爪鱼采集到题名中包含"Kina"和"Peking"（无结果）的丹麦语记录 177 条，合并后得到丹麦语记录 330 条，去重后剩余 298 条。谷歌图书数据无法用软件自动采集。人工搜索后，判断相关丹麦语图书记录共有 9 条。世界书目数据库数据无法用软件自动采集，搜集结果合并去重整理后获得丹麦语图书记录 522 条，需判断主题是否相关。人工搜索后，获得相关丹麦语图书记录 20 条。

对汇总整理后得到的 1777 条英语和丹麦语书目记录根据学科进行分类，并针对学科进行词频分析。笔者发现，记录中的图书涉及 73 个学科和子学科。对于学科中出现的"Kina"和"Beijing"等基本词，在进行学科分析时可直接跳过。由此发现，相关北京（中国）主题图书丹麦图书馆馆藏量最多的前八个学科依次是 Physics、Asia、Political、Science、Computer、Law、Education、Geography，如图 3-6 所示。

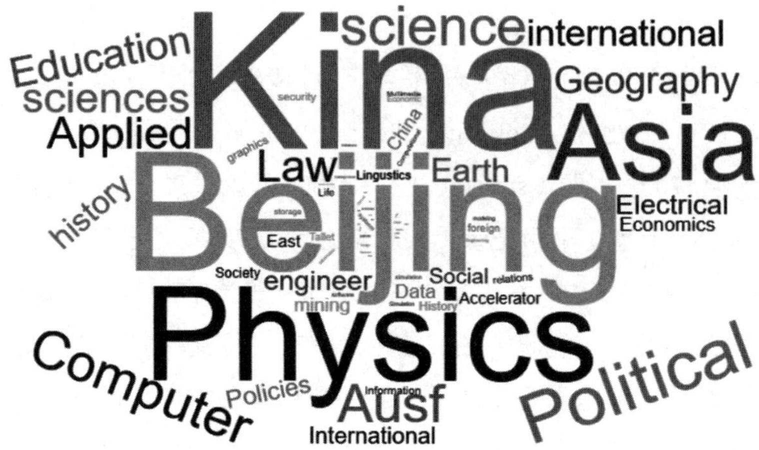

**图 3-6　丹麦图书馆馆藏英语和丹麦语北京（中国）主题图书学科词云**

　　对丹麦图书馆馆藏英语和丹麦语北京（中国）主题图书的题名关键词进行分析，提炼出题名关键词并进行聚类，绘制词云图（见图 3-7）。从图 3-7 可以看出，题名中包含最多的前十个关键词为"Science""Physics""Computer""China""History""Amp""Education""Political""Engineering""Law"。

　　项目组还对图书的出版年进行了统计。从表 3-2 中可以看出，丹麦图书馆馆藏英语和丹麦语北京（中国）主题图书中出版最早的是 1863 年出版的图书。新中国成立以后，特别是改革开放以后到 2014 年出版的图书在丹麦图书馆的馆藏数量呈现随出版时间推移而波动上升的趋势，2014 年出版的图书数量达到一个峰值，有 191 种之多。这意味着，丹麦图书馆对 1998~2014 年出版的北京（中国）主题图书的收藏数量呈现随出版时间推移而在波动中上升的趋势。但从表 3-2 也可以看出，2015~2018 年英语和丹麦语北京（中国）主题图书的丹麦图书馆馆藏数量有所下降，下降原因有待进一步研究。

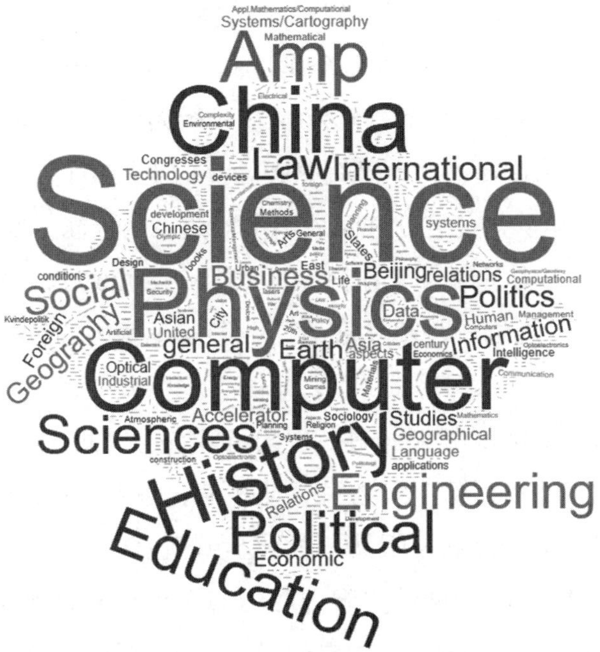

图 3-7 丹麦图书馆馆藏英语和丹麦语北京（中国）图书主题关键字词云

表 3-2 丹麦图书馆馆藏英语和丹麦语北京（中国）主题图书的年代分布

单位：种

| 出版年份 | 丹麦图书馆馆藏数量 | 出版年份 | 丹麦图书馆馆藏数量 |
|---|---|---|---|
| 1863 | 1 | 2008 | 107 |
| 1972 | 1 | 2009 | 89 |
| 1998 | 19 | 2010 | 129 |
| 1999 | 6 | 2011 | 109 |
| 2000 | 20 | 2012 | 174 |
| 2001 | 16 | 2013 | 150 |
| 2002 | 18 | 2014 | 191 |
| 2003 | 20 | 2015 | 167 |
| 2004 | 42 | 2016 | 110 |
| 2005 | 53 | 2017 | 100 |
| 2006 | 68 | 2018 | 111 |
| 2007 | 75 | | |

经过几十年的发展，中国与丹麦的关系也更加友好，到了 21 世纪最初 10 年的后期，中丹交流与合作迈向了更高的台阶，两国于 2008 年建立了全面战略伙伴关系，各领域合作愈发深入。随后在 2012 年和 2014 年，两国元首互访，中丹两国政治互信更加深化，人文交流日趋活跃。为了进一步充实中丹全面战略伙伴关系的内涵，2017 年，中国和丹麦发布了《中丹联合工作方案（2017—2020）》，该方案融合了中国"十三五"规划和丹麦发展战略，涵盖了两国的各个合作领域和机制。[①]

基于全球化浪潮的不断推进，中国也不断走向世界舞台的中央，中国的出版机构应该紧跟时代，抓住历史机遇，深入调研，结合实际，联系丹麦读者需求，出版或再版具有鲜明特色的包含中国元素的主题图书，唯此，我们才能不断地推动中国主题图书在丹麦出版向前发展，从而为北京国际交往中心建设、为中国的对外传播和国家外宣事业贡献更多力量。

## 二　图书主题分类情况分析

将"Peking""Beijing"等作为关键词在丹麦图书馆总站上进行搜索，发现 1950~2020 年，丹麦共出版丹麦语／英语的北京主题图书 318 种，包括直接以丹麦语／英语撰写的作品和翻译成丹麦语／英语的作品。

丹麦出版丹麦语／英语北京主题图书的数量起伏较大，整体态势不算平稳。年出版图书数量超过（含）10 种的有 11 年；年出版图书数量为 5~9 种的有 14 年；年出版图书数量少于 5 种的有 46 年。其中，1973 年达到了顶峰，出版图书数量高达 22 种，表 3-3 展示了其中一部分。

---

① 《中丹联合工作方案（2017—2020）》，新华网，http://www.xinhuanet.com/world/2017-05/04/c_129587149.htm#，最后访问日期：2020 年 4 月 12 日。

表 3-3　1973 年丹麦出版的丹麦语／英语北京主题图书（部分）

| 书名 | 选题类别 | 作者 | 语言 | 出版社 |
|---|---|---|---|---|
| *operation Peking*（《北京行动》） | 文学 | 爱德华·亚伦斯 | 丹麦语 | 温特出版社（Winther） |
| *Local Governing in Chinese City. Fengsheng District in Beijing / lokalstyre i en kinesisk by : bydelen Fengsheng i Peking*（《中国城市的地方治理：北京的丰盛胡同》） | 经济 | 丹中友好协会 | 丹麦语 | 丹中友好协会（Foreningen Venskab med Kina） |
| *trekanten Washington-Moskva-Peking*（《华盛顿-莫斯科-北京三角》） | 政治法律 | 米歇尔·塔图、斯文德·奥拉夫·尼尔森 | 丹麦语 | 丹麦出版社（Det Danske Forlag） |
| *The Modern China: Theory and Practice*（《现代中国：理论与实践》） | 社会 | 皮埃尔·勒梅特、克莱门斯·斯塔贝·奥斯特加德 | 英语 | 奥胡斯出版社（Århus） |
| *China's Development in Our Century*（《中国在本世纪的发展》） | 社会 | 亨里克·佩尔斯 | 英语 | 乌格伦出版社（Uglen） |
| *Theory in Practice: Impressions from a Travel in the People's Republic of China*（《理论在实践中：来自中华人民共和国旅行的印象》） | 社会 | 斯蒂格·沃默 | 英语 | 莫蒂克出版社（Modtryk） |

　　自 1952 年以来，丹麦出版中国主题图书的过程中出现过几个代表性的时间节点，分别是 1973 年、1977 年、2008 年、2014 年。1973 年，丹麦出版机构对北京的关注达到了前所未有的高度，出版了很多与北京（及中国）相关的图书。这一年中美之间交往互动频繁，引起世界的高度关注，毛泽东于该年 2 月会见了时任美国总统国家安全事务助理亨利·基辛格，随后宣布中美双方将相互在对方的首都建立一个联络处。同年 11 月，基辛格再次访华。

　　丹麦出版中国主题图书的第二个峰值出现在 1977 年，出版图书数量达到 14 种，该年是中国改革开放中具有历史意义的年份。

　　第三个峰值出现在 2008 年，该年中国与丹麦建立了全面战略伙伴关系，并于 8 月 8~24 日，成功举办北京奥运会。这是中国首次举办夏季奥运会。丹麦出版机构由此关注到北京，出版了很多与北京奥运及文化相关的图书，如丹麦体育联合会以及丹麦队（Danmarks Idræts-Forbund & Team Danmark）出版的 *OL håndbog - Beijing 2008*（《奥林匹克手册——北京 2008》，丹麦语）和埃格蒙特杂志（Egmont Magasiner）出版的 *OL 2008: Danmarks bedste guide til de Olympiske lege i Beijing 2008: alt om OL*（《2008 年奥运会：丹麦 2008 年北京奥运会最佳指南》，丹麦语）。

　　第四个峰值出现在 2014 年，出版图书数量达到 13 种。2014 年可以说是中丹外交大年，发生了一系列外交大事，该年 4 月，丹麦女王玛格丽特二世访问中国。6 月，刘云山访问丹麦。9 月，时任丹麦首相托宁·施密特访问中国，时任驻丹大使刘碧伟在丹麦媒体发文阐述和平共处五项原则。

　　北京及中国主题图书在丹麦出版情况之所以发生波动，主要是因为受到国内国际政治经济形势、中丹两国关系、出版行业自身发展等因素的影响。从选题角度对北京及中国主题图书进行研究能够揭示丹麦出版市场对北京及中国主题图书的兴趣点所在，也能够反映出丹麦读者对北京及中国主题图书的需求和偏爱。为使数据更好地为北京乃至中国出版业服务，本书采用中图分类法对数据进行处理。

　　本书选取了 *brev fra Peking*（《北京来信》，1959 年出版）、*bin eller rejsen til Peking*（《北京之旅》，1967 年出版）、*det var engang i Peking*（《曾经在北京》，1972 年出版）、*hvor er Pekingmanden?*（《北京人在哪儿》，1979 年出版）、*Beijing*（《北京》，1999 年出版）、

*pærehavens frugter: Peking-operaen*（《梨园硕果：京剧》，1986 年出版）等 23 种较为经典的北京主题图书，来说明丹麦出版市场及读者对北京主题图书的关注点和偏爱视角。

通过分类和整理发现，选取的图书主要涉及中图分类法中的 7 个大类，其中文学、政治法律和历史地理图书占比最高，占北京主题图书总量的 73.9%。文学类图书以小说为主，具体题材包括爱情小说、犯罪小说和悬疑小说；政治法律类图书题材以中国政治运动、政治事件和国际关系为主；历史地理类图书题材主要涵盖城市、名胜古迹、旅行游记等。在丹麦出版的北京主题图书中，从国外引进版权、由外语译为丹麦语的翻译类图书占 78.2%，选题主要涉及文学、政治、历史地理和经济等方面。其中，从中国引进版权、由汉语译为丹麦语的图书仅占 11.1%，如 *den store polemik Peking-Moskva*（《巨大分歧 北京－莫斯科》，1975~1977 年出版）和 *lokalstyre i en kinesisk by: bydelen Fengsheng i Peking*（《中国城市的地方治理：北京的丰盛胡同》，1973 年出版）；而从欧美国家引进版权、由其他外语（英语、德语、法语等）译为丹麦语的图书则占压倒性优势，其中源语为英语的占比为 55.6%，源语为德语的占比为 22.2%，源语为法语的占比为 11.1%。从上述图书的版权输出国与原作撰写语言的统计中不难看出，在丹麦更受欢迎的、发行量更大的北京主题图书并不来自中国和汉语，而是源于其他国家与其他语言。这可以说明，北京及中国出版机构策划出版国际化图书的能力较为不足，亟待加强。

项目组还单独将 "Kina" "China" 作为关键词在丹麦图书馆总站上进行搜索，发现 1950~2020 年，丹麦共出版丹麦语 / 英语的中国主题纸质图书 4094 种，包括直接以丹麦语 / 英语撰写的作品和翻译成丹麦语 / 英语的作品。其中，1950~2000 年丹麦出版的 2003 种中国主题图书的选题类别情况如表 3-4 所示。

表 3-4  1950~2000 年丹麦出版中国主题图书基本情况

单位：种，%

| 排名 | 选题类别 | 数量 | 占中国主题图书总量的比例 |
|---|---|---|---|
| 1 | 文学 | 454 | 22.7 |
| 2 | 政治法律 | 336 | 16.8 |
| 3 | 历史地理 | 210 | 10.5 |
| 4 | 哲学宗教 | 205 | 10.2 |
| 5 | 经济 | 140 | 7 |
| 6 | 艺术 | 78 | 3.9 |
| 7 | 医药卫生 | 66 | 3.3 |
| 8 | 工业技术 | 39 | 1.9 |
| 9 | 语言文字 | 22 | 1.1 |
| 10 | 文化科学教育体育 | 13 | 0.6 |

通过分类和整理，可以发现表 3-4 中的图书主要涉及中图分类法中 10 个大类，其中文学、政治法律和历史地理是最重要的 3 个选题类别，这 3 个类别下的图书占中国主题图书总量（1950~2000 年）的 50%。此外，哲学宗教也是较为热门的选题类别。比照而言，丹麦出版的中国主题图书选题情况与前述北京主题图书选题情况趋于一致。这足以说明，丹麦出版市场及读者对北京主题和中国主题图书的关注点和偏爱视角分布较为集中，均表现在文学、政治、法律、历史、地理等门类上。

近十来年，文学类中国主题图书在丹麦的出版数量保持平稳。2000~2018 年丹麦出版中国文学作品译著约 50 种，内容从唐诗、明清小说到当代小说不一而足。其中，中国古代诗歌、经典与明清小说有白居易的《晚秋夜》（*ensom aften tidligt på efteråret*）、杜甫的《春雨》（*forårsregn*）、《金瓶梅》（*Jin Ping Mei i vers og prosa*）、老子的《道德经》（*Daode Jing: Klassikeren om vejen og kraften*）、李白的《长干行》

（*flodkøbmandens kone*）、《苏东坡诗选》（*bader den lille*）等作品。此外，丹麦 2000 年后出版的中国主题的现当代小说也备受欢迎，如鲁迅的《狂人日记》（*kinesiske historier*）和《阿 Q 正传》（*den rigtige historie om Ah Q*），莫言的《红高粱》（*de røde marker*）、《生死疲劳》（*livet og døden tager røven på mig*）、《天堂蒜薹之歌》（*hvidløgsballaderne*）等作品，特别是莫言获得了诺贝尔文学奖后，其作品在丹麦出版数量渐增。除此之外，还有一些作家的小说也被译成丹麦语出版，如苏童的《我乘白鹤去了》（*fortæl dem at jeg er rejst bort på den hvide trane*）、于坚的《避雨的树》（*træet, der giver ly for regnen*）等作品。不少丹麦专家学者深耕中国研究，为中丹两国文化交流做出了贡献。易德波（Vibeke Børdahl）博士，丹麦哥本哈根大学北欧亚洲研究所研究员，主要从事中国语言文学、文学理论与历史等领域研究，撰写和出版了一些关于中国传统文化研究的英文书籍，如《武松打虎——中国小说、戏曲和说书中的口头和书面传统的相互影响》（*Wu Song Fights the Tiger: The Interaction of Oral and Written Traditions in the Chinese Novel, Drama and Storytelling*，2013 年出版）。易德波博士完成了将《金瓶梅词话》译为丹麦语的翻译工作，全书共分 10 卷 3000 页，已全部出版。

易德波博士出版的中国主题图书引起了丹麦读者的广泛阅读兴趣，也进一步激发了丹麦读者乃至更多的丹麦人民了解中国文化、研习中国文化的兴趣，这将进一步推动中国在国际社会树立积极正面的大国形象。

在 2000 年以后丹麦出版的中国主题图书中可以看到，出版的书籍在主题方面较为关注中国的传统文化和现当代小说，这也能够在一定程度上反映出丹麦读者对中国传统文化的热情。这或许得益于中丹两国近年来的密切交流，双方在不断交往中增进了两国人民的友谊，促进了民心相通。

## 三　丹麦主要出版机构

丹麦出版北京（中国）主题图书的几大出版社为哥本哈根大学人文学院出版社、哥本哈根大学北欧亚洲研究所（NIAS）出版社（主要出版东南亚、东亚的历史和社会科学书籍）和奥胡斯大学出版社（主要出版学术书籍）。格外值得欣喜的是，2018 年成立的丹麦沙铁书社（Forlaget Sand & Jern）专门出版中国文学作品的丹麦语译著。

按照主题分类进行梳理，出版文学类北京（中国）主题图书的出版机构有：

- 居伦达尔出版社（Gyldendal）——丹麦最古老、规模最大的出版社，除了非虚构类和虚构类图书，其还出版了大量词典和教材；
- 政治出版社（Politikens Forlag）——丹麦获奖最多的出版社，出版了大量高质量的印刷和电子畅销图书；
- 人民出版社（People's Press）——既出版大众畅销图书，又出版小众图书；
- 莫德柴克出版社（Modtryk Forlaget）；
- 温特出版社（Winther）；
- 杰斯珀森和皮奥出版社（Jespersen og Pio）。

出版政治法律类北京（中国）主题图书的出版机构有：

- 北欧亚洲研究所（NIAS）——主要出版东南亚、东亚的历史和社会科学书籍；
- 前进出版社（Fremad）；
- 贝林时报（Berlingske）；
- 未来出版社（Futura）。

出版历史地理类北京（中国）主题图书的出版机构有：

- 盖德出版社（G. E. C. Gad）；

- 蒙克斯加德出版社（Munksgaard）；
- 弗拉克斯出版社（Flachs）。

通过上文基于品种数量、选题取向、翻译作品、北京（中国）主题图书情况对照、丹麦出版社几个维度的分析与解读，发现丹麦1950年以来对北京主题图书的出版具有以下特点：一是丹麦图书市场出版北京主题图书的数量起伏较大，整体态势不算平稳；二是北京主题图书在丹麦出版情况主要受到丹麦国内外政治经济形势、中丹两国关系、出版行业自身发展等因素的影响；三是在与北京相关重大国际事件的影响下，北京主题图书出版数量会有显著提高。①

提供更加符合丹麦读者阅读习惯的作品、保持并增强丹麦出版机构对北京主题图书的出版兴趣，都是让中国文化真正走进丹麦、提升北京城市形象和中国国际影响力的关键。

---

① 刘淼、于优娟：《北京主题图书在俄罗斯出版情况调查分析》，《中国出版》2018年第5期。

# 第四章
# 北京主题图书在丹麦的接受度研究

## 一 读者接受度研究

接受理论（reception aesthetics）是读者反应文学理论的一种，它强调每个特定读者对文学文本中表达意义的接受或解释。[①] 在文学研究中，接受理论起源于汉斯·罗伯特·贾斯（Hans Robert Jauss）在 20 世纪 60 年代后期的文章，而最具影响力的相关文献是于 70 年代至 80 年代初期在德国和美国发表的，其中一些文献还产生在同时期的其他西欧国家。在传播模型的分析中，接受理论通常被称为受众接受理论。目前，接受理论还被应用在史学研究中。[②]

文化理论家斯图尔特·霍尔（Stuart Hall）是接受理论的主要支持者之一，1973 年在其论文《电视话语中的编码和解码》中最早提出这一理论框架下的编码 / 解码理论。他提出的交流的编码 / 解码模型是文本分析的一种形式，主要关注听众"协商"和"反对"的范围。这意味着"文

---

① 游洪南、张式君：《接受理论视角下校本特色课程的构建——以茶文化教育为例》，《科技视界》2019 年第 29 期。

② Umberto Eco, "Towards a Semiotic Inquiry into the Television Message," *Working Papers in Cultural Studies* 3(1972): 103-126.

本"（无论是书籍、电影还是其他创意作品）并不会被受众被动接受，读者 / 观众会根据其个人文化背景和生活经历来解释文本的含义。本质上，文本的含义不是文本本身固有的，而是由文本与读者之间的关系构建的。

此后，接受理论的应用范围扩展到演艺界的观众接受度研究。苏珊·贝内特（Susan Bennett）最早在演艺界的观众接受度方面做了开创性研究。景观史学家约翰·迪克森·亨特（John Dixon Hunt）将接受理论应用于景观的历史分析，亨特认为，花园和景观的存在在很大程度上与公众的接受度有关。

通常来讲，当一群具有共同文化背景的读者以相似的方式解释文本时，他们往往会接受文本的特定含义。读者与艺术家（作者）共享的文化背景越少，读者就越难以识别艺术家（作者）的意图；同时，如果两位读者的文化和个人经历截然不同，他们的阅读体验也会有很大的不同。Umberto Eco 创造了术语"异常解码"来描述读者阐释与艺术家（作者）的意图不同时的情况。而在文学中，图书和读者之间的互动发生在一个框架内，该框架通过图书体裁、语气、结构以及读者和作者的社会状况来控制与限制图书和读者的互动。

## （一）读者及其阅读影响因素

读者具有他控性和自控性。[①] 他控性指的是在阅读图书的过程中，读者的感受基本受作品的控制，即受到作家所描写的文学形象体系的控制。比如说，人们在阅读《骆驼祥子》时，会被骆驼祥子的坎坷命途和不幸深深触动。祥子老实、木讷、硬朗的形象之所以能够打动读者，是因为作家的描写非常真实生动，读者是受作家的描写所控制的。反之，如果作家把祥子描写得很势利、油滑、市侩，就不会有读者与他共情。这种他控性是文学接受的一条普遍规律。

---

① 张炯：《文学透视学》，中国社会科学出版社，2015。

　　但同时，读者对图书的接受又具有自控性。读者在阅读图书时并不完全受控于作家所描写的形象体系，他们往往能从自己的评价标准出发清醒地做出分辨和判断。也就是说，读者仍能保持自己的主观能动性，不会完全被作家牵着鼻子走。不同读者对同一作品会有感受和解读的差异，这就是读者具有自控性的表现。因此，同一部作品在不同国家的读者中受欢迎的程度也不一样。在审美、思想、兴趣、感情等方面，由于生活的时代和地域的差异，读者的关注点不尽相同。有的作品在某一段时间或者某个地区十分风靡，备受读者追捧，但可能在其他地区或时间段内无人问津。因此，读者对作品的评价和喜爱程度、图书传播的时间和地域等是影响图书传播的重要因素。

　　诸多因素影响着读者的自控性。阅读需要读者具备一定的主观条件，但并非所有的读者都能够实现顺利阅读，而且阅读的效果也常常会有差别。因此，同一本出版物，在不同时代，不同国家、民族和地区，乃至不同性别、年龄的读者那里，阅读的效果也不会完全相同。他们对同一作品的喜好和评价也往往会有差别，甚至是很大的差别。

　　当代西方接受美学正是基于这样的事实，去深入研究人们对图书的接受的种种情况，从而发现文学史不仅是作品被作家创造的历史，还是作品在不同时代被读者接受的历史。因此，同一部作品在不同时代的不同读者那里会得到很不相同的评价，而一部杰出的作品也往往要经过许多代人反反复复的评价后，才有可能得到比较公允、客观、稳定的评价，① 在此基础上，其在文学史中的地位才能得到确定。毫无疑问，一部优秀杰出的作品是在人们的不断批评与鉴赏中被认可的。而有些红极一时的作品，虽然倍受追捧，但其内容和思想也许经不起时间的考验。

　　阅读图书主要是为了满足人们的审美需要。人们阅读图书，沉浸在其艺术境界中时，常常废寝忘食，这种阅读是非功利性的。但是，如果

---

　　①　张炯:《文学的欣赏与接受》,《语文月刊》1997 年第 7 期。

读者进入仔细鉴赏和研究的状态，带入自己的立场和评价标准，甚至为图书撰写评论，那么读者就会产生功利性的考虑，就会对作品是否有利于社会和国家、是否有利于人民大众、是否符合自己所持的政治立场，乃至于是否能给自己带来一定的经济利益，做出必要的判断。

　　读者的世界观和思想意识与其人生阶段、经济状况、生活状况、受教育程度、知识结构、文化水准、审美需要、年龄、性别、艺术审美体验等密切相关。文化和艺术修养高的读者对一部作品的理解可能很深刻，能够对作品做出深刻的评判。一个文学评论家跟一般读者会有很大差别，一个生活经历丰富的读者，对作品的感受一般也会比缺乏生活经历的读者更深切；读者阅读其本地区、本民族的作品时，也会比其他民族和地区的读者更有亲切感；成年读者与少儿读者阅读《三国演义》和《西游记》的感受绝不一样；男性读者与女性读者对作品中的性别形象具有感受差异；同一读者在不同心情下阅读同一作品的感受也会有所不同。阅读同一部《红楼梦》，不同心情、不同年龄、不同民族、不同国籍的读者感受千差万别。《红楼梦》中描写的大观园里的"怡红院""潇湘馆"的题名，书中的许多诗词和楹联，即使加以翻译，外国读者读起来也很难理解其中的含义和韵味。汉语的对称、排比所产生的美感，也不是其他国家的读者可以一下子体会到的。《红楼梦》中描写了复杂的人际关系和人物的心理，读者如果完全没有相应的文化储备，那么即使把书中的文字读下来并无障碍，对于作品的内容也还是无法理解。读者个人爱好的不同，会造成读者接受度的差异。有人喜欢看爱情小说，会读得如痴如醉；有人则喜欢看侦探小说，被曲折的情节吸引得废寝忘食，而不喜欢的读者则会觉得这种小说枯燥无味。这些与每个读者的阅读倾向有关。

## （二）读者的接受过程依赖于图书的传播过程

　　图书的传播过程和读者的接受过程密切相关。传播过程需要媒介，如书籍的印刷、发行、流传。接受过程则主要指接受者的阅读、欣赏过程。印刷的书籍很多，不等于进入读者接受过程的书一样多。艺术作品的质量越高，传播媒介越先进，价格越便宜，获得渠道越便捷，就越容易被接受者阅读，也越容易得到广泛传播。在当今市场经济全球化的条件下，更不能忽视传播这个重要的环节。在创作的过程中，作家、艺术家先有生活感受和创作灵感，然后借由语言符号写成作品，从而尽可能把自己的感受传达给读者。而读者接受的过程则相反，读者先阅读作品，从语言文字激起的创造性想象活动中获得共鸣和感染，然后产生心灵的共振。所以，如果缺失传播过程，接受过程就难以开始，作品的价值也就无法实现。

在文学艺术的历史发展中可以看到，由于传播媒介的进步，作品的流通范围越来越广。原始时代口述文学的传播覆盖面比较狭窄。随着文字的发明，文学的传播覆盖面便进一步扩大。印刷术出现使文学作品可以印成图书发行，传播覆盖面再次扩大。到了数字化时代，图书通过网络传播，点击量可能超过亿万次。文学作品改编成电视剧或者电影后，观众甚至会达到数亿人、数十亿人，传播覆盖面会进一步迅速扩大。

不同国家和民族语言间的翻译克服了由语言不同造成的传播障碍。一部作品，如果被翻译成众多国家或民族的语言，它的传播覆盖面、功能影响面、读者接受面就会成倍扩大，作品承载的价值理念传播范围就会远远超出本民族边界，这就是今天的作家努力加入互联网，并要求翻译家将自己的作品翻译成多国多民族语言的原因。在市场经济条件下，作品传播范围越大，也意味着它在市场中获得的利润越多。这也导致了在市场经济条件下出现了对图书的商业炒作，或用广告，或召开新闻发布会，或鼓励评论等，大力推广发行图书。当然，从长期看，图书传播覆盖面的大小，根本上取决于作品的思想性和艺术性。一部思想平庸的作品，很难指望在长期内有更多的读者，读者接受度也会愈来愈低。有的作品因为商业炒作而一时畅销，但由于品质不高，读者的接受度也会逐渐下降。而一些思想性和艺术性很高的作品，虽然一时并不畅销，但读者接受度会稳定在正常水平，最终成为经典的作品。

## （三）科技手段在提升读者接受度中的作用

科学技术的发展对图书的传播产生了极大的积极影响。语言文字、印刷术、打印机和电脑的发明，电子排版技术的研发，数字印刷的发展，都对图书的传播具有划时代的意义。互联网的发展和电子图书阅读器的出现为电子图书传播提供了无限广阔的空间。文字、纸张、印刷术的发明固然为图书的产生和发展奠定了不可磨灭的历史基础，但最重要的是，当今信息科技的发展，极大地扩展了读者的接受面，使读者有了更多选择。

伴随"互联网+"的飞速发展，数字阅读已经成为中国人获取知识、信息的主要方式。2020年中国数字阅读云上大会发布的《2019年度中国数字阅读白皮书》显示，截至2019年，中国数字阅读用户总量达到4.7亿人，人均电子书年接触量近15本，接触20本以上电子书的用户占比达到53.8%，每周阅读3次及以上的用户占比达88.0%。白皮书同时指出，2019年，中国数字阅读内容创作者规模继续扩大，已达到929万人。其中，年轻作者快速成长，"90后"作者占比高达58.8%。[①]内容上，立体多样的现实主义题材更受用户欢迎，都市职场、青春校园、历史军事类网络原创内容受到热捧。

## （四）丹麦重视教育和创新的阅读大环境

丹麦作为幸福指数较高的国家，物质生活较为富裕，社会福利制度较为完善，贫富差距较小，人民生活品质较高，是北欧国家中发达的资

---

① 《2019年度中国数字阅读白皮书：中国数字阅读用户总量达4.7亿》，中华人民共和国中央人民政府网站，2020年4月23日，http://www.gov.cn/xinwen/2020-04/23/content_5505479.htm。

本主义国家，并参与创立了北约和欧盟。在 2022 年全球幸福指数排名中，丹麦位居第二。

丹麦既是全球幸福指数最高的国家之一，也是世界上识字率最高的国家之一。丹麦的教育指数非常高，男女识字率均为 99%。

自 2005 年以来，丹麦和芬兰一直居于欧盟每年公布的 27 个成员国综合创新能力报告中综合创新能力排名的首位和第二位。这个报告中许多重要指标都与教育和人才培养相关，北欧国家在这些方面的优势非常显著。在自然资源匮乏的北欧国家，人力资源自然受到高度重视。教育与北欧国家的社会福利体系紧密相连。福利体系为一个人从摇篮走到坟墓提供全程保障。人人享有受教育的权利，这既是权利，又是社会责任。北欧国家居民能够免费从小学上到大学。在北欧，若父母不让孩子去上学会被判入狱，因为儿童是社会的财富。政府要保证每个人接受教育的权利，从而使他们适应社会，得到更好的发展。丹麦教育是北欧国家教育的一个缩影。北欧国家在其高度重视人才培养的教育制度下，培养出了一大批顶尖的科学家、工程师以及具有高精尖技能的劳动者。而在这些国家中，创新能力培养在高等学校的教育中极受重视。就人均发表科技类论文数量而言，瑞典居世界首位，随后是丹麦、芬兰、荷兰、英国、美国。从每百万人拥有的专利数量来看，瑞典每百万人拥有近 370 个专利。如果把创造比喻成树苗，政府就是通过建立健全创新机制，为创新提供了阳光和土壤，北欧国家完整的创新体系提升了国家创造力和生产力。

丹麦、芬兰、挪威等一些北欧国家在创新创造能力上或是超过美国，或是紧跟其后。在达沃斯世界经济论坛等有关方所列出的国家竞争力和创新力排名中，北欧国家名列前茅。北欧人民的创新创造力和对科学技术的推崇可以说是与生俱来的。北欧地区除了挪威发现了石油外，并未发现太多其他可利用的矿产资源，可以说北欧国家资源非常贫瘠。此外，北欧自然环境恶劣，冬季漫长。北欧人深知只有通过奋斗和拼搏才能取得成功，因此，北欧制造的产品大多质量精良。由于政府对制造业的保障机制不断完善，在北欧出现了小国家中创立大公司、小巧的产品却占据大量市场份额的现象，例如，丹麦生产的助听器等产品，占据了国际市场九成以上的份额。

在 19 世纪，北欧地区由于气候苦寒、生产方式极度落后、生产力低等成为当时欧洲最贫穷的地区，导致数百万人逃往美国。但随着生产力的不断发展，目前北欧已成为国际上最富有的地区。有人曾指出，北欧能有今天的成就是缘于其地理、气候等因素迫使北欧人民不得不思考如何解决衣食住行等温饱问题，从而推动了北欧的生产力发展。

丹麦虽然人口规模和国土面积小，但却孕育了一大批闻名遐迩的科学家、文学家和艺术家等，如汉斯·克里斯蒂安·安徒生、奥古斯特·布农维尔、尼尔斯·玻尔等，仅在 20 世纪就有 12 位丹麦人获得了诺贝尔奖。2022 年，哥本哈根大学摩顿·P. 梅尔达尔（Morten P. Meldal）获得诺贝尔化学奖。此外，丹麦在建筑、气象、环境、生物等专业领域取得了诸多显著成果，在世界上享有盛誉，而这些也都与丹麦政府对教育和创新事业的支持与鼓励有着密不可分的关系。

众所周知，丹麦经济高度发达，其福利在国际社会中长期处于领先地位，在多数领域给予公民诸多福利，特别是大力推动教育和文化事业发展。丹麦国民普遍受教育程度较高，对文化艺术需求高。丹麦在全国范围内建有博物馆超 200 个，涉及工业、文化、制造、艺术等领域。例如，当年的丹麦王室宫殿——弗雷德里克斯堡如今已成为国家历史博物馆。[①]

丹麦自实施九年免费义务教育以来，共建立学校 3100 余所，教育学生超 110 万人，同时也建立了多家享誉全球的高等学府，如哥本哈根大学、丹麦技术大学等。此外，丹麦也积极发展出版业，目前拥有上千家出版商，大部分集中在首都哥本哈根。

---

① 《丹麦人》，百度百科，2023 年 7 月 11 日，https://baike.baidu.com/item/%E4%B8%B9%E9%BA%A6%E4%BA%BA。

　　丹麦的国民受教育程度较高，阅读率接近99%，是一个具有高阅读率的国家。丹麦人偏向于阅读有关生活方式方面的图书，如设计、时尚、烹饪等。另外，近年来丹麦读者对传记类作品的热情较高，在丹麦的畅销书排行榜前10名中，有8部属于传记类作品。目前，网络媒体正在改变丹麦年青一代的阅读习惯。

　　据统计，在580多万人口的丹麦有5000多所大大小小的图书馆。丹麦的人均拥有公共图书馆数量位居世界前列，几乎每一个城市、每一个社区都有图书馆。丹麦的公共图书馆总藏书量达3200万册，年平均借出图书近1亿册，平均每人每年的借阅量有近20册。①

　　丹麦皇家图书馆是丹麦最大的图书馆，它隶属于丹麦文化部，是丹麦的国家图书馆。它既是一座研究型图书馆，同时也发挥着博物馆的职能。图书馆于1653年由国王弗雷德里克三世建立，1793年对公众开放，拥有440万册图书、手稿和图片资料，是丹麦研究东方文化的重要中心。② 1999年后，丹麦政府利用新技术赋予了图书馆新的活力，使其通体呈现黑色，它这才有了"黑钻石"的美称。

　　丹麦高度重视科技发展，并投入了大量资源，极大提高了高科技成果产出和自主创新能力，对本国的经济发展做出了贡献，因此，丹麦也成为享誉全球的创新型国家，其创新力度和规模在世界上也名列前茅。全球创新指数下的创新投入次级指数排名显示，2014~2017年丹麦的创新投入均居世界前10名，2017年居世界第6位。早在2013年，丹麦研发投入强度就已达到3.1%，提前超出欧盟规划的"欧洲2020战略"设立的目标——3%。③

　　丹麦历届政府把教育和科技发展作为兴国创业的基础。在科技发展

---

① 蒋芳芳、马驰：《北京主题图书在丹麦的出版研究》，《黑龙江社会科学》2022年第3期。
② 《丹麦皇家图书馆》，中国文化译研网，http://www.cctss.org/task/mechanism/9163，最后访问日期：2023年9月23日。
③ 武球发：《感叹丹麦创新气象》，群众网，2019年8月28日，http://www.qunzh.com/pub/qzzzs/qzxlk/jczx/2019/2019016/202011/t20201104_80826.html。

战略中，强调科技必须为经济和社会发展服务。国家的研究战略主要有三个目标：一是提高技术创新能力和促进就业；二是提升人民生活、健康水平和环境质量；三是促进教育发展和知识更新。近年来确定的研究开发重点领域主要有六个方面：①农业，重点是农产品的质量和安全、渔业研究、畜禽健康问题等；②生命科学及健康，重点是基因研究、预防性药物开发、神经学研究等；③环境及能源；④信息技术；⑤生物技术；⑥材料科学。丹麦在实施科技发展战略中，十分重视"有所为，有所不为"。在上述重点领域中，不求事事领先、全面出击，而是突出重点，追求干一事成一事，并力争达到世界领先水平。

丹麦十分重视能源和环保技术的开发应用。中国和丹麦科技合作重点领域主要有以下几个。一是农业科技，包括优质农作物和畜禽品种选育与产业化技术、农产品加工及转化技术，并要求重点促进猪基因计划实施、猪规模化养殖育种技术示范及草产业育种技术合作研究和示范。二是能源科技，要求加强洁净煤技术、风能技术的研究开发和示范。三是信息技术，包括微电子技术、软件技术、电子商务技术等。四是生物技术，如基因组学、农业生物技术及生物医药、免疫学等。五是环境技术，要求推动环境保护技术和工艺装备研究开发，涉及清洁生产技术、生态整治技术等。

丹麦人喜爱阅读，丹麦重视教育，注重创新，与中国建立了全面战略合作伙伴关系，这些个体因素、社会因素、国家机制体制以及中丹友好关系，都为中国图书在丹麦的出版、发行和接受创造了条件，奠定了基础。

## 二　文化专题类图书的丹麦读者接受度

2020 年 1~2 月，项目组成员对丹麦读者进行了题为 "A Survey of Beijing-related Books Published in Denmark"（丹麦北京主题图书出版调查）的问卷调查。调查共回收有效问卷 59 份。

　　此次调查的读者年龄分布是：年龄在 20~29 岁的被调查者有 23 位，占 38.98%；年龄在 30~39 岁的被调查者有 19 位，占 32.20%；年龄在 40~49 岁的被调查者有 8 位，占 13.56%；年龄在 50~59 岁的被调查者有 2 位，占 3.39%；年龄在 60~69 岁的被调查者有 2 位，占 3.39%；年龄在 70~80 岁的被调查者有 5 位，占 8.47%。可以看出，20~39 岁的中青年共占比 71.18%，占据被调查者的大多数。

　　通过调查问题 "Have you been to China?"（你到过中国吗？）发现，有 74.58% 的被调查者到过中国，有 25.42% 的被调查者没有到过中国，如表 4-1 所示。

**表 4-1　被调查者是否到过中国**

单位：人，%

| 选项 | 人数 | 比例 |
|------|------|------|
| 是 | 44 | 74.58 |
| 否 | 15 | 25.42 |

　　被调查者中具有博士学位的占 45.76%，具有硕士学位的占 38.98%，具有学士学位的占 6.78%，具有高中学历的占 8.47%。拥有硕士或博士学位的被调查者占 84.74%，占据了绝大多数，如表 4-2 所示。

**4-2　被调查者的学历学位分布**

单位：人，%

| 选项 | 人数 | 比例 |
|------|------|------|
| 高中学历 | 5 | 8.47 |
| 学士学位 | 4 | 6.78 |
| 硕士学位 | 23 | 38.98 |
| 博士学位 | 27 | 45.76 |

对于调查问题 "In what way do you know about Beijing, the city or China, the country?"（你通过哪些方式了解中国或北京？）（多选题），77.97% 的被调查者表示通过网络了解中国或北京，64.41% 的被调查者通过电视了解中国或北京，61.02% 的被调查者通过报纸了解中国或北京，45.76% 的被调查者通过图书了解中国或者北京，64.41% 的被调查者通过朋友的介绍了解中国或北京，44.07% 的被调查者通过电影了解中国或北京，40.68% 的被调查者通过其他方式了解中国或北京，如表 4-3 所示。

**表 4-3　被调查者了解中国或北京的方式**

单位：人，%

| 选项 | 人数 | 比例 |
|------|------|------|
| 网络 | 46 | 77.97 |
| 电视 | 38 | 64.41 |
| 报纸 | 36 | 61.02 |
| 图书 | 27 | 45.76 |
| 朋友的介绍 | 38 | 64.41 |
| 电影 | 26 | 44.07 |
| 其他方式 | 24 | 40.68 |

对于调查问题 "What are the cultural elements of Beijing that can be reached in your life?"（你的生活中可接触到哪些北京元素？）（多选题），81.36% 的被调查者选择北京烤鸭，57.63% 的被调查者选择京剧，45.76% 的被调查者选择北京图书，86.44% 的被调查者选择长城，79.66% 的被调查者选择故宫和其他历史景点，27.12% 的被调查者选择同仁堂中药，64.41% 的被调查者选择胡同四合院。选择没有接触到北京元素的只有 1.69%（见表 4-4），可见，北京文化在不同层面对被调查者产生着广泛影响。

**表 4-4　被调查者生活中可接触到的北京元素**

单位：人，%

| 选项 | 人数 | 比例 |
|---|---|---|
| 北京烤鸭 | 48 | 81.36 |
| 京剧 | 34 | 57.63 |
| 北京图书 | 27 | 45.76 |
| 长城 | 51 | 86.44 |
| 故宫和其他历史景点 | 47 | 79.66 |
| 同仁堂中药 | 16 | 27.12 |
| 胡同四合院 | 38 | 64.41 |
| 没有接触到北京元素 | 1 | 1.69 |

　　对于调查问题 "What values do you agree with the Beijingers?"（你认同北京人的哪些价值观？）（多选题），30.51% 的被调查者认同仁爱，52.54% 的被调查者认同中庸，25.42% 的被调查者认同天人合一，38.98% 的被调查者认同和谐社会，44.07% 的被调查者认同集体主义，18.64% 的被调查者表示不了解，如表 4-5 所示。

**表 4-5　被调查者对北京人价值观的认同**

单位：人，%

| 选项 | 人数 | 比例 |
|---|---|---|
| 仁爱 | 18 | 30.51 |
| 中庸 | 31 | 52.54 |
| 天人合一 | 15 | 25.42 |
| 和谐社会 | 23 | 38.98 |
| 集体主义 | 26 | 44.07 |
| 不了解 | 11 | 18.64 |

　　对于调查问题 "What is Beijing's city image in your mind?"（你认为北京的城市形象是什么？）（多选题），88.14% 的被调查者认为是政治中心，67.8% 的被调查者认为是文化中心，81.36% 的被调查者认为是历史

名城，**30.51%** 的被调查者认为是科技创新中心，**22.03%** 的被调查者认为是国际交往中心，**3.39%** 的被调查者表示不了解，如表 4-6 所示。

**表 4-6　被调查者对北京城市形象的认同**

单位：人，%

| 选项 | 人数 | 比例 |
|---|---|---|
| 政治中心 | 52 | 88.14 |
| 文化中心 | 40 | 67.8 |
| 历史名城 | 48 | 81.36 |
| 科技创新中心 | 18 | 30.51 |
| 国际交往中心 | 13 | 22.03 |
| 不了解 | 2 | 3.39 |

对于调查问题 "What do you like Beijing for?"（你喜欢北京的什么？）（多选题），**25.42%** 的被调查者喜欢北京社会稳定，**22.03%** 的被调查者喜欢北京环境优美，**71.19%** 的被调查者喜欢北京灿烂的文化，**37.29%** 的被调查者喜欢北京的经济发展，**25.42%** 的被调查者喜欢北京的高国民素质，有 **13.56%** 的被调查者没有想法，如表 4-7 所示。

**表 4-7　被调查者喜欢北京的原因**

单位：人，%

| 选项 | 人数 | 比例 |
|---|---|---|
| 社会稳定 | 15 | 25.42 |
| 环境优美 | 13 | 22.03 |
| 灿烂的文化 | 42 | 71.19 |
| 经济发展 | 22 | 37.29 |
| 高国民素质 | 15 | 25.42 |
| 没有想法 | 8 | 13.56 |

对于调查问题 "What books related to Beijing have you read?"（您读了哪些与北京有关的书？）（多选题），**42.37%** 的被调查者读过关于北京

的文学类图书，50.85% 的被调查者读过北京的游记和旅行手册，37.29%
的被调查者读过关于北京的教育类图书，33.9% 的被调查者读过关于北京
的经济类图书，52.54% 的被调查者读过关于北京的政治类图书，15.25%
的被调查者没有读过关于北京的图书，如表 4-8 所示。

表 4-8　被调查者读过的有关北京的图书的类型

单位：人，%

| 选项 | 人数 | 比例 |
|---|---|---|
| 文学类 | 25 | 42.37 |
| 游记和旅行手册 | 30 | 50.85 |
| 教育类 | 22 | 37.29 |
| 经济类 | 20 | 33.9 |
| 政治类 | 31 | 52.54 |
| 没有读过关于北京的图书 | 9 | 15.25 |

对于调查问题 "What books related to Beijing are attractive to you?"
（与北京有关的哪些书对您有吸引力？）（多选题），55.93% 的被调查者对
中国作家的图书感兴趣，33.9% 的被调查者对其他外国作家的图书的译本
感兴趣，有 16.95% 的被调查者对丹麦作家的图书感兴趣，有 37.29% 的
被调查者不关心作者的情况，如表 4-9 所示。

表 4-9　被调查者感兴趣的北京主题图书的作家的情况

单位：人，%

| 选项 | 人数 | 比例 |
|---|---|---|
| 中国作家的图书 | 33 | 55.93 |
| 其他外国作家的图书的译本 | 20 | 33.9 |
| 丹麦作家的图书 | 10 | 16.95 |
| 不关心作者的情况 | 22 | 37.29 |

对于调查问题"你将来最想阅读哪些北京主题的图书？"（What books about Beijing do you most want to read in the future?）（多选题），42.37% 的被调查者选择北京风俗类图书，45.76% 的被调查者选择政治人物传记，49.15% 的被调查者选择当代文学作品，32.2% 的被调查者选择北京企业故事，13.56% 的被调查者选择医学类图书，25.42% 的被调查者选择教育类图书，3.39% 的被调查者选择其他图书，如表 4-10 所示。

表 4-10　被调查者将来最想阅读的北京主题图书的类型

单位：人，%

| 选项 | 人数 | 比例 |
|---|---|---|
| 北京风俗类图书 | 25 | 42.37 |
| 政治人物传记 | 27 | 45.76 |
| 当代文学作品 | 29 | 49.15 |
| 北京企业故事 | 19 | 32.2 |
| 医药类图书 | 8 | 13.56 |
| 教育类图书 | 15 | 25.42 |
| 其他图书 | 2 | 3.39 |

项目组成员还对被调查者的身份和职业进行了调查。参与此次调查的 59 名被调查者中，有 17 名学生、5 名教授、6 名副教授，职业上有艺术家、作家、科学家、律师、商务人士等。根据其身份和职业，整体看来，被调查者的受教育程度很高，具有专业素质，如图 4-1 所示。

对于调查问题"What books about China have you ever read or you want to read? What is the image of China in your mind?"（您读过或想要读什么关于中国的书？您心目中的中国形象是什么？），不同身份和职业的读者给出了不同的答案。对各位被调查者的答案进行汇总分析，提炼出其中的高频词（见图 4-2）。从图 4-2 可以看出，这些被调查的丹麦读者对中国历史、中国文化、中国政治、中国小说、中国教育、中国城市等话题最感兴趣。

图 4-1　被调查者的身份和职业关键词词云

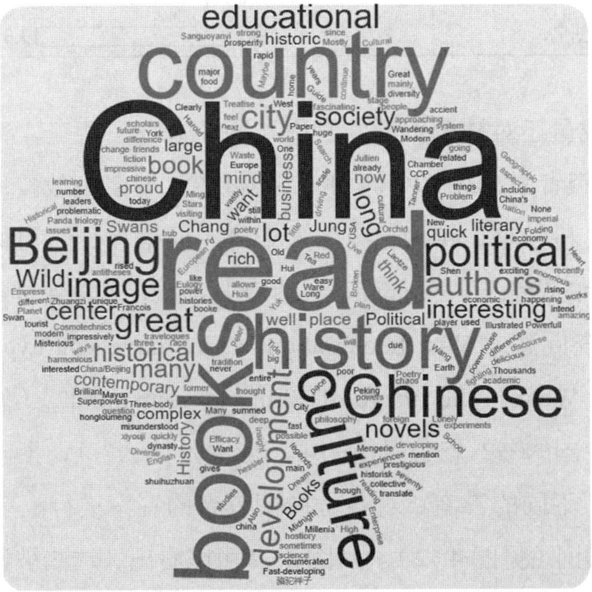

图 4-2　被调查者希望读的北京（中国）主题图书的高频词词云

　　相比于政治和经济而言，文化是一种精神活动，同时还包含了这种精神活动的产物，有物质文化和非物质文化之分。同时，文化与政治、经济等有着密不可分的关系。给文化下一个准确或精确的定义非常困难，关于对文化这个概念的解读，人们也长期众说纷纭。北京文化可以涵盖北京的历史、风土人情、传统习俗、生活方式、宗教信仰、艺术、伦理道德，法律制度、价值观念、审美情趣、精神图腾等。[①]北京是国务院公布的首批国家历史文化名城，也是世界著名的古都。北京以悠久的历史文化和丰富的传统习俗享誉世界，并保留了诸多历史文物和古迹，在中国的七大古都中也位居前列。北京历史悠久，它作为城市的历史可以追溯到 3000 年前。

　　读者接受研究是针对目标读者开展的研究。宏观上，它涉及政治社会文化背景、主流意识形态等对读者的影响；微观上，它涉及读者个人的教育背景、经济水平、审美情趣、审美习惯、阅读期待、阅读习惯等对读者阅读选择和阅读评价的影响。[②]在本书进行的读者调查中，被调查者大多能接触到北京烤鸭、京剧、北京图书、长城、故宫和其他历史景点、同仁堂中药、胡同四合院等北京文化元素，并认可北京文化中心这一城市定位。这些身居丹麦的民众，喜欢北京社会，喜欢北京的环境，喜欢北京的灿烂文化，认为北京市民素质高，这为丹麦民众接受北京主题图书打下了非常好的基础。

　　接受调查的丹麦民众大多读过北京的游记和旅行手册，读过北京教育、经济、政治方面的图书，对北京主题图书的认识有坚实的基础。所以他们喜欢中国作家的北京主题图书（占比 55.93%），喜欢其他外国作家的北京主题图书的译本（占比 33.9%），对这些读者来讲，他们对北京主题图书的接受度很高，对中国文化多有自己独到的见解。

---

　　① 李松梅:《纸上得来终觉浅 绝知"文化"需"生活"——优化小学英语跨文化意识的培养策略》,《长江丛刊》2021 年第 7 期。
　　② 许勉君、蒋清凤:《中华文化外译的读者接受研究》,《浙江外国语学院学报》2015 年第 6 期。

## 三　学术专题类图书的丹麦读者接受度

除了文化交流外，中国和丹麦两国进行了非常广泛的科学合作。

丹麦在可再生能源、制药等领域拥有世界领先技术，双边科技合作潜力巨大。截至 2018 年底，中国自丹麦引进技术和设备项目 955 个，合同金额达 50.5 亿美元。2018 年，中国引进丹麦技术合同 37 个，合同金额达 2.1 亿美元。[①] 中国对丹麦投资领域涵盖航空、电子、通信、有色和化工等。[②]

2017 年 9 月 22 日，中国科技部国际合作司与丹麦创新基金会在上海签署《关于科技与创新合作的谅解备忘录》，备忘录提出中丹两国将在可再生能源、环境技术、循环经济、生物技术、医药和健康、农业与食品、ICT、北极研究等战略领域加强科研与创新合作。合作内容包括组织研讨会、人员交流、科研设备与数据共享、联合研究开发等。截至备忘录签署时，中国科技部国际合作司与丹麦创新基金会（前身为丹麦战略研究理事会）自 2009 年以来通过实施"中丹联合研究计划"已资助 18 个双边研究项目，主要涉及领域为新能源、智能电网、能源效率等。

2020 年 5 月，科技部以通知的形式发布了《国家重点研发计划"政府间国际科技创新合作"重点专项 2020 年度项目申报指南》，决定支持中国与 14 个国家、地区、国际组织和多边合作机制合作，共支持 15 个指南方向下的 116~119 个项目，项目国拨经费总概算高达 3.3 亿元，其中包括中国和丹麦政府间科技合作项目。中国和丹麦政府间科技合作项目的研究方向为未来城市可持续发展，优先支持能源及储存、智慧城市

① 刘国斌：《深入推进"冰上丝绸之路"建设的研究》，《北部湾大学学报》2022 年第 1 期。

② 商务部国际贸易经济合作研究院、中国驻丹麦大使馆经济商务处、商务部对外投资和经济合作司：《2019 年对外投资合作国别（地区）指南：丹麦》（2019 年版），2019，第 34 页。

和交通领域项目。该合作项目拟支持项目数不超过 5 个，支持经费共计 2000 万元。[①]可见，中国政府非常重视与丹麦的科技合作，支持力度很大。

众所周知，Web of Science 作为一个综合性学术信息资源平台，规模大且覆盖学科广泛，涉及世界范围内的自然科学、工程技术、生物医学等各个领域，收录了全球最具影响力的核心学术期刊近 9000 种。Web of Science 的检索功能丰富高效，包括普通检索、被引文献检索、化学结构检索，使用者可以借此便捷高效地寻找所需信息。Web of Science 包含的子库有：

① Science Citation Index Expanded (SCI-EXPANDED)；

② Conference Proceedings Citation Index-Science (CPCI-S)；

③ Arts and Humanities Citation Index (A&HCI)；

④ Social Sciences Citation Index (SSCI)；

⑤ Emerging Sources Citation Index (ESCI)；

⑥ Conference Proceedings Citation Index-Social Sciences and Humanities (CPCI-SSH)。

本章将 Web of Science 作为检索和统计工具，查找作者的通讯地址包含丹麦，而且主题中含有 "Beijing" 或者 "Peking" 的论文。检索的论文发表年份为 1970~2020 年。检索日期为 2020 年 7 月 3 日。检索式为：TS=(Beijing OR Peking) AND AD=Denmark。检索所基于的数据库有：SCI-EXPANDED、CPCI-S、A&HCI、SSCI、ESCI、CPCI-SSH。

作者通讯地址包含丹麦，而且主题中含有 "Beijing" 或者 "Peking" 的论文共有 154 篇。这些论文的研究主题涉及北京的各个方面，论文的参考文献中也包括了涉及北京的图书或期刊论文。可见，这些论文的作者不论是独立完成研究还是与中国学者进行合作，对北京主题图书的接

① 《2.8 亿经费支持！国家重点研发计划 "政府间国际科技创新合作" 重点专项申报》，中国教育和科研计算机网，2020 年 5 月 18 日，https://www.edu.cn/rd/gao_xiao_cheng_guo/ssgx/202005/t20200518_1727694.shtml。

受度都是非常高的。

《如何阅读一本书》作为一本阅读指南，是由美国莫提默·J.艾德勒和查尔斯·范多伦两位作家合著的，向读者详细阐述了阅读的技巧和方法，并指出在阅读过程中要打开读者的视野。该书自出版以来，广受西方读者的赞誉，并多次重版。书中提到主题阅读是阅读的最高层次。主题阅读的重点不是图书，而是读者关注的主题。主题阅读的作用在于多角度、全方位地了解某个主题，并对不同书籍中有关该主题的相关知识进行综合与整理，从而形成一个更为全面的认知。简单说，主题阅读也就是针对某一个主题（研究领域）进行大量的阅读。在主题阅读的基础上，可以去伪存真、去粗取精，不断整理和提炼、写作和输出。

154篇论文的作者们不仅阅读了北京主题图书，还围绕它们进行了科学研究和论文写作，并且将成果输出成为期刊论文。这些作者的阅读过程是最高级形式的阅读。下面，分别就这些论文展开分析，对这些论文参考文献中涉及的北京主题图书进行研究，并且对这些论文的影响力进行分析。

## （一）1970~2020年丹麦学者对北京的学术研究

丹麦学者对北京的学术研究与北京主题图书的引用和产出直接相关。

《马可·波罗游记》开了欧洲研究中国的先河。随着时间的不断推移，世界开始了对中国的研究。由于新中国成立后，特别是改革开放以后中国取得的举世瞩目的成就，人们对有关当代中国的知识的需求激增，社会对于汉语人才的需求也有所增长，各国研究者都认为自己才是中国最好的诠释者。1960年，丹麦哥本哈根大学建立了丹麦第一家东亚研究所，1993年该所改为亚洲研究所，2003年增设了汉语选修课程。奥尔堡大学2007年设立了中国区域研究项目，南丹麦大学于2007~2015年也设立了中国研究项目。[①] 1970~2020年，在Web of Science中，有154篇

---

① 〔丹麦〕约恩·德尔曼、魏安娜主编《中丹对话：丹麦的中国研究》，谷健等译，上海社会科学院出版社，2022，第3~10页。

作者中包含丹麦学者的学术论文对北京各个领域进行了研究，参与研究的学者来自 103 个国家和地区，这些学者合作完成论文写作。图 4-3 列举了学者参与发文量最多的前 10 个国家和地区。如图所示，丹麦学者参与发文 154 篇，中国学者参与发文 102 篇，美国学者参与发文 35 篇，英国学者参与发文 20 篇，荷兰学者参与发文 18 篇，德国学者参与发文 16 篇，瑞士学者参与发文 10 篇，加拿大学者参与发文 9 篇，法国学者参与发文 9 篇，澳大利亚学者参与发文 8 篇。

可以看出，在丹麦关于北京主题的科学研究中，丹麦学者与中国学者有众多密切合作。丹麦学者对北京主题图书的接受度、阅读层次也是非常高的。

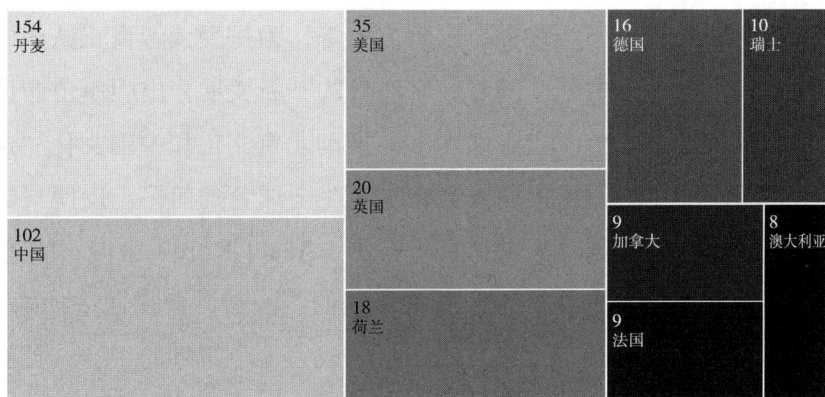

**图 4-3　丹麦学者关于北京主题的论文中学者参与发文量最多的前 10 个国家和地区**

在上述 154 篇论文中，共有 987 个研究机构参与了研究。在这些研究机构中，如图 4-4 所示，丹麦研究机构中，哥本哈根大学的学者发表的论文最多，有 45 篇；奥胡斯大学次之，有 27 篇；此外，丹麦技术大学有 16 篇，奥尔堡大学有 14 篇，南丹麦大学有 10 篇，丹麦国立血清研究所有 7 篇，阿姆斯特丹大学有 7 篇。中国的研究机构中，中国科学院学者发文 26 篇，北京大学学者发文 23 篇，北京师范大学学者发文 8 篇。可见，丹麦的研究机构与中国的研究机构均产出了可观的研究成果。

　　丹麦学者关于北京主题研究的良好开展，也得益于中丹两国关系的友好发展。在中丹交流过程中，文化交流无疑是两国交往的重要领域之一，丹麦拥有着极高的人口阅读量，而图书是文化交流和文化传播的重要媒介，北京主题图书在丹麦出版有助于丹麦读者了解更加真实立体的中国，这些图书是丹麦读者了解北京的直接途径之一。做好北京主题图书在丹麦出版的事业，有助于向丹麦人民展示现代北京和现代中国。在丹麦从事出版行业的中国机构，也应当积极服务中华学术外译、大中华文库等项目，同时结合时代发展和丹麦读者的实际需求，有的放矢地出版北京主题图书，契合丹麦读者的视野期待，在相互交流过程中不断改进北京主题图书的出版路径、出版方式等，为丹麦读者真正认识中国和深入了解中国做出贡献。随着数字时代的不断发展，出版单位应该充分利用新媒体手段宣传北京主题图书，推动北京文化和中国文化"走出去"。此外，丹麦的公共服务数字化水平在全球名列前茅。皮博科数字出版社首席执行官兼创始人埃克赛·科尔（Aksel Koie）曾说："我们正在寻找传统出版商在世界各地出版的最好的图画书，旨在通过动画 / 互动的功能增强它们的数字效果。我们希望成为一个策划的平台，拥有来自世界各地的最美丽的数字化图画书。"[①] 由此可见，数字化技术的发展是出版行业的一个重要契机，要充分利用数字化手段，搭建数字化图书资源平台，实现图书资源共享。

　　上文提及的 1970~2020 年的 154 篇作者包含丹麦学者的学术论文涉及 72 个与北京相关的研究领域。如图 4-5 所示，发文量最多的前 10 个研究领域中，环境生态学领域有 28 篇，工程学领域有 26 篇，商业经济学领域有 12 篇，能源燃料领域有 10 篇，科学技术相关领域有 9 篇，地

　　① 《SHVIP ｜ 2019 国际出版人上海访问计划成员介绍（2）》，搜狐网，2019 年 9 月 3 日，https://www.sohu.com/a/338466691_754051。

理学领域有 7 篇，微生物学领域有 7 篇，神经学领域有 7 篇，传染病学领域有 7 篇，营养学领域有 7 篇。

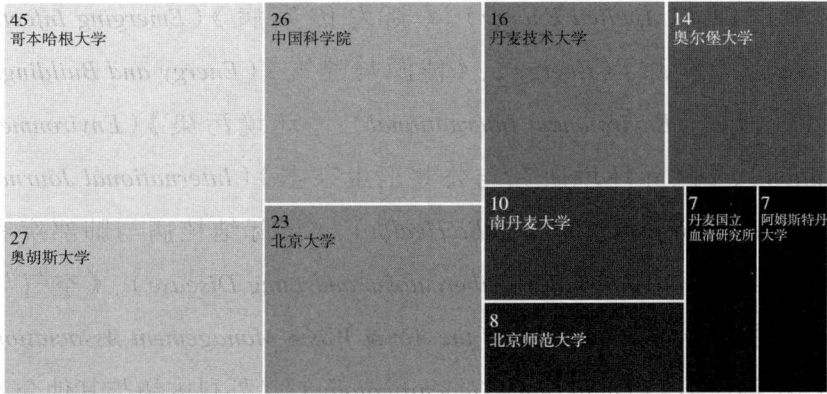

图 4-4　丹麦学者关于北京主题的论文中学者参与发文量最多的前 10 个研究机构

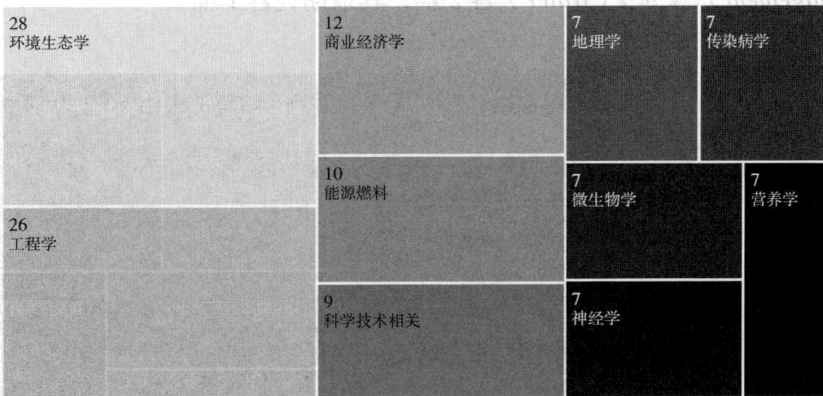

图 4-5　丹麦学者关于北京主题的论文中发文量最多的前 10 个研究领域

前述的 154 篇论文发表在 125 种出版物中，其中发文量最多的前 10 种出版物如图 4-6 所示。《脊髓》（*Spinal Cord*）上发表了 5 篇，《环境科学与技术》（*Environmental Science and Technology*）4 篇，《地学前缘》（*Geoscience Frontiers*）、《清洁生产杂志》（*Journal of Cleaner*

Production）、《临床微生物学杂志》（*Journal of Clinical Microbiology*）、《营养》（*Nutrition*）、《环境科学学报》（*Science of the Total Environment*）各3篇，《美国临床营养杂志》（*The American Journal of Clinical Nutrition*）、《应用能源》（*Applied Energy*）、《新发传染病》（*Emerging Infectious Diseases*）、《能源》（*Energy*）、《能源与建筑》（*Energy and Buildings*）、《环境国际》（*Environment International*）、《环境污染》（*Environmental Pollution*）、《国际环境研究与公共卫生杂志》（*International Journal of Environmental Research and Public Health*）、《国际结核病与肺部疾病杂志》（*International Journal of Tuberculosis and Lung Disease*）、《空气与废物管理协会会志》（*Journal of the Air & Waste Management Association*）、《第四纪年代学》（*Quaternary Geochronology*）、《外科内镜与其他介入技术》（*Surgical Endoscopy and Other Interventional Techniques*）、《运输政策》（*Transport Policy*）、《健康价值》（*Value in Health*）、《废物管理》（*Waste Management*）、《水》（*Water*）各2篇，其余期刊各1篇。

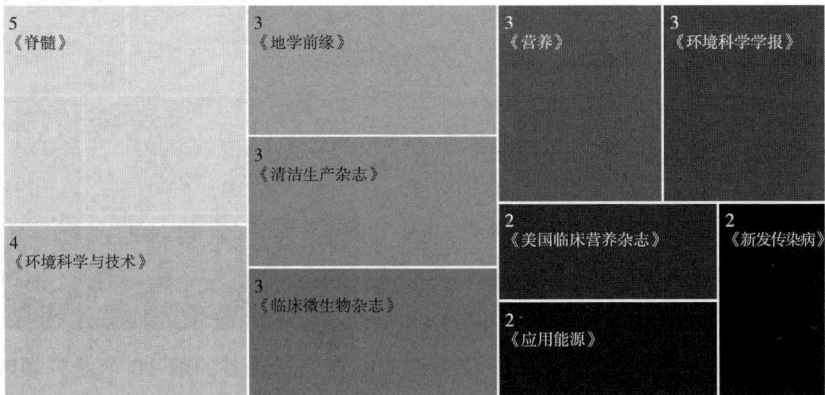

**图4-6　丹麦学者关于北京主题的论文中发文量最多的前10种出版物**

说明：由于存在大量发文量相同的并列出版物，此处仅列出其中一部分以供参考。

在 Web of Science 平台 1970~2020 年的索引数据中，丹麦学者关于北京主题的论文于 1989 年开始出现，其中 1990~1992 年、1995~1996 年、

1998年、2001~2002年还出现了空白。从2003年开始，论文数量波动上升，并于2019年达到了峰值（见表4-11）。这说明丹麦与中国的合作正日益增多，研究成果也日益丰富。

表4-11 1989~2020年丹麦学者关于北京主题的论文数量

单位：篇

| 年份 | 论文数量 | 年份 | 论文数量 |
|---|---|---|---|
| 1989 | 1 | 2009 | 3 |
| 1993 | 1 | 2010 | 6 |
| 1994 | 1 | 2011 | 5 |
| 1997 | 1 | 2012 | 9 |
| 1999 | 1 | 2013 | 11 |
| 2000 | 1 | 2014 | 8 |
| 2003 | 2 | 2015 | 9 |
| 2004 | 3 | 2016 | 19 |
| 2005 | 2 | 2017 | 15 |
| 2006 | 1 | 2018 | 20 |
| 2007 | 2 | 2019 | 24 |
| 2008 | 3 | 2020 | 6 |

在本章的检索集中，笔者抽取了与检索条件相关性最高的前10篇论文，其可以作为范例帮助我们对丹麦学者关于北京主题的论文的研究领域、出版年份、来源出版物有个大概了解（见表4-12）。

表4-12 与检索条件相关性最高的前10篇论文

单位：次

| 作者 | 题目 | 来源出版物 | 被引频次 | 出版年份 | 研究领域 |
|---|---|---|---|---|---|
| T. Lillebaek et al. | 《结核分枝杆菌北京基因型》（Mycobacterium Tuberculosis Beijing Genotype） | *Emerging Infectious Diseases* | 39 | 2003 | Immunology; Infectious Diseases |

续表

| 作者 | 题目 | 来源出版物 | 被引频次 | 出版年份 | 研究领域 |
|---|---|---|---|---|---|
| P.C. Kjaergaard | 《消失的林克斯探险队——或北京人是如何消失的》（The Missing Links Expeditions - or How the Peking Man Was Not Found） | *Endeavour* | 10 | 2012 | History & Philosophy of Science; Science & Technology - Other Topics |
| G. Zhao et al. | 《北京 2030 低碳发展能源模型》（Energy Modelling towards Low Carbon Development of Beijing in 2030） | *Energy* | 27 | 2017 | Thermodynamics; Energy & Fuels |
| A. Kokko | 《中国的崛起和海外华人：北京在东南亚及其他地区政策研究》（The Rise of China and the Chinese Overseas: A Study of Beijing's Changing Policy in Southeast Asia and Beyond） | *Bulletin of Indonesian Economic Studies* | 0 | 2017 | Area Studies; Business & Economics |
| L. Odgaard | 《东南亚海上安全：中国钓鱼岛政策的和平共处与积极防御》（Maritime Security in East Asia: Peaceful Coexistence and Active Defense in China's Diaoyu） | *Journal of Contemporary China* | 0 | 2017 | Area Studies |
| J. Henonin et al. | 《全市多网格城市洪涝模型：2012 年 7 月北京洪涝灾害》（Citywide Multi-grid Urban Flood Modelling: The July 2012 Flood in Beijing） | *Urban Water Journal* | 16 | 2015 | Water Resources |
| B. Hansen | 《数字革新——北京数字创业与转型》（The Digital Revolution - Digital Entrepreneurship and Transformation in Beijing） | *Small Enterprise Research* | 1 | 2019 | Business & Economics |

续表

| 作者 | 题目 | 来源出版物 | 被引频次 | 出版年份 | 研究领域 |
|------|------|-----------|---------|---------|---------|
| L. Liu, M.B. Jensen | 《北京和哥本哈根气候恢复战略及其可持续发展联系》（Climate Resilience Strategies of Beijing and Copenhagen and Their Links to Sustainability） | *Water Policy* | 6 | 2017 | Water Resources |
| J. Kristiansen | 《中华人民共和国武汉、杭州、北京鳞状二氧化硅绿色生物研究》（Studies On Silica-Scaled Chrysophytes From Wuhan, Hangzhou and Beijing, Peoples-Republic-of-China） | *Nova Hedwigia* | 19 | 1989 | Plant Sciences |
| X. Liang et al. | 《北京 - 巴尔的摩医学院营养风险与支持比较调研》（Comparative Survey on Nutritional Risk and Nutritional Support Between Beijing and Baltimore Teaching Hospitals） | *Nutrition* | 22 | 2008 | Nutrition & Dietetics |

## （二）1970~2020 年丹麦学者引用北京主题图书的研究

### 1. 1970~2020 年丹麦学者参考并引用的北京主题图书

科学研究工作有继承性，现时的研究都是在过去研究的基础上进行的，今人的研究成果或研究工作一般都是前人研究成果或研究工作的继续和发展；因此，在论文中阐述研究的背景、理由、目的等时，必然要对过去的工作进行评价，还要著录参考文献以表明言之有据，并清晰交待出该论文的起点和深度。①

---

① 安向前：《撰写论著应该重视的部分——参考文献》，《图书馆学刊》2005 年第 3 期。

对丹麦学者关于北京主题的论文进行分析的同时，笔者搜集整理了检索集中 154 篇论文的参考文献，并进行了统计分析。特别统计出参考文献中中国出版的北京主题图书（广义），并进行分类分析。从中可以看到哪些北京主题图书被丹麦学者参考，这些图书有什么内在联系。

笔者经整理发现，在 154 篇论文中，40 篇论文参考并引用了 86 本北京主题图书。这 86 本北京主题图书，为近 50 年丹麦学者的科学研究提供了参考并被引用，是被丹麦学者高度接受的图书。

2. 北京主题图书词云分析

互联网丰富了人们的信息获取途径，大量信息充斥在网络的浪潮中，如何提炼有效信息、规避和过滤无用或垃圾信息成为人们关注的焦点。词云（word cloud）能对网络文本中出现频率较高的"关键词"予以视觉上的突出，形成"关键词云层"或"关键词渲染"，从而过滤掉大量的无意义信息，使浏览者只要一眼扫过词云图片就可以领略文章或者网页内容的主旨。不仅如此，一幅制作精美的词云图片，可以起到一图胜千言的效果，使用词云会使表达更清晰充分①。词云是对文本中出现频率较高的词语予以视觉化展示的图像，也是一种常见的文本挖掘的方法。目前已有多种数据分析工具支持生成这种图像，如 Matlab、SPSS、SAS 等软件和 R、Python 等语言，也有很多在线网页能生成词云，如 https://www.wordclouds.com/、https://tagcrowd.com/、https://worditout.com/、https://wordart.com/create 等。

图 4-7 中，除 "China" "Beijing" "Press" "Institute" 这些基本词语外，可以看出出现频率较高的词还有 "Design" "Research" "National" "Report" 等。分析 1970~2020 年丹麦学者参考并引用的北京主题图书，这些高频词指向的是北京市市政工程设计研究总院、北京市建筑设计研

---

① 陈为等编著《数据可视化》（第 2 版），电子工业出版社，2019。

究院、北京市城市规划设计研究院、北京市水利规划设计研究院、住房
和城乡建设部等部门或机构近些年就"城市排水""城市取暖""能源节
约"几个方面制定的设计标准和规范，如《雨水控制与利用工程设计规
范》《城镇雨水系统规划设计暴雨径流计算标准》《北京市"十三五"时
期防震减灾规划》《实用供热空调设计手册》《民用建筑供暖通风与空气
设计规范》《城市热力网设计规范》《严寒和寒冷地区居住建筑节能设计
标准》等。相应地，在图 4-7 中可以看出"Water""Urban""House"
"Housing""Energy""Standard""Plan"这些词也有较高的出现频率。

图 4-7　1970~2020 年丹麦学者参考引用的北京主题图书信息词云

　　在图 4-7 中"STAT"出现频率较高，分析 1970~2020 年丹麦学者参
考并引用的北京主题图书，这些高频词指向的是中国国家统计局、北京
市统计局、北京市生态环境局（原北京市环境保护局）等机构近些年发
布的年度统计报告。

　　在丹麦学者参考并引用的北京主题图书中，中国政府和北京政府的发展规划占有一定比重，比如学者们在交通发展研究中参考了《北京市"十三五"时期交通发展建设规划》。

　　除了以上提到的"城市排水""城市供暖""能源节约"等方面的关键词，在图4-7中还可以看到"Environment"出现频率较高，对照表4-13进行分析，这些高频词指向的是生态环境部、中国气象局、北京市生态环境局等的《北京市2013—2017年清洁空气行动计划》《地表水环境质量标准》《城市生活垃圾管理办法》《水和废水监测分析方法》《青藏高原纳木错流域现代环境过程及其变化》《泥石流沉积与环境》等。

　　从图4-7中可以看到"Transportation"出现频率较高，其指向的是北京市交通委员会发布的《北京市"十三五"时期交通发展建设规划》、2015~2016年的《北京交通发展年度报告（2015-2016）》。

　　另外，从图4-7中还可以看到"Military""Strategy"出现频率较高，可知军事战略方面的图书出现频率也较高。

表4-13　1970~2020年丹麦学者关于北京主题的论文中
参考并引用的北京主题图书

| 序号 | 丹麦学者关于北京主题的论文 | 参考并引用的北京主题图书 |
| --- | --- | --- |
| 1 | Demonstration and Optimization of a Solar District Heating System with Ground Source Heat Pumps 作者：Huang, Junpeng; Fan, Jianhua; Furbo, Simon *Solar Energy* 卷：202　页：171~189 出版年份：2020 | 团体作者：H. U. P. C. of C. R. E. Society Investigation Report on Solar Heating Demonstration Project in Mentougou District of Beijing 出版年份：2010 |

| 序号 | 丹麦学者关于北京主题的论文 | 参考并引用的北京主题图书 |
|---|---|---|
| 2 | Rare Earth Elements in Surface Specific Urban Runoff in Northern Beijing<br>作者：Shajib, Md Tariqul Islam; Hansen, Hans Christian Bruun; Liang, Tao et al.<br>*Science of the Total Environment*<br>卷：717　文献号：136969<br>出版年份：2020 | 团体作者：SEPA<br>*State Environmental Protection Administration: Analysis Method for Moni- toring Water and Istewater*<br>出版年份：2002<br>出版商：Chinese Environmental Press, Beijing |
| 3 | High-Resolution Mapping of the Urban Built Environment Stocks in Beijing<br>作者：Mao, Ruichang; Bao, Yi; Huang, Zhou et al.<br>*Environmental Science & Technology*<br>卷：54　期：9　页：5345~5355<br>出版年份：2020 | 团体作者：Beijing Municipal Bureau of Statistics<br>*Beijing Statistical Yearbook*<br>出版年份：2018<br>出版商：China Statistics Press, Beijing, China<br><br>团体作者：China Council for International *Cooperation on Environment and Development Beijing 2013-2017 Clean Air Action Plan*<br>出版年份：2013 |
| 4 | Satisfaction with Food-related Life and Beliefs about Food Health, Safety, Freshness and Taste among the Elderly in China: A Segmentation Analysis<br>作者：Liu, Rongduo; Grunert, Klaus G.<br>*Food Quality and Preference*<br>卷：79　文献号：UNSP 103775<br>出版年份：2020 | 团体作者：ECNS<br>*Beijing to Face Further Challenges from Aging Population*<br>出版年份：2016 |
| 5 | Blue-Green Infrastructure for Sustainable Urban Stormwater Management-Lessons from Six Municipality-Led Pilot Projects in Beijing and Copenhagen<br>作者：Liu, Li; Fryd, Ole; Zhang, Shuhan<br>*Water*　卷：11　期：10<br>文献号：2024　出版年份：2019 | 团体作者：Beijing Institute of Architectural Design (Group) Co., Ltd.<br>*Code for Design of Stormwater Management and Harvesting Engineering* (No. DB11/685-2013)<br>出版年份：2013<br>出版商：Beijing Municipality Local Standard Beijing Municipal Planning Commission Beijing Municipal Bureau of Quality and Technical Supervision, Beijing, China |

续表

| 序号 | 丹麦学者关于北京主题的论文 | 参考并引用的北京主题图书 |
|---|---|---|
| 5 | Blue-Green Infrastructure for Sustainable Urban Stormwater Management-Lessons from Six Municipality-Led Pilot Projects in Beijing and Copenhagen<br>作者：Liu, Li; Fryd, Ole; Zhang, Shuhan<br>*Water* 卷：11 期：10<br>文献号：2024<br>出版年份：2019 | 团体作者：BWSTI (Beijing Water Science and Technology Institute)<br>*Xiangquan Roundabrout Stormwater Utilization Project*<br>出版年份：2014<br>出版商：BWSTI, Beijing, China |
| | | 作者：Pan, A.J.; Zhang, S.H.; Chen, J.G. et al.<br>*Research and Application on Urban Stormwater Comprehensive Utilization Technology*<br>出版年份：2006<br>出版商：China Water Conservancy and Hydropower Press, Beijing, China |
| 6 | Characteristics, Influencing Factors, and Environmental Effects of Plate Waste at University Canteens in Beijing, China<br>作者：Wu, Yinglei; Tian, Xin; Li, Xinran et al.<br>*Resources Conservation and Recycling*<br>卷：149 页：151~159<br>出版年份：2019 | 团体作者：China Statistics Press<br>*Beijing Statistical Yearbook 2017*<br>出版年份：2017、2018<br>出版商：China Statistics Press, Beijing |
| | | 团体作者：Chinese Statistics Press<br>*China Statistical Yearbook 2006*<br>出版年份：2006、2007<br>出版商：China Statistics Press, Beijing |
| 7 | Evaluating Sponge City Volume Capture Ratio at the Catchment Scale Using SWMM<br>作者：Randall, Mark; Sun, Fubao; Zhang, Yongyong et al.<br>*Journal of Environmental Management*<br>卷：246 页：745~757<br>出版年份：2019 | 团体作者：BIAD (Beijing Institute of Architectural Design)<br>*Code for Design of Stormwater Management and Harvesting Engineering* (No. DB11/685-2013)<br>出版年份：2013<br>出版商：Beijing General Municipal Engineering Design and Research Institute, Beijing Institute for Water Science and Technology, Beijing, China |
| | | 团体作者：BUPDI (Beijing Urban Planning and Design Institute)<br>*Standard of Rainstorm Runoff Calculation for Urban Storm Drainage System Planning and Design*<br>出版年份：2016 |

续表

| 序号 | 丹麦学者关于北京主题的论文 | 参考并引用的北京主题图书 |
|---|---|---|
| 7 | Evaluating Sponge City Volume Capture Ratio at the Catchment Scale Using SWMM<br>作者 : Randall, Mark; Sun, Fubao; Zhang, Yongyong et al.<br>*Journal of Environmental Management*<br>卷 : 246　页 : 745~757<br>出版年份 : 2019 | 作者 : Guo, Z. B.; Zhang, S. H.; Deng, Z. Z. et al.<br>*Research on Stormwater Utilization Technology in Olympic Game Area*<br>出版年份 : 2012<br>出版商 : China Water & Power, Beijing<br><br>团体作者 : NBS (National Bureau of Statistics in Beijing)<br>*Economic Development of Beijing Maintained a Stable and Good Momentum in 2017*<br>出版年份 : 2018 |
| 8 | China's New Roles and Behaviour in Conflict-Affected Regions: Reconsidering Non-Interference and Non-Intervention Introduction<br>作者 : Hirono, Miwa; Jiang, Yang; Lanteigne, Marc<br>*China Quarterly*<br>卷 : 239　页 : 573~593<br>出版年份 : 2019 | 团体作者 : Information Office of the State Council<br>*China's Energy Policy 2012*<br>出版年份 : 2012<br>出版商 : Information Office of the State Council, Beijing |
| 9 | Effect of Environmental Parameters on Culturability and Viability of Dust Accumulated Fungi in Different HVAC Segments<br>作者 : Liu, Zhijian; Yin, Hang; Ma, Shengyuan et al.<br>*Sustainable Cities And Society*<br>卷 : 48　文献号 : UNSP 101538<br>出版年份 : 2019 | 团体作者 : NBS (National Bureau of Statistics)<br>*China Rural Statistical Yearbook 2017*<br>出版年份 : 2017<br>出版商 : China Statistics Press, Beijing |
| 10 | Ecological Engineering Projects Increased Vegetation Cover, Production, and Biomass in Semiarid and Subhumid Northern China<br>作者 : Niu, Quanfu; Xiao, Xiangming; Zhang, Yao et al.<br>*Land Degradation & Development*<br>卷 : 30　期 : 13　页 : 1620~1631<br>出版年份 : 2019 | 作者 : Xu, W.<br>*Sandy Forest Ecosystem of China*<br>出版年份 : 1998<br>出版商 : China Forestry Publishing House, Beijing, China |

续表

| 序号 | 丹麦学者关于北京主题的论文 | 参考并引用的北京主题图书 |
|---|---|---|
| 11 | ICDP Workshop on Scientific Drilling of Nam Co on the Tibetan Plateau: 1 Million Years of Paleoenvironmental History, Geomicrobiology, Tectonics and Paleomagnetism Derived from Sediments of a High-altitude Lake 作者：Haberzettl, Torsten; Daut, Gerhard; Schulze, Nora et al. 团体作者：2018 Nam Co Workshop Party *Scientific Drilling* 卷：25　页：63~70 出版年份：2019 | 作者：Zhang, YJ; Kang, SC; You, QL et al. *Modern Environment Processes and Changes in the Nam Co Basin, Tibetan Plateau* 出版年份：2011 出版商：China Meteorological Press, Beijing |
| 12 | Geographic Object Based Image Analysis of WorldView-3 Imagery for Urban Hydrologic Modelling at the Catchment Scale 作者：Randall, Mark; Fensholt, Rasmus; Zhang, Yongyong et al. *Water*　卷：11　期：6 出版年份：2019 | 团体作者：Beijing Urban Planning and Design Institute *Standard of Rainstorm Runoff Calculation for Urban Storm Drainage System Planning and Design* 出版年份：2016 出版商：Beijing Municipal Planning and Land Resources Administration Commission of Beijing Quality and Technical Supervision, Beijing, China |
|  |  | 团体作者：BIAD (Beijing Institute of Architectural Design) Beijing General Municipal Engineering Design and Research Institute Beijing Institute for Water Science and Technology *Code for Design of Stormwater Management and Harvesting Engineering* 出版年份：2013 出版商：BIAD (Beijing Institute of Architectural Design) Beijing General Municipal Engineering Design and Research Institute Beijing Institute for Water Science and Technology, Beijing, China |
|  |  | 团体作者：Ministry of Housing and Urban-Rural Development of the People's Republic of China (MOHURD) *Technical Guide for Sponge Cities-Water System Construction of Low Impact Development* 出版年份：2014 出版商：China Building Industry Press, Beijing |

续表

| 序号 | 丹麦学者关于北京主题的论文 | 参考并引用的北京主题图书 |
|---|---|---|
| 13 | Metals in Surface Specific Urban Runoff in Beijing<br>作者：Shajib, Md Tariqul Islam; Hansen, Hans Christian Bruun; Liang, Tao et al.<br>*Environmental Pollution*<br>卷：248　页：584~598<br>出版年份：MAY 2019 | 团体作者：Chinese Research Academy of Environmental Sciences<br>*China National Environmental Quality Standards for Surface Water Type II* (GB3838-2002)<br>出版年份：2002<br>出版商：Ministry of Environmental Protection of the People's Republic of China, Beijing, China. |
| 14 | Cycling Environmental Perception in Beijing - A Study of Residents' Attitudes towards Future Cycling and Car Purchasing<br>作者：Zhao, Chunli; Nielsen, Thomas Alexander Sick; Olafsson, Anton Stahl et al.<br>*Transport Policy*<br>卷：66　页：96~106<br>出版年份：2018 | 团体作者：Beijing Municipal Committee<br>*Beijing Annual Ageing Population Report, 2012*<br>出版年份：2014<br>出版商：Beijing Statistical Bureau<br><br>团体作者：Beijing Municipal Commission of Transport<br>*The Fifth Beijing Transport Survey*<br>出版年份：2016<br><br>团体作者：Beijing Municipal Commission of Transport<br>*Beijing Transportation Development Annual Report 2015*<br>出版年份：2016<br><br>团体作者：Beijing Municipal Commission of Transport<br>*Beijing 13th Five-year Plan for Transportation Development*<br>出版年份：2016 |
| 15 | Contingent Valuation of Health and Mood Impacts of PM2.5 in Beijing, China<br>作者：Yin, Hao; Pizzol, Massimo; Jacobsen, Jette Bredahl et al.<br>*Science of the Total Environment*<br>卷：630　页：1269~1282<br>出版年份：2018 | 团体作者：BMBS (Beijing Municipal Bureau of Statistics)<br>*Beijing Statistical Yearbook 2016*<br>出版年份：2016<br>in Chinese<br>出版商：China Statistics Press, Beijing, China<br><br>团体作者：BMEPB (Beijing Municipal Environmental Protection Bureau)<br>*Beijing Environmental Statement 2015*<br>出版年份：2016 |

| 序号 | 丹麦学者关于北京主题的论文 | 参考并引用的北京主题图书 |
|---|---|---|
| 16 | Spatiotemporal Assessment of PM2.5-Related Economic Losses from Health Impacts during 2014-2016 in China<br>作者：Yang, Yang; Luo, Liwen; Song, Chao et al.<br>*International Journal of Environmental Research and Public Health*<br>卷：15　期：6　文献号：1278<br>出版年份：2018 | 作者：Xie, X.<br>*The Value of Health: Environmental Benefit Assessment Method and Urban Air Pollution Control Strategy*<br>出版年份：2010<br>出版商：Peaking University, Beijing, China |
| 17 | Simulation and Assessment of Urbanization Impacts on Runoff Metrics: Insights from Landuse Changes<br>作者：Zhang, Yongyong; Xia, Jun; Yu, Jingjie et al.<br>*Journal of Hydrology*<br>卷：560　页：247~258<br>出版年份：2018 | 团体作者：Beijing Gardening and Greening Bureau<br>*The 11th Five Year Planning of Beijing Garden-greening*<br>出版年份：2007 |
| | | 团体作者：Beijing Gardening and Greening Bureau<br>*The 12th Five Year Planning of Beijing Garden-greening*<br>出版年份：2011 |
| | | 团体作者：Beijing General Municipal Engineering Design and Research Institute (BMEDI)<br>*Water Supply and Drainage* (Vol.5)<br>出版年份：2004<br>出版商：China Architecture 82 Building Press, Beijing |
| | | 团体作者：China's National Standard Current Land Use Condition Classification<br>*Current Land Use Classification* (GB/T21010-2007)<br>出版年份：2007<br>出版商：General Administration of Quality Supervision, Inspection and Quarantine of China and Standardization Administration of China, Beijing, China |
| | | 团体作者：Institute of Geography, Chinese Academy of Sciences (IGCAS)<br>*Hydrological Analysis and Experiment*<br>出版年份：1980<br>出版商：Science Press, Beijing |

| 序号 | 丹麦学者关于北京主题的论文 | 参考并引用的北京主题图书 |
|---|---|---|
| 18 | Urban Form, Demographic and Socio-Economic Correlates of Walking, Cycling, and E-biking: Evidence from Eight Neighborhoods in Beijing<br>作者：Zhao, Chunli; Nielsen, Thomas Alexander Sick; Olafsson, Anton Stahl et al.<br>*Transport Policy*<br>卷：64　页：102~112<br>出版年份：2018 | 团体作者：Beijing Municipal Commission of Transport<br>*Beijing Transportation Development Annual Report 2015*<br>出版年份：2016<br><br>团体作者：Beijing Municipal Committee<br>*Beijing Annual Ageing Population Report, 2012*<br>出版年份：2014<br>出版商：Beijing Statistical Bureau |
| 19 | Bicycle-friendly Infrastructure Planning in Beijing and Copenhagen between Adapting Design Solutions and Learning Local Planning Cultures<br>作者：Zhao, Chunli; Carstensen, Trine Agervig; Nielsen, Thomas Alexander Sick et al.<br>*Journal of Transport Geography*<br>卷：68　页：149~159<br>出版年份：2018 | 团体作者：Beijing Municipal Commission of Transport<br>*Beijing 13th Five-year Plan for Transportation Development*<br>出版年份：2016<br><br>团体作者：Beijing Municipal Commission of Transport<br>*Beijing Transportation Development Annual Report*<br>出版年份：2016 |
| 20 | Quantifying Regional Consumption-Based Health Impacts Attributable to Ambient Air Pollution in China<br>作者：Zhang, Yanxia; Qu, Shen; Zhao, Jing et al.<br>*Environment International*<br>卷：112　页：100~106<br>出版年份：2018 | 团体作者：National Bureau of Statistics of China (NBSC)<br>*China Statistical Yearbook*<br>出版年份：2008<br>出版商：China Statistics Press, Beijing |
| 21 | Feeding Mothers' Love: Stories of Breastfeeding and Mothering in Urban China<br>作者：Breengaard, Michala Hvidt<br>*Nora-Nordic Journal of Feminist and Gender Research*<br>卷：26　期：4　特刊：SI　页：313~330<br>出版年份：2021 | 作者：Breengaard, M.<br>*How to Mother? Practices of Infant Feeding and the Formation of Maternal Subjectivity among Middle-class Mothers in Beijing*<br>出版年份：2017<br>出版商：Department of Sociology, University of Copenhagen |

续表

| 序号 | 丹麦学者关于北京主题的论文 | 参考并引用的北京主题图书 |
|---|---|---|
| 22 | Effect of He's Santong Needling Method on Dysphagia after Stroke: A Study Protocol for a Prospective Randomized Controlled Pilot Trial 作者：Zhao, Luopeng; Liu, Lu; Zhang, Claire Shuiqing et al. *Evidence-Based Complementary and Alternative Medicine* 文献号：6126410 出版年份：2018 | General Administration of Quality Supervison IaQoP 作者：[Anonymous]. *Standardized Manipulations of Acupuncture and Moxibustion* 出版年份：2008 出版商：Standardization Administration of the People's Republic of China, Beijing, China |
| | | 作者：He, P. *Acupuncture Instrument and Needling Method* 出版年份：2007 出版商：Scientific and Technical Documentation Press, Beijing, China |
| 23 | Climate Resilience Strategies of Beijing and Copenhagen and Their Links to Sustainability 作者：Liu, Li; Jensen, Marina Bergen *Water Policy* 卷：19 期：6　页：997~1013 出版年份：2017 | 团体作者：Beijing Institute of Architectural Design (Group) Co. Ltd, Beijing General Municipal Engineering Design and Research Institute Co. Ltd & Beijing Institute for Water Science and Technology *Code for Design of Stormwater Management and Harvesting Engineering* (No.DB11/685-2013) 出版年份：2013 出版商：Beijing Municipality Local Standard, Beijing, China |
| | | 团体作者：BHPDI (Beijing Hydrology Planning and Design Institute) *Flood Prevention and Waterlogging Reduction Plan (FPWRP) for Beijing City Region* 出版年份：2015 出版商：Draft plan text, Beijing, China |
| 24 | A Sustainable Biogas Model in China: The Case Study of Beijing Deqingyuan Biogas Project 作者：Chen, Lihong; Cong, Rong-Gang; Shu, Bangrong et al. *Renewable & Sustainable Energy Reviews* 卷：78　页：773~779 出版年份：2017 | 团体作者：Minister of Agriculture *China Agricultural Statistics* 出版年份：2015 出版商：China Agriculture Press, Beijing |

续表

| 序号 | 丹麦学者关于北京主题的论文 | 参考并引用的北京主题图书 |
|---|---|---|
| 25 | Comparative Assessment of Circular Economy Development in China's Four Megacities: The Case of Beijing, Chongqing, Shanghai and Urumqi<br>作者：Guo, Bin; Geng, Yong; Ren, Jingzheng et al.<br>*Journal of Cleaner Production*<br>卷：162　页：234~246<br>出版年份：2017 | 团体作者：Beijing Municipal Bureau of Statistics<br>*Beijing Statistics Yearbook*<br>出版年份：2015<br>出版商：China Statistics Press, Beijing |
| | | 团体作者：Chongqing Municipal Bureau of Statistics<br>*Chongqing Statistical Yearbook*<br>出版年份：2015<br>出版商：China Statistics Press, Beijing |
| | | 团体作者：Chongqing Municipal Bureau of Statistics<br>*Chongqing Statistical Yearbook*<br>出版年份：2015<br>出版商：China Statistics Press, Beijing |
| | | 作者：Heck, P.<br>*Circular Economy Related International Practices and Policy Trends, Consulting Report for the World Bank Project on Policies for Promotion of a Circular Economy in China*<br>出版年份：2006<br>IfaS, Environmental Campus Birkenfeld<br>出版商：The World Bank, Beijing |
| | | 作者：Qiu, W.<br>*Management Decision and Applied Entropy*<br>出版年份：2002<br>出版商：China Machine Press, Beijing, China |
| | | 团体作者：Shanghai Municipal Bureau of Statistics<br>*Shanghai Statistical Yearbook*<br>出版年份：2015<br>出版商：China Statistics Press, Beijing |
| 26 | Single-grain Quartz OSL Dating of Debris Flow Deposits from Men Tou Gou, South West Beijing, China<br>作者：Zhao, Qiuyue; Thomsen, Kristina Jorkov; Murray, Andrew Sean et al.<br>*Quaternary Geochronology*<br>卷：41　页：62~69<br>出版年份：2017 | 作者：Cui, Z.<br>*Debris Flow Deposit and Environment*<br>出版年份：1996<br>in Chinese<br>出版商：China Ocean Press, Beijing |
| | | 作者：Hou, R.<br>*The Historical Atlas of Beijing*<br>出版年份：1985<br>in Chinese<br>出版商：Beijing Press |

| 序号 | 丹麦学者关于北京主题的论文 | 参考并引用的北京主题图书 |
|---|---|---|
| 27 | External Costs of PM2.5 Pollution in Beijing, China: Uncertainty Analysis of Multiple Health Impacts and Costs<br>作者：Yin, Hao; Pizzol, Massimo; Xu, Linyu<br>*Environmental Pollution*<br>卷：226  页：356~369<br>出版年份：2017 | 团体作者：Ministry of Housing and Urban-Rural Development<br>*Construction Project Economic Evaluation Approaches and Parameters*<br>出版年份：2006<br>出版商：Chinese Planning Press, Beijing, China |
| | | 团体作者：NYT<br>*Beijing Issues a Second 'Red Alert' on Pollution*<br>出版年份：2015 |
| | | 作者：Zhang, X.<br>*Centre for Environment and Development*<br>出版年份：2002<br>出版商：Chinese Academy of Social Sciences, Beijing, China |
| 28 | Energy Modelling towards Low Carbon Development of Beijing in 2030<br>作者：Zhao, Guangling; Guerrero, Josep M.; Jiang, Kejun et al.<br>*Energy*<br>卷：121  页：107~113<br>出版年份：2017 | 作者：Anonymous<br>*China Electric Power Yearbook 2015*<br>出版年份：2015<br>出版商：China Electric Power Press, Beijing, China |
| | | 团体作者：Beijing Statistical Bureau (BSB)<br>*Beijing Statistical Yearbook*<br>出版年份：2015<br>出版商：China Statistics Press, Beijing |
| | | 团体作者：National Bureau of Statistics (NBS)<br>*China Statistical Yearbook 2015*<br>出版年份：2015<br>出版商：China Statistics Press, Beijing |
| | | 作者：Sha, C; Piaripian, X; Kejun, J.<br>*Research on Climate Change Adaptation of the Energy Sector in Beijing*<br>出版年份：2016 |

| 序号 | 丹麦学者关于北京主题的论文 | 参考并引用的北京主题图书 |
|---|---|---|
| 29 | Method for Achieving Hydraulic Balance in Typical Chinese Building Heating Systems by Managing Differential Pressure and Flow<br>作者：Zhang, Lipeng; Xia, Jianjun; Thorsen, Jan Eric et al.<br>*Building Simulation*<br>卷：10　期：1　页：51~63<br>出版年份：2017 | 作者：Lu, Y.<br>*Practical Handbook of Heating and Air Conditioning Design*<br>出版年份：2008<br>出版商：China Build Ind Press, Beijing, China<br><br>团体作者：Building Energy Research Center of Tsinghua University<br>*Annual Report on China Building Energy Efficiency*<br>出版年份：2011<br>出版商：China building industry press, Beijing |
| 30 | Maritime Security in East Asia: Peaceful Coexistence and Active Defense in China's Diaoyu/Senkaku Policy<br>作者：Odgaard, Liselotte<br>*Journal of Contemporary China*<br>卷：26　期：103　页：118~133<br>出版年份：2017 | 团体作者：Information Office of the State Council<br>*People's Republic of China, China's National Defense 2002*<br>出版年份：2002<br>出版商：SCIO, Beijing<br><br>作者：Odgaard, L.<br>*China and Coexistence: Beijing's National Security Strategy for the Twenty-First Century*<br>出版年份：2012<br>出版商：Woodrow Wilson Center Press/Johns Hopkins University Press, Washington, DC/Baltimore<br><br>作者：Peng, Guangqian; Yao, Youzhi<br>*The Science of Military Strategy* (English edition)<br>出版年份：2005<br>出版商：Military Science Publishing House, Beijing<br><br>作者：Peng, Guangqian; Yao, Youzhi<br>*The Science of Military Strategy* (Chinese edition)<br>页：213<br>出版年份：2001<br>出版商：Military Science Publishing House, Beijing<br><br>Adhere to Active Defense and Modern People's War<br>作者：Wang, Naiming<br>*On Deng Xiaoping's Strategic Thought*<br>出版年份：1994<br>出版商：Military Science Press, Beijing |

续表

| 序号 | 丹麦学者关于北京主题的论文 | 参考并引用的北京主题图书 |
|---|---|---|
| 31 | Catalog of the Paramacronychiinae of China (Diptera: Sarcophagidae)<br>作者：Zhang, Dong; Zhang, Ming; Wang, Chao et al.<br>*Zootaxa* 卷：4208 期：4<br>页：301~324<br>出版年份：2016 | 作者：Fan, Z.<br>*Key to Common Flies of China* (Chinese Edition)<br>出版年份：1965<br>出版商：Science Press, Beijing |
| | | 作者：Fan, Z.<br>*Key to the Common Flies of China*<br>出版年份：1992<br>出版商：Science Publishing House, Beijing, China |
| | | 作者：Jiang, G. M.; Yang, X. K.; Sun, H. G.<br>*Catalogue of the Insect Type Specimens Preserved in the Insect Collections of the Institute of Zoology, Academia Sinica*<br>出版年份：1991<br>出版商：Agriculture Publishing House, Beijing |
| | | 作者：Zhang, B.<br>*Research on the Numerical Methods for Electromagnetic Fields of Substations Grounding Systems in Frequency Domain and Application*<br>出版年份：2004<br>出版商：Dept. Elect. Eng., North China Electric Power Univ., Beijing, China |
| 32 | Plate Waste in School Lunch Programs in Beijing, China<br>作者：Liu, Yao; Cheng, Shengkui; Liu, Xiaojie et al.<br>*Sustainability*<br>卷：8 期：12 文献号：1288<br>出版年份：2016 | 作者：Ge, K.<br>*The Nutritional Sciences of China*<br>出版年份：2004<br>出版商：People's Medical Publishing House, Beijing, China |

续表

| 序号 | 丹麦学者关于北京主题的论文 | 参考并引用的北京主题图书 |
|---|---|---|
| 33 | Technical, Economic and Environmental Investigation of Using District Heating to Prepare Domestic Hot Water in Chinese Multi-storey Buildings<br>作者：Zhang, Lipeng; Xia, Jianjun; Thorsen, Jan Eric et al.<br>*Energy*　卷：116<br>页：281~292　子辑：1<br>出版年份：2016 | 团体作者：Building Energy Research Center of Tsinghua University<br>*Annual Report on China Building Energy Efficiency*<br>出版年份：2011<br>出版商：China Building Industry Press, Beijing |
| | | 作者：Deng, G W.<br>*The effect of Occupant Behaviors on Evaluating Adaptability of Centralized Building Energy Saving Technologies*<br>出版年份：2013<br>出版商：Beijing University of Technology, Beijing |
| | | 团体作者：Ministry of Construction of China & General Administration of Quality Supervision Inspection and Quarantine of the P. R. China<br>*China National Standard GB 50736-2012: Design Code of Heating Ventilation and Air Conditioning*<br>出版年份：2012<br>出版商：China Architecture and Building Press, Beijing |
| | | 团体作者：Ministry of Housing and Urban-Rural Development P.R.China<br>*Design Code for City Heating Network.*<br>出版年份：2010<br>出版商：China Building Industry Press, Beijing |
| | | 团体作者：Ministry of Housing, Urban-Rural Development<br>*Design Standard for Energy Efficiency of Residential Buildings in Severe Cold and Cold Regions* (No. JGJ 26-2010)<br>出版年份：2010<br>出版商：Architecture and Building Press, Beijing, China |

| 序号 | 丹麦学者关于北京主题的论文 | 参考并引用的北京主题图书 |
|---|---|---|
| 34 | The Chinese Race to the Bottom: The Precarious Lives of Unemployed University Graduates in Beijing's "Ant Tribe"<br>作者：Bregnbaek, Susanne<br>*Critical Sociology*<br>卷：42　期：7~8　页：989~1002<br>出版年份：2016 | 作者：Si, Lian<br>*China's Ant Tribe: Between Dreams and Reality*<br>出版年份：2009<br>出版商：Beijing University Press, Beijing |
| 35 | New Talaromyces Species from Indoor Environments in China<br>作者：Chen, A. J.; Sun, B. D.; Houbraken, J. et al.<br>*Studies in Mycology*<br>期：84　页：119~144<br>出版年份：2016 | 作者：Kong, H.<br>*Flora Fungorum Sinicorum v35 Penicillium et Teleomorphi Cognate*<br>出版年份：2007<br>出版商：Science Press, Beijing, China |
| 36 | WTO Accession, Foreign Bank Entry, and the Productivity of Chinese Manufacturing Firms<br>作者：Lai, Tat-kei; Qian, Zhenjie; Wang, Luhang<br>*Journal of Comparative Economics*<br>卷：44　期：2　页：326~342<br>出版年份：2016 | 团体作者：National Bureau of Statistics China<br>*The GDP Accounting Method for Economic Census Year of China*<br>出版年份：2007<br>出版商：China Statistics Press, Beijing<br><br>团体作者：National Bureau of Statistics China<br>*The GDP Accounting Method for Non-census Year of China*<br>出版年份：2008<br>出版商：China Statistics Press, Beijing<br><br>作者：Wang, Songqi<br>*Zhong Guo Jin Rong Fa Zhan Bao Gao*<br>出版年份：2007<br>出版商：Social Science Academic Press, Beijing |
| 37 | Is China Becoming More Aggressive? A Neoclassical Realist Analysis<br>作者：Sorensen, Camilla T. N.<br>*Asian Perspective*<br>卷：37　期：3　页：363~385<br>出版年份：2013 | 作者：Wang, Yizhou<br>*Chuangzaoxing Jieru: Zhongguo Waijiao Xin Quxiang*<br>出版年份：2011<br>出版商：Beijing University Press, Beijing |

续表

| 序号 | 丹麦学者关于北京主题的论文 | 参考并引用的北京主题图书 |
|---|---|---|
| 38 | Between Party, Parents and Peers: The Quandaries of Two Young Chinese Party Members in Beijing<br>作者 : Bregnbaek, Susanne<br>*Third World Quarterly*<br>卷 : 33　期 : 4　特刊 : SI　页 : 733~748<br>出版年份 : 2012 | 作者 : Lian, Si<br>*The Ant Tribe: Between Hope and Reality*<br>出版年份 : 2008<br>出版商 : Beijing University Press, Beijing |
| 39 | Environmental Impact Assessment of Solid Waste Management in Beijing City, China<br>作者 : Zhao, Yan; Christensen, Thomas H.; Lu, Wenjing et al.<br>*Waste Management*<br>卷 : 31　期 : 4　页 : 793~799<br>出版年份 : 2011 | 作者 : Li, J.H.; Wang, W.; Wang, H.T.<br>*Planning and Management of Urban Household Refuse*<br>出版年份 : 2007<br>出版商 : China Environmental Sciences Press, Beijing |
| 40 | A Comparison of What Is Part of Usability Testing in Three Countries<br>作者 : Clemmensen, Torkil<br>会议 : 2nd IFIP TC 13.6 Working Group Conference on Human Work Interaction Design 会议地点 : Ctr Dev Adv Comp, Pune, INDIA 会议日期 : OCT 07-08, 2009<br>会议赞助商 : Copenhagen Business Sch; Aarhus Univ; Indian Inst Technol; CultUsab Project; IFIP TC 13; C DAC Human Work Interaction Design: Usability in Social, Cultural and Organizational Contexts<br>丛书 : IFIP Advances in Information and Communication Technology<br>卷 : 316　页 : 31~45<br>出版年份 : 2010 | 作者 : Clemmensen, Torkil; Shi, Qingxin; Kumar, Jyoti et al.<br>*Cultural Usability tests - How Usability Tests Are Not the Same All over the World*<br>会议 : 2nd International Conference on Usability and Internationalization held at the HCI International 2007<br>会议地点 : Beijing, PEOPLES R CHINA<br>会议日期 : JUL 22-27, 2007<br>Usability and Internationalization, Pt 1, Proceedings: Hci and Culture<br>丛书 : Lecture Notes in Computer Science<br>卷 : 4559　子辑 : I<br>出版年份 : 2007 |

## （三）1970~2020 年丹麦学者对北京主题研究的影响力

施引文献是引用目的文献的相关文献，被引文献是研究的知识基础，施引文献是被引文献的发展，可以大致称其为研究的前沿。h-index 值的计算基于以"被引频次"降序排列的出版物列表，值为 *h* 表明有 *h* 篇文献已被引用至少 *h* 次。h-index 取决于研究者在 Web of Science 订阅产品可访问数据的年份回溯深度和所选的时间跨度。未订阅的来源出版物项目将不会纳入计算中。每项平均引用次数是结果集中所有项目的平均施引文献数，计算公式为总被引频次除以集合中的项目数。

把本章检索结果中的 154 篇文献作为被引文献的施引文献共有 2878 篇，去除自引共有 2850 篇。这 154 篇文献合计被引用 3037 次，去除自引为 3004 次。h-index 值为 29，每项平均引用次数为 19.72 次。其中，被引频次最高的前 10 篇论文如表 4−14 所示。可以看出，丹麦学者关于北京主题的研究在 Genetics & Heredity、Energy & Fuels、Engineering、Microbiology、Nutrition & Dietetics、Endocrinology & Metabolism、General & Internal Medicine、Immunology; Infectious Diseases 等研究领域中影响力最高。同时，从表 4−14 中还可以看出，Merker 等 2015 年发表在 *Nature Genetics* 上的 "Evolutionary History and Global Spread of the Mycobacterium Tuberculosis Beijing Lineage" 一文，在 2015~2020 年被引用 234 次；Mi 等 2016 年发表在 *Applied Energy* 上的 "Consumption-based Emission Accounting for Chinese Cities" 一文，在 2016~2020 年被引用 232 次，学术影响力非常高；Fullman 等在 2018 年发表在 *Lancet* 上的 "Measuring Performance on the Healthcare Access and Quality Index for 195 Countries and Territories and Selected Subnational Locations: A Systematic Analysis from the Global Burden of Disease Study 2016" 一文，在 2018~2020 年被引用 109 次，说明影响范围扩大速度非常快。这也进一步说明这三篇论文所涉及的三个研究领域的研究质量更胜一筹。

### 表 4-14　1970~2020 年丹麦学者关于北京主题的论文中被引频次最高的前 10 篇论文

单位：次

| 作者 | 题名 | 来源出版物 | 被引频次 | 年份 | 研究领域 |
|---|---|---|---|---|---|
| M. Merker et al. | Evolutionary History and Global Spread of the Mycobacterium Tuberculosis Beijing Lineage | *Nature Genetics* | 234 | 2015 | Genetics & Heredity |
| Z. Mi et al. | Consumption-based Emission Accounting for Chinese Cities | *Applied Energy* | 232 | 2016 | Energy & Fuels; Engineering |
| K. Kremer et al. | Definition of the Beijing/W Lineage of Mycobacterium Tuberculosis on the Basis of Genetic Markers | *Journal of Clinical Microbiology* | 178 | 2004 | Microbiology |
| B. Jie et al. | Impact of Preoperative Nutritional Support on Clinical Outcome in Abdominal Surgical Patients at Nutritional Risk | *Nutrition* | 150 | 2012 | Nutrition & Dietetics |
| W. Zhu et al. | Evaluation of the Value of Fasting Plasma Glucose in the First Prenatal Visit to Diagnose Gestational Diabetes Mellitus in China | *Diabetes Care* | 125 | 2013 | Endocrinology & Metabolism |
| N. Fullman et al. | Measuring performance on the Healthcare Access and Quality Index for 195 Countries and Territories and Selected Subnational Locations: A Systematic Analysis from the Global Burden of Disease Study 2016 | *Lancet* | 109 | 2018 | General & Internal Medicine |
| R. Li et al. | Functional Consequences of Iron Supplementation in Iron-Deficient Female Cotton Mill Workers in Beijing, China | *American Journal of Clinical Nutrition* | 88 | 1994 | Nutrition & Dietetics |
| J. R.Turnlund et al. | Long-term High Copper Intake: Effects on Indexes of Copper Status, Antioxidant Status, and Immune Function in Young Men | *American Journal of Clinical Nutrition* | 79 | 2004 | Nutrition & Dietetics |

续表

| 作者 | 题名 | 来源出版物 | 被引频次 | 年份 | 研究领域 |
|---|---|---|---|---|---|
| J.E.M.de Steenwinkel et al. | Drug Susceptibility of Mycobacterium Tuberculosis Beijing Genotype and Association with MDR TB | *Emerging Infectious Diseases* | 66 | 2012 | Immunology; Infectious Diseases |
| H. Shams et al. | Characterization of a Mycobacterium Tuberculosis Peptide that is Recognized by Human CD4(+) and CD8(+) T Cells in the Context of Multiple HLA Alleles | *Journal of Immunology* | 65 | 2004 | Immunology |

## 四　北京主题图书的丹麦读者期待视野

### （一）西方读者期待视野概况

#### 1. 传统纸质图书的期待视野

早在几百年前，就有西方人到中国来，中国的一些东西自然而然也就被推荐到了欧美，其中不少东西在西方国家还为中国文化的传播奠定了非常不错的基础，比如《老子》《论语》。如果沿着这条路往下走，尽管中西文化有很大差异，中国文化在西方的传播依然可以取得不错的效果，同时又不需要费多大功夫。

随着中国在世界上的影响越来越大，西方人对中国的小说产生了日渐浓厚的兴趣。《从生活看出版智慧：一个出版人的思考与实践》一书中，作者姜汉忠谈到一些海外出版商到处寻找适合在西方出版的中国作家作品，但其态度很谨慎，在出版过程中也吸取了不少教训。比如，德国 20 世纪 90 年代曾经引进过一批中国图书的版权，然而出版之后带来的收益却不那么理想，甚至让某些出版商陷入窘境。英美一些经验丰富的出版商和版权代理商就表现得更加专业，评估与推广也更到位，他们给出的意见因此而更具实用价值。①

　　结合欧美版权代理商和出版商的意见，经过多年的研究与总结，姜汉忠发现能体现全人类共同价值的题材最受欢迎。比如对真善美的歌颂，不论在哪个国家、哪个民族、哪个时代都存在，都能被看懂，也都吸引人。比如，爱情可谓是文学作品永恒不变的主题。《山楂树之恋》是一部讲述困难时期两个年轻人恋爱故事的小说。该书版权借助电影的影响很快就卖到了包括日本、美国在内的十几个国家和地区。英国作家夏洛蒂·勃朗特的《简·爱》，问世于 19 世纪中期，虽然其诞生距今已有 150 多年，读者对其喜爱依然不减。据不完全统计，《简·爱》已经有了 40 余种语言的译本，由其改编的电影也大放异彩，而且每隔一段时间就会有新版上映。不仅如此，《简·爱》还被改编成电视剧，截至 2022 年有 4 个版本，还有 1 个版本的音乐剧。爱情主题永远受人欢迎，不仅没有空间限制，更无时间隔阂。此外，一些以描写女性生活为主题，特别是表现女性坚强性格的作品和介绍某一民族地区生活的小说也会使不同国家和地区的读者产生共鸣，如中国作家迟子建描写东北少数民族生活状况的长篇小说《额尔古纳河右岸》。②

　　对于丹麦人民来讲，他们对中国文化的兴趣更多地源于中国文化的多样性。丹麦虽然是世界上较为发达的国家之一，但其国土面积较小，其生活习俗、饮食习惯等较为单一。而中国作为有着 5000 多年历史的文明古国，在各个时代都出现了光辉灿烂的文化并流传至今，吸引了不少丹麦人学习和了解中国文化。2016 年在丹麦小城霍尔拜克首次举办了"中国文化节"，带来了不少具有中国元素的文艺演出、美食、非物质文化遗产等，吸引了不少丹麦人从全国各地赶来，以加深对中国文化的了解。2018 年举办的首届中国－丹麦文学论坛，续写了中丹文学交流新篇章。从主题方面来讲，丹麦出版的中国主题图书涉及文学、社会科学、政治法律、地理历史、艺术、经济和体育等，如 *brev fra Peking*（《北京来信》）、*kejsernes*

---

①　姜汉忠：《从生活看出版智慧：一个出版人的思考与实践》，江西人民出版社，2016。
②　姜汉忠：《西方读者喜欢看什么题材的小说？》，《对外传播》2012 年第 1 期。

*Peking: Kina gennem syv århundreder: med et essay om kunsten i Peking*（《辉煌的北京：中国在七个世纪的景观》）、*pærehavens frugter: Peking － operaen*（《梨园硕果：京剧》）、*OL 2008: Danmarks bedste guide til de Olympiske lege i Beijing 2008: alt om OL*（《2008 年奥运会：丹麦 2008 年北京奥运会最佳指南》）等。①从上述作品中我们可以看出，丹麦人民对中国文化的了解是多维度的，基于此，要结合丹麦读者需求，全方位立体化出版中国主题图书，推动中丹文化交流继续前行。

　　一些启发人们与暗黑势力斗争的主题作品也较受欢迎，如《水浒传》在国外流传甚广，影响很大。朝鲜早期小说之一《洪吉童传》和日本曲亭马琴的著名史诗小说《南总里见八犬传》均在一定程度上受《水浒传》的影响。意大利把《水浒传》中鲁智深的故事节选出来译成《佛牙记》。而后德国人将《佛牙记》译成德文，译名为《鲁达上山始末记》。此外，还有由中国当代作家曹文轩创作、2005 年 4 月首次出版的《青铜葵花》，书中讲述了城市少女葵花因一场意外失去了父亲，被少年青铜一家领养后的故事，小说叙事简洁流畅，情感真挚，描绘了人世间大悲之后的大爱。该小说除了法文版以外，还与英国出版社订立了版权授权合同，于 2015 年 4 月开始出版。

　　当然，图书的推广仅靠书本身还不够，还需要一些书外的因素站脚助威，比如电影。如果一本书改编成电影并在国际上放映，那将对图书版权的销售产生极大的推动作用。如果图书改编电影获得大奖并被媒体广泛宣传，则有助于图书的进一步推广，吸引更多的读者。这样的例子非常多，可以说是不胜枚举，原理正是人们常说的"借力使力""四两拨千斤"。②中华文明与世界各地文明的交流是多样性与差异性的统一，传播中华优秀传统文化有助于让国际社会进一步了解真实、立体的中国。例如，中国的中医、武术、针灸、京剧、景德镇制瓷技艺等非物质文化

---

① 蒋芳芳、马驰：《北京主题图书在丹麦的出版研究》，《黑龙江社会科学》2022 年第 3 期。
② 姜汉忠：《西方读者喜欢看什么题材的小说？》，《对外传播》2012 年第 1 期。

遗产备受国际社会的追捧，激发了越来越多的外国友人了解中华优秀传统文化的兴趣。在 TikTok 平台上，不少中国手艺人制陶的微视频播放量超过 1.5 亿次，如景德镇陶艺师傅王文化，截至 2021 年，其在 TikTok 上单个作品播放量最高已达到 4500 万次。此外，以中华文化为基础的保健理念也深受西方人欢迎，比如《中医养生图典》和《神奇的气功》两本书都是根据中国的传统养生祛病理论撰写出版的。对欧美读者而言，如此保健不仅新鲜，还有可能取得意想不到的效果。

因此，在文化交流和推广过程中，不应将目光聚焦于表象，而要关注隐藏在表象之下的"内核"。任何一个被推介的作品都一定浸润了推广者对生活、对世界的态度和主张，而这些便是推广者价值观的外在表现，即我们所说的文化。随着当今世界一体化浪潮的不断推进，随着经济、文化交往愈发密切，图书作为一种文化载体自然而然便走向了国际社会。在图书推广过程中，我们不仅要关注那些与中国来往密切的人或者研究中国问题的专家和学者，也要将目光聚焦在普通读者身上，有方向、有针对性地出版外国读者感兴趣的中国主题图书，如此才可以不断提升和扩大中国主题图书在丹麦的接受度和市场规模。

2. 网络文学海外传播的兴起

据艾瑞咨询《2016 年中国网络文学版权保护白皮书》推算，2016 年，中国网络文学行业 PC 端用户规模约 2.17 亿人，移动端用户规模约 2.65 亿人。而第 39 次《中国互联网络发展状况统计报告》则显示，2016 年中国网络文学用户规模已达 3.33 亿人。2017~2022 年，中国网络文学作品数量及作者数量均稳定增长（见图 4-8、图 4-9）。2014 年 12 月，美籍华人赖静平（网名 RWX）建立的 Wuxiaworld 被认为是第一家中国网络文学英译网站，其引发了国内对网文出海现象的关注，此后诸多中国网络文学翻译组相继出现。中国网络文学现今已成为助力中国走向世界出版强国的重要力量，而国家倡导的"推动中国文化走出去"更是为中国网文发力全球市场注入了一针强心剂，将指导其充分发挥精品价值，在全球文创领域扮演更具分量的角色。 近年来，不少网络文学企业翻译出版了符合对外传播规律、易于让国外受众接受的网络文学作品，传播了"中国好声音"，提升了中国文化传播力和影响力。网络文学携带着中国传统文化的基因，利用数字技术和互联网平台，向世界展示了中国传统文化与最新技术的相互融合，彰显了中国文化创新的多彩魅力，在传播中国文化、塑造中国形象方面发挥着日益重要的作用。①

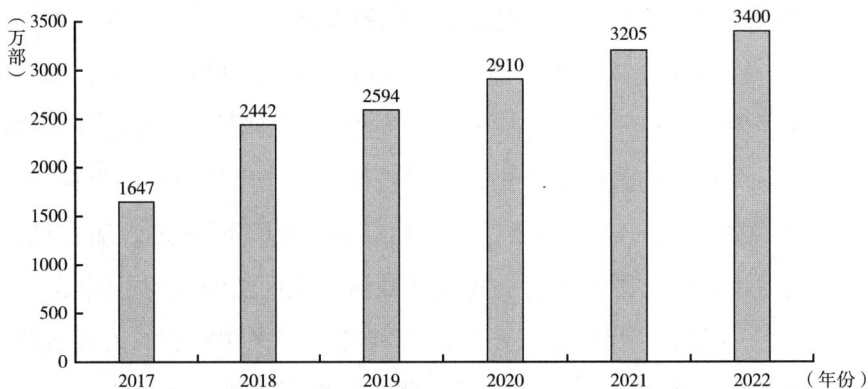

图 4-8　2015~2017 年中国网络文学作品数量

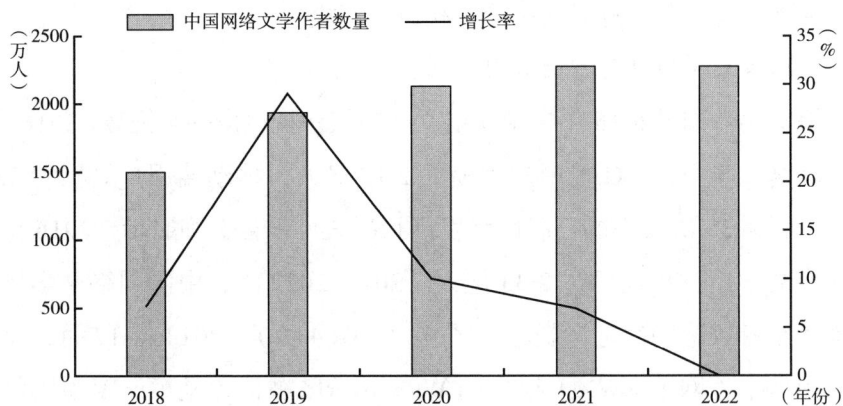

图 4-9　2018~2022 年中国网络文学作者数量及其增长率

---

① 《中国网络小说出海之路：老外为何追捧？瓶颈在哪？》，"央广网"百家号，2017 年 11 月 30 日，https://baijiahao.baidu.com/s?id=1585453611454606909&wfr=spider&for=pc。

　　网络文学由于其阅读便利等特点吸引了越来越多的读者，中国网络文学紧抓机遇，吸引了一大批读者，特别是欧美等西方国家的读者争相阅读。"网络文学在一定程度上是对我们现实生活的真实写照，它是一种折射性、间接性的反映。某种意义上，我们现实中的焦虑、欲望都会投射到对应类型的网络小说中，而我们最核心的焦虑恰恰可能会投射成网络文学中的一个'爽点'。比如现在都市网络小说之中有很多'重生文'，即主人公一下子回到了生命的原点重新过起，所有的遗憾，丢失的恋人、错过的机会都可以找回、弥补。这样'爽点'就有了。"从 2016 年开始，北京大学邵燕君和她所带领的研究团队注意到，中国网络文学正在走出国门。邵燕君曾对媒体表示，老外粉丝爱看中国网络文学的原因，和国内的粉丝差不多，"草根的逆袭"的"爽点"正中读者下怀。因此，可以说这一主打模式具有相当强的普适性，能满足不同人群共通的欲望。①

　　随着网络媒介和数字技术的发展，借助全球媒介革命的力量，网络文学在海外的蓬勃发展呈现出一种自下而上、由点及面的口碑效应。中国网络文学的海外传播主要聚焦海外翻译网站、海外用户画像及海外翻译路径三个维度。网络文学海外翻译平台运营模式的发展，反映了中西方文化的碰撞与融合，体现了中国网络文学在海外"由内向外"的"在地化"进程，带动了海外网文市场由"自发"向"自觉"的转变。由于中国网络文学仍未被西方主流文学圈认可，提升网络文学作品的翻译质量、加强对正版网文的授权和培育海外网文用户付费阅读的习惯至关重要。目前，许多网络文学企业为了不断优化部署海外业务，建立了网文传播渠道，以期为读者提供优质的内容和服务，向世界讲述好中国故事。随着中国"一带一路"倡议的不断推进，中国网络文学在海外传播的范围也越来越广，语种也增加到英语、日语、法语、俄语、阿拉伯语等十几种，覆盖了共建"一带一路"国家 40 余个。同时，网络文学的对外推

---

①　《中国网络小说出海之路：老外为何追捧？瓶颈在哪？》，"央广网"百家号，2017 年 11 月 30 日，https://baijiahao.baidu.com/s?id=1585453611454606909&wfr=spider&for=pc。

广也在不断进步，并积极探索和创新传播模式，有针对性地建立阅读付费模式，极大地推动了海外网文市场发展的标准化和深入化。当前，预计海外网络文学潜在市场规模超 300 亿元，市场潜力巨大。此外，在海外网络文学不断发展的过程中，具有中国特色文化元素的网络文学作品备受欢迎。①

网络文学出海产业链的主要组成部分为内容生产平台、阅读平台及翻译合作方。内容生产平台以国内及海外原创作者为主要生产源，阅读平台以海外网文平台为布局核心，而翻译合作方以逐渐发展起来的 AI 翻译提升网文出海整体效率。海外网文读者群体整体年轻化倾向明显，对中国网文有着浓厚的兴趣，每年增长 28.4%，阅读频率上几乎每天都看。海外读者阅读网文时最看重作品情节，更新速度为选择新书首要影响因素。未来整个网络文学海外输出将更加体系化和专业化，从而深入推动海外市场规模化发展。出海内容题材将进一步细分，以满足差异化阅读需求。此外，网文出海产业模式也将持续优化，从而深化构建正版市场，进一步扩大中国网文海外影响力。②

## （二）丹麦读者的期待视野

2019 年 12 月，丹麦 *Sustain Daily*（《可持续日报》）做了一项读者调查，共收到 201 份答卷。③ 调查显示，最受读者欢迎的 6 个阅读主题是零浪费和垃圾、服装与消费、心态和价值观、食物和食谱、住房、假期和旅行。下面就 6 个主题展开说明丹麦的基本情况与该调查结果的相关性。

### 1. 零浪费和垃圾

丹麦在全球首先提出了"食物零浪费"（zero food waste）的概念，

---

① 尹倩、曾军：《中国网络文学的海外传播：现状及其问题》，《社会科学》2019 年第 1 期。

② 《2019 年中国网络文学出海行业分析报告》，中国作家网，2019 年 9 月 25 日，http://www.chinawriter.com.cn/n1/2019/0925/c404027-31372412.html。

③ 资料来源：https://twitter.com/sustain_daily?lang=en。

并将"零浪费"（zero waste）纳入了国家战略。2019 年 12 月 10 日，丹麦驻华大使馆和世界资源研究所（World Resources Institute）联合主办了"零食物浪费的美食工作晚餐"。时任丹麦驻华大使戴世阁（A. Carsten Damsgaard）阁下发表了欢迎致辞。来自联合国环境规划署（UNEP）、联合国粮食及农业组织（FAO）、丹佛斯（中国）投资有限公司、丹麦 ARLA 乳品公司等的国内外相关领域的政府官员、非政府组织代表、知名专家学者也出席了工作晚餐。

"提高资源利用率及减少粮食损失和浪费"是丹麦驻华大使馆和世界资源研究所于 2019 年共同提出的倡议。该倡议的目的在于为提高资源利用率提出切实可行的方案，并为实现联合国 2030 年可持续发展目标做出贡献。2019 年 11 月 26 日，丹麦环境大臣莱娅·韦尔梅林女士在北京钓鱼台国宾馆主持了该倡议的合作平台启动仪式。

2. 服装与消费

作为北欧五国之一的丹麦，虽然国家规模不大，但在北欧的纺织品和服装市场上却有着极高的成就。

20 世纪 90 年代以来，跨国生产浪潮开始席卷全球，也让丹麦的服装生产格局产生了重大变化，丹麦纺织和服装的裁剪、制作、熨烫、包装等加工环节也转移到国外，许多传统纺织和服装生产企业开始重视品牌设计和市场营销，并逐渐向此转型。

丹麦纺织品和服装在丹麦出口产品中位居第 4，其出口额占营业总额的 77%。此外，丹麦也积极进口纺织品和服装，其进口规模是本国消费总规模的 3 倍。主要进口的纺织品有亚麻类床上用品和厨房用品、羊毛毯和装饰布等；主要进口的服装是衬衫、棉质内衣、运动衫以及合成纤维类服饰等。

3. 心态和价值观

丹麦的幸福指数、居民相互信任指数、生活满意度在全球范围内居于前列。丹麦没有以官方文件的形式完整、准确地提出核心价值观，但可以将"共同善"、自由、平等看作推动丹麦民众互相帮助、有机结合的价值体系。这套体系与"对腐败零容忍"的制度设计一起成为幸福丹麦建设成功的"优良配方"，也是丹麦文化和传统奉献给世界的文明成果。丹麦的核心价值观为丹麦人民所高度认同，并在增强国家凝聚力和向心力上展现出相当强的力量。[①]

### 4.食物和食谱

讲到美食，丹麦是当之无愧的美食天堂，抛开其饮食的种类和味道等，单单是从米其林餐厅数量便可以看出丹麦在美食方面的成就。丹麦首都哥本哈根有 15 家米其林餐厅，在北欧地区的城市中独占鳌头，超过了米兰、马德里等其他欧洲知名城市，在这里可以尝到你喜欢的任何类型的美食。

丹麦人对于早餐有着比较多的讲究，许多餐厅或者单位的早餐以自助形式为主。而午餐则以速食简餐为主，如热狗和三明治，并注重营养均衡和多样化搭配。讲到晚餐，则是非常丰盛和浪漫，他们注重用餐的环境和布置，像由烛光晚餐配鲜花等营造的仪式感也是必不可少。三两好友围聚一桌，对饮小酌，洋溢着欢声笑语。置身在这样的氛围里，品味着一道道精美的菜肴，令人心向往之。

### 5.住房

丹麦在住房福利方面也有着突出的作为，丹麦政府长期以来注重对社会住房的投入，并建立相关规章制度提升政策效能，建立了一套符合丹麦实际的覆盖面广、供给住房质量精良的普惠性社会住房体系。丹麦建立了非营利性的社会住房协会，主要负责住房供给，在很大程度上实现了第三方对准公共产品的有效供给。此外，还通过成本租金定价、租赁者参与管理、租房津贴和社会住房建设投资有效结合、排队轮候配置与指定的优先居住相联系等措施，增加了住房供给，凸显了丹麦独有的

---

① 沈伟鹏：《丹麦的核心价值观》，《马克思主义文摘》2016 年第 2 期，第 78 页。

住房制度优势和成就。<sup>①</sup>

### 6. 假期和旅行

和很多发达国家居民一样，丹麦人热衷于旅行。丹麦境内景致优美，在丹麦日常生活中，骑自行车是主要的交通方式之一。人们会在骑自行车上班、购物或去参与社交活动的途中领略四季风光。"自行车是丹麦人最好的朋友"，特别是在丹麦的大城市，那里有广泛分布的自行车道网络。这也得益于该国基本平坦的地形。

综上所述，丹麦在传统习惯、地理条件、人文环境各方面都有着得天独厚的优势，享受生活的民众对这些方面的关注也在情理之中。

## （三）丹麦读者的北京主题期待

2020 年 1~2 月，本书研究项目组成员对丹麦读者进行了题为"A Survey of Beijing-related Books Published in Denmark"（丹麦北京主题图书出版调查）的问卷调查。调查的结果在前文已有详述，此处不再赘述。

根据调查结果，因为各种原因，丹麦读者把阅读的触角延伸到了北京主题图书上，并有了一定收获。这其中，或许是周围同行、朋友、中国友人的鼓励，使他们对北京主题图书越来越感兴趣，甚至有人开始学习中文，实际上，调查中就发现了有用汉字填写问卷的读者。谁能保证，这些读者里面将来不会出现中文爱好者和学习者呢？阅读期待被满足后，在阅读收获的鼓励下，他们必然会产生新的动力、展开新的行动、产生更高的热情。

随之而来的问题是：北京主题图书的出版，是不是也要跟上这些读者的节奏呢？是不是应该进一步满足他们新的需求、提供符合他们新的期待的主题图书呢？这是很值得持续研究的题目。

---

① 明娟等：《丹麦社会住房的发展模式及其启示》，《国际城市规划》2021 年第 2 期。

## 五　中国主题图书走出去的机遇与挑战

图书是人类文明交流互鉴的重要桥梁，承担着推动各文明相互交融的重要使命。新中国成立以来，特别是改革开放后，中国主题图书在英语世界得到了广泛的传播，使外国读者对中国的优秀文化、习俗传统、发展现实等有了系统和深入的了解。随着国际社会交流的日益密切，中国主题图书在英语世界的传播发生了质的变化，出版规模和影响力创历史新高。新的时代，世界需要了解中国，中国也要了解世界并向世界展示自身。因此，图书在中国的外宣事业中发挥着不可替代的作用，并持续推动着人类社会大踏步前进。

与报刊、电视、广播、网络等其他形式相比，中国主题图书在文明交流互鉴方面具有不可替代的作用，它不仅是海外读者了解中国的重要途径，也能让中国人真正了解"外国人眼中的中国到底是什么样子的""外国人是如何看待中国的"，然后有针对性地把"真实、立体、客观的中国"讲给外国人听，从而实现相互沟通与理解。[①] 中国主题图书在国际社会有着巨大的市场发展潜力。随着中国逐渐走向世界舞台的中央，中国在国际社会的影响力也不断加大，加之全球出版行业的繁荣，推动了海外读者对中国图书愈发关注并广泛接受。因此，可以说中国主题图书的市场需求在此背景下再创新高。

丹麦十分重视能源和环保技术的开发应用。丹麦的能源构成包括燃煤发电、重油发电、风力发电、生物质能（如燃草发电）等。其中，风力发电量已超过能源总量的10%，燃煤发电效率达到48%（中国约为百分之三十几）。丹麦能源构成的目标是：风力发电占50%，太阳能占15%，生物质能占35%。丹麦在垃圾焚烧发电和城市污水处理技术方面也有独到之处。

---

① 于运全：《中国主题图书在海外英语世界的传播》，《出版参考》2019年第9期。

中国与丹麦的科技合作中对能源开发、环境治理、垃圾处理、城市排水、城市采暖、交通发展等各个方面都有涉及。所以中国主题图书"走出去"的一个方向是，加强以上合作领域的设计标准、统计报告、政府发展规划的出版与发行。

随着新媒体时代的到来，图书出版也面临诸多机遇和挑战。在信息化的今天，数字和互联网技术被广泛应用于文化产品的生产、制作、消费等各个环节，为中华文化"走出去"提供了新的空间和格局。[①] 同时，纸质书在新媒体时代面临巨大冲击，一方面，受众阅读由传统图书转向新媒体，手机快餐式、碎片化阅读成为一种流行的阅读方式；另一方面，由于电子书的便捷与低廉价格，读者们更加青睐电子书。从 2013 年开始，国际出版业电子书与纸质书所占市场份额的差距在逐渐缩小，但研究类的电子书所占比例相对来说仍然很低。出版业要适应网络和新媒体技术的发展，以多种形式满足受众的需求。

在推动文化专题图书"走出去"的同时，可推广丹麦学者关心的、中国相关权威部门发布并公开出版的电子书，比如人口、生产指数、就业与收入、能源、工业、交通、建筑、金融、国际贸易、零售业、收入和消费等领域的统计报告。除了整体的统计数据外，电子书还可以包括农业、工业、服务业、气候、地理、健康等方面的专门研究报告和统计数据。这可以让丹麦学者全方位地了解中国，不仅了解中国人文文化，还了解中国的经济发展、社会建设情况，向丹麦民众展示一个立体的、多维度的中国。

科技因交流而多彩、因互动而活跃、因合作而进步。推广中国科技图书和行业报告，将大大增进丹麦民众对中国的了解。更多了解必然会带来更多科学研究合作、经济合作的可能性。几十年来，中国和丹麦的合作领域愈发广泛，已经在环境生态学、工程学、商业经济学、能源燃

---

① 杜占元：《守正创新主动作为不断提升中华文化国际影响力》，《对外传播》2019 年第 9 期。

料、地理学、微生物学、神经学、传染病学、营养学等领域取得了丰硕成果。当今世界正经历百年未有之大变局，国际社会面临着食品、医疗、气候等诸多问题，对国际社会强化合作提出了更高要求，在合作中造福人类、让合作成果惠及中丹乃至世界人民也是新形势下中丹合作的必然要求。

# 第五章

# 北京主题图书走向丹麦的对策与建议

　　图书出版源于文明的或文化的交流，文明无高低，文化无深浅。起初，图书的出版大多为文明的渗透。我们将"文化交流"视为文明的传播或文明的浸透则更为合适。纵观由古至今的图书进口与输出，可以发现，图书交往的流向大体上是从西方流往非西方、从发达国家流向发展中国家。当然，这也并不是说就不存在发展中国家的文化或图书流向发达国家或地区的情况。发展中国家也存在文明的高峰。当下中国仍是发展中国家，但中华文明的积累已有 5000 多年，这期间有无数高峰，其中的文化成果都是西方主动译介与研究的对象。当代中国出现不少文化高峰，如中国的一些当代文学作家在国际上已获得了极高的评价，莫言于 2012 年获得诺贝尔文学奖提名，阎连科于 2014 年荣获卡夫卡文学奖，北岛多次获得诺贝尔文学奖，贾平凹获得美国美孚飞马文学奖，余华获得格林扎纳·卡佛文学奖，韩少功曾获得法国"法兰西文艺骑士奖章"和美国第二届纽曼华语文学奖等奖项，这些都是中国文化高峰的体现。

　　北京主题图书、北京文化及中国文化"走出去"与中国文化繁荣发展同频共振。中国文化"走出去"遵循文明流动的规律，北京主题图书及中国文化的对外传播是中国文化高峰的对外传播。近年来中国综合国力不断提升，国际影响力不断增强，文化软实力也随之增强，这正是中国文化

"走出去"的契机。根据第四章的大量实证研究，北京主题图书、北京文化、中国文化的对外传播可以从以下五个方面来完善：一是内容上从多元主题到核心主题；二是方式上外驱与内动相结合，即从被动塑造到主动传播译介；三是中丹作者联动，促进文化交流同频；四是中丹出版机构合作，拓展文化市场；五是展示当代北京和现代中国，调节丹麦读者期待视野。

在此，我们需对"北京文化"与"中国文化"的关系再一次进行强调。北京作为首都可以追溯到春秋时期，尤其是元明清时期，北京文化一定程度上就代表着中国文化，换言之，北京文化是中国文化的典型和精华，中国文化在北京文化中有着集中的表现。一般来讲，集体性大于地域性，地域性会小于集体性。但北京作为中国的一个地域指称，它的特殊之处就在于它是中国的首都，而且历史上北京很早就是政治、经济、文化等各方面的中心，这种历史传统使得北京在整个中国的历史文化语境中具有了典型性和绝对优势。虽然中国的古都不止北京一个，但北京的地位和意义在历史文化语境中最为凸显。北京的首都身份，进一步强化了它在历史文化语境中的地位和当下建设"四个中心"的意义。在国际上，北京作为中国的政治文化中心，在一定程度上，其语言环境就代表着中国。因此可以说，北京主题图书是中国主题图书的代表，而中国主题图书则是北京主题图书的泛化。因此，本书所讨论的北京主题图书和中国主题图书是同义词，关于北京主题图书在丹麦的出版情况及对策的研究成果完全适用于中国主题图书在丹麦的出版。

## 一　从多元主题到核心主题

北京是首都，是政治文化中心，以北京为主题的图书的创作与输出自然也关乎北京的政治、文化、国际交往、科技创新等方面。那么，图书作为文化之重点体现，它与政治、文化传播及国际形象等方面有何关系？厘清这个问题，北京主题图书的海外推广是否就有方可循？

在此，我们不妨先聚焦于"文化"范畴。马克思指出："劳动的对象是人类生活的对象化：人不仅像在意识中那样在精神上使自己二重化，而且能动地、现实地使自己二重化，从而在他所创造的世界中直观自身。"① 在此，文化的本质为"创造性的对象化活动"。显然，人的对象化活动包含创造世界、改造自然和复现自己、提升自己两个方面，而这也正是文化的本质内涵。"文化者，人化也。而人化又分别为二：一在化人，二在化物。"② 毛泽东认为"一定的文化是一定社会的政治和经济在观念形态上的反映"③。马克思制定社会系统理论所使用的方法是把社会关系分为物质关系和思想关系。列宁进一步指出，"思想的社会关系不过是物质的社会关系的上层建筑，而物质的社会关系是不以人的意志和意识为转移而形成的，是人维持生存的活动的（结果）形式"④。经济基础决定上层建筑，一个地方的经济发展制约着它的文化发展。作为首都的北京，它的繁荣发展很大程度上受到政治因素的影响。历史上，北京曾作为多个朝代的京都，这个鲜明的政治因素对其文化发展产生了深远影响。

汉语中，"文化"作为一个概念最早见于刘向《说苑·指武》："圣人之治天下，先文德而后武力。凡武之兴，为不服也；文化不改，然后加诛。"在此，"文德"与"武力"相对，"文化"被赋予了"以文化之"之意，指涉一种道德观念、价值评判体系的推行过程，它强调的是社会生活中这种特定行为的正在进行时。⑤《辞海》对"文化"的界定则为："从广义上来说，指人类社会历史实践过程中所创造的物质财富和精神财富的总和。从狭义来说，指社会的意识形态，以及与之相适应的制度和组织机构。"⑥ 19 世纪之后，文化开始意指"一种物质上、知识上和精神上

① 马克思：《1844 年经济学哲学手稿》，人民出版社，2018，第 54 页。
② 左亚文：《马克思文化观的多维解读》，《学术研究》2010 年第 3 期。
③ 《毛泽东选集》（第二卷），人民出版社，1991，第 694 页。
④ 《列宁选集》（第一卷），人民出版社，2012，第 19 页。
⑤ 鲁连显：《"文化"与"文明"的辨析》，《台州学院学报》2004 年第 4 期。
⑥ 张文奎编著《人文地理学概论》，东北师范大学出版社，1987，第 320 页。

的整体生活方式"①。

　　显然，无论是马克思主义对"文化"范畴的规定，还是中国对"文化"概念的界定，又或者是西方"文化"范畴的演化，都离不开"人类社会历史实践过程中的……创造"。而特定的"人类"群体在一定的时间与空间中创造的文化也是人整体的存在方式。因此，北京文化是北京的时空与人塑造的；纵观北京的历史，有助于我们挖掘其文化特征。要对北京主题图书进行研究、出版和推广，必然要了解北京文化的特征。

　　长期以来北京地区在地理上和政治上都十分重要，无论是作为燕国时期的蓟城，还是辽代的燕京，或是后来的北京。人的聚集带动经济、文化的聚集，继而发生文化的碰撞、交融与建构。北京今天的文化形态，是由历史上各个时期乃至当代中国文化汇聚而成的。

　　由各地人口会聚而成的城市，生发了多元兼容和集大成的文化。另外，这座城市作为全国政治的核心，它的文化中存在着某种正统性或权威性，这是其他大城市没有的。因此，北京文化与北京主题图书具有对中国文化或中国主题图书的代表性。

## （一）北京文化的特征

### 1. 北京文化的多元兼容性

　　北京文化的多元来自北京人口的多元化特征。历史上的北京，历经了多次巨大的人口变动和民族变动，一定的人口在一定的地域便会产生相应的文化。不同的地形地貌自然会产生不同的生态环境，不同的生态环境进一步形成不同的文化特征。在工业时代之前，生态环境直接决定了生活在这片土地上的人的生产方式、生活方式，不同的生产方式、生活方式自然会产生不同的文化：平原孕育了农耕文化，草原孕育了游牧文化，海滨会造就海滨文化，山林里自然有山民的文化。② 就如丹纳在

---

① 贾益民：《比较文学与现代文艺学》，华南理工大学出版社，1995，第 111 页。
② 方彪：《试论北京传统文化的特征》，《北京联合大学学报》2002 年第 1 期。

《艺术哲学》中所述，时代、种族、环境是影响艺术的"三要素"，[①]京城文化的形成也受这"三要素"的影响。公元前 7 世纪，燕国向冀北、辽西一带扩张，吞并蓟国后，建都蓟（今北京市），而都城蓟作为集权的中央政府的所在地，它的文化状貌不仅仅是由它所在地的生态环境所决定的。京城最为显著的特征就是人口的集中和人口的流动，人口的集中与流动必然会带来文化的集中与流动。

　　从地图上看，冀北、辽西一带跨越了华北平原、辽西丘陵、下辽河平原、辽东丘陵、燕山山脉及内蒙古草原等地区，并且东接渤海。地貌特征的多样性使燕国地区孕育了多元的文化状貌，最初的燕文化就包含平原的农耕文化和草原的游牧文化两个主要单元。此外，燕国滨海地区的鱼盐之利和湖区的水乡经济也给燕文化以重大的影响，[②]因此，燕文化作为北京地区历史上京城文化的始源，已经形成了多元民族文化样貌。

　　辽的统治阶级为契丹人，北京地区作为陪都，名为燕京。"契丹文化的源流主要有本源、他源与主源。契丹文化的本源是本族的文化，他源是奚族、渤海、室韦等族的文化，主源是中原汉文化。契丹文化在本源文化的基础上，广泛吸收了他源文化、主源文化，融会贯通，最终形成了具有本族特色的草原游牧民族文化。"[③]辽以燕京为陪都，最终也将其草原文化输入了北京地区。此外，影响了北京文化的还有金时期的女真文化、元时期的蒙古文化、明时期的大明文化以及清时期的满文化，每一次的历史易代都会注入不同的文化力量，因而从古到今，北京文化显现出了其多元兼容性。今天，中国的"一带一路"倡议，就是一种文化的多元与兼容政策，国家层面的政策，必然会对首都乃至国家的文化发展产生指导性的影响。

---

① 　杨书云：《美学上的精神相遇：莫言与高更》，《广东开放大学学报》2015 年第 6 期。
② 　方彪：《试论北京传统文化的特征》，《北京联合大学学报》2002 年第 1 期。
③ 　武玉环：《契丹文化的源流及其历史影响》，《辽宁工程技术大学学报》（社会科学版）2010 年第 4 期。

### 2. 北京文化的集大成性

所谓集大成，即集聚了事物的各个方面，并达到了相当完备的程度。北京文化的集大成性在于各种文化在北京都能获得认同。不论是政治、经济、军事还是其他因素所支撑的文化类型与群体在北京都能获得认同与包容。北京文化属于京城文化，政治、经济对它的发展具有制约和导向作用。历史上，北京是燕国和辽、金、元、明、清五朝的国都，做国都有数百年。北京是封建王朝的政治中心，经济、文化自然也集中于此。新朝的建立，带来文化的强制输入，输入文化与已有文化相碰撞并在各自有所取舍后融合，形成新的文化表现形式。例如，清代满人统治中原以后，在服装上改变了汉人文化，像如今在国际上享有盛誉的旗袍，就部分参照了清朝旗人的服饰，虽然在 20 世纪 20 年代才成为流行的女性时尚服饰，但已成为中国传统服饰文化的精华。

全国各地进京的各种文化浸淫在博大精深的北京文化之中，迅速染上了京风、京韵、京味，使对北京文化的认同有了进一步的基础。在这种情况下，各种地域文化、民族文化、宗教文化，在北京实现了"大认同"，最终成为别具特色的北京文化。[①] 京剧的形成、发展和定型就是典型的代表。明清时期，富甲一方的徽州盐商在商业上取得巨大的成功，继而引发了文化消费欲望的高涨，徽剧就是在这个时候发展起来的。至清代乾隆五十五年（1790 年），原在南方演出的四大徽班——三庆、四喜、春台、和春陆续进京，与来自湖北的汉调艺人合作，同时吸纳了昆曲、秦腔的部分剧目、曲调和表演方法，又引入了一些地方民间曲调，通过不断的交流、融合，最终形成京剧，其位列中国四大国粹之首。"窥一斑而知全豹"，中华文化共同体的形成是中国永恒大统一的坚实基础，北京文化的集大成性则是中华文化共同体的一个缩影，体现了中华文化共同体的亲和力、凝聚力、向心力。不论地区、民族，只要是中国人漫

---

① 方彪:《试论北京传统文化的特征》,《北京联合大学学报》2002 年第 1 期。

步在北京街头，家乡的建筑、家乡的美食处处可见，乡音处处可闻。[①] 例如，具有 600 余年历史的故宫，就是中国古建筑的集大成之作。1925 年，故宫博物院成立；1987 年，故宫被列入世界文化遗产。世界遗产组织对故宫的评价是："紫禁城是中国五个多世纪以来的最高权力中心，它以园林景观和容纳了家具及工艺品的 9000 个房间的庞大建筑群，成为明清时代中国文明无价的历史见证。"[②] 仅是屋顶的形式就达到十几种之多，融中国各地古建艺术之大美。北京的故宫，亦是中国的故宫。如上所述，故宫作为皇家宫廷，本身就有一种政治威严，必然要被打上很深的封建烙印，成为人们了解中国封建文化的重要场地。等级制度、宗族制度、礼法制度、审美制度等，均浓缩于此，故宫作为北京的地标之一，亦是中国历史与文化的一个缩影。因此，从某种程度上说，北京文化也是整个中华文化的浓缩。

不论是政治因素驱动下的"组合—认同"式的文化碰撞，还是自然接触过程中的"认同—组合"式的文化集成，都足以印证这样一个现象：北京是各类文化认同的"熔炉"。"壁立千仞，有容乃大"，北京文化中各文化单元的彼此认同，在多元的基础上实现了集大成。

3. 北京文化的时代性

北京文化的多元兼容性和集大成性带来了北京文化的新意与生机，这就使得北京文化充满了时代特性。这种时代性是北京作为京城，在保持正统（母体文化）的基础上，海纳百川、兼容并包而形成的。

谈到北京的建筑文化，故宫、颐和园、天坛这些传统建筑深入人心；圆明园中西合璧，既有传统建筑的亭台楼阁，也有令人耳目一新的西洋建筑群；现当代建设的人民大会堂、央视大楼、鸟巢、水立方、大兴机场等，无不融入多元要素，有些甚至出自西方设计家之手，成为艺术作

---

① 方彪：《试论北京传统文化的特征》，《北京联合大学学报》2002 年第 1 期。
② 郑欣淼：《故宫的价值与地位》，艺术中国网，2009 年 5 月 31 日，http://art.china.cn/guandian/2009-05/31/content_2930904_5.htm。

品、成为北京的新地标。再看北京的饮食文化，既有全聚德、柳泉居、大顺斋、稻香村等知名老字号的传统饮食，也有来自全国各地和世界各地的经典吃食。就早餐而言，老北京人可能迷恋豆汁配上焦圈咸菜丝儿或者炒肝儿配二两包子，这是地道的老北京风味；年轻的上班族可能就在胡同口、路边摊或者公司楼下来个天津包子、山东杂粮煎饼、四川锅盔、兰州拉面、桂林米粉……当然也有被肯德基、麦当劳这样 24 小时不打烊的外国快餐店吸引的。可见，北京的早点，既有传统的风味，也有来自全国各地和世界各地的美食，品种丰富多样，口味应有尽有，这与北京文化兼容并包的特性息息相关。坚守传统但不排外、兼收并蓄但不忘祖，传统与新生碰撞、融合，成为北京"新文化"靓丽的风景线。

"不存在无文化的传播，也不存在无传播的文化。"北京传统文化中优秀的部分在新时代重新焕发出生机，还得益于文化的有效传播。在此，文化的符号化和媒介化，都能够推动北京文化传播得更远，且有利于北京文化在时代大变革的考验下自我调整、自我完善、自我提升。例如，2008 年北京奥运会和 2022 年北京冬奥会会徽的设计和开幕式的举办，亦古亦新，既融入了中国传统文化的要素，又运用了现代化的要素和手法，是诸多文化要素的集大成之作，让全世界了解了双奥之城北京，了解了古老又现代的中国。而对于文化的交流与构建，费孝通先生曾有这样的观点："各美其美，美人之美，美美与共，天下大同。"① 北京作为中国的首都，是中国政治、文化的中心，也是世界窥探中国的第一站，在时代大环境的变革中保持其先进性，与世界文化接轨，也是时代赋予北京文化的必然使命。"一滴水融入大海才不会干涸"，2013 年提出和启动的"一带一路"倡议是在古时已有的"丝绸之路"的基础上发展而来的，而人类命运共同体的提出与打造，无疑也是包含北京文化在内的中国文化主动与世界文化相衔的创举，古为今用、中西互鉴必然有助于更好地将北

---

① 详见费孝通 1990 年 12 月 "人的研究在中国——个人的经历"主题演讲，https://zhidao.baidu.com/question/369109117217204684.html。

京文化纳入世界文化的大范畴。

北京文化的时代意义和国际价值，促使其自身在扬弃中集聚优秀的文化，推陈出新，发挥文化在构建中华文明和人类命运共同体中的积极作用。中国在政策层面上提出的人类命运共同体和"一带一路"倡议，旨在打造一个平等、包容、开放的环境，这反过来又可以促进北京新文化的加速生成。因此，在这个国际大环境中，北京文化所代表的中国优秀文化，在共同体中进一步彰显自身的魅力，文化所带来的强大凝聚力和感召力助推北京的进一步发展，进而推动中华文明和世界文明交融对话。

北京文化的多元兼容性、集大成性和时代性表明北京文化是中国文化的典型与集中表现。多元兼容性和集大成性正意味着中国其他地域文化乃至世界其他地域文化能够在北京拥有一席之地，北京会博采众长、集之大成。北京文化的时代性则赋予北京文化生命力，北京文化从北京在历史上首次成为都城至今一直在发展，时代的更替赋予了北京文化生机活力。这也正是北京文化能够代表中国文化的原因，可以说，北京文化和中国文化之间相互作用、彼此推动。北京文化的多元兼容性、集大成性和时代性也是中国文化的写照，它的多元、集大成和活力都源于中国其他地域文化。因此，北京文化正是中国文化的典型与集中表现，可以说，北京主题图书在一定程度上就代表了中国主题图书，北京主题图书在丹麦出版的情况分析及策略也适用于中国主题图书在丹麦的出版发行，反之亦然。

## （二）北京文化的主题

2017 年 9 月，《北京城市总体规划（2016 年—2035 年）》发布，明确了北京的一切工作必须坚持"首都"的城市战略定位，集全国政治、文化、国际交往和科技创新中心于一体。2020 年 4 月，北京又出台了《关于新时代繁荣兴盛首都文化的意见》和《北京市推进全国文化中心建设中长期规划（2019 年—2035 年）》两个重要的指导性文件，对未来首都中长期文化发展做出了"顶层设计"，力求把北京打造成弘扬中华文明和引领新时代的世界文脉之标。

而图书出版与图书版权贸易是文化发展的必由之路，也是文化产业化的基本途径；尤其是图书出版，它能够加大城市宣传的力度、强化文化传播的效果，是北京文化"走出去"不可忽视的渠道之一。在此，我们将北京文化及出版了的北京主题图书的主题分成六大类——历史、风俗民情、地理建筑、旅游观光、语言与特色艺术以及现世精神，来梳理北京主题图书的情况，以便再次深入剖析北京文化的内涵。

为此，我们以图书网络销售平台——当当网、国家级图书馆——中国国家图书馆以及亚马逊英国地区网站三个图书平台为取样对象，以"北京"或"Beijing"为关键词搜索，并在搜索结果中随机提取与历史、风俗民情、地理建筑、旅游观光、语言与特色艺术、现世精神等六个文化方面相关的图书条目，进行统计分析，让我们对北京主题图书的研究更加立体、直观。当然这六大类主题也不是绝对独立的，有的图书具有综合性，往往除最重要主题外也涉及其他五类主题。

项目组在 2021 年底在当当网（http://dangdang.com）中搜索关键词"北京"，在搜索结果（2896359 个图书商品）中随机提取了图书 243 册，其中有历史类图书 47 册、风俗民情类图书 23 册、地理建筑类图书 55 册、旅游观光类图书 19 册、语言与特色艺术类图书 41 册、现世精神类图书 32 册。另外还有（关于北京文化的）儿童绘本 8 册、其他（例如北京中医药）相关书籍 18 册。可见，关于北京的地理建筑、历史、语言与特色艺术的图书数量多，占到北京主题图书的 58.8% 之多，如图 5-1 所示。因此，关于北京文化的北京主题图书研究主要聚焦历史、语言与特色艺术和地理建筑。

2021 年底，在中国国家图书馆联机公共目录查询系统中以"北京"为主题词搜索产生的 10155 条中文文献中，据不完全统计，符合搜索目标要求的书籍至少有 3476 册（包括已公开发表或出版的硕士/博士学位论文），其中：历史类图书有 518 册，包括文史资料、专志、历史地

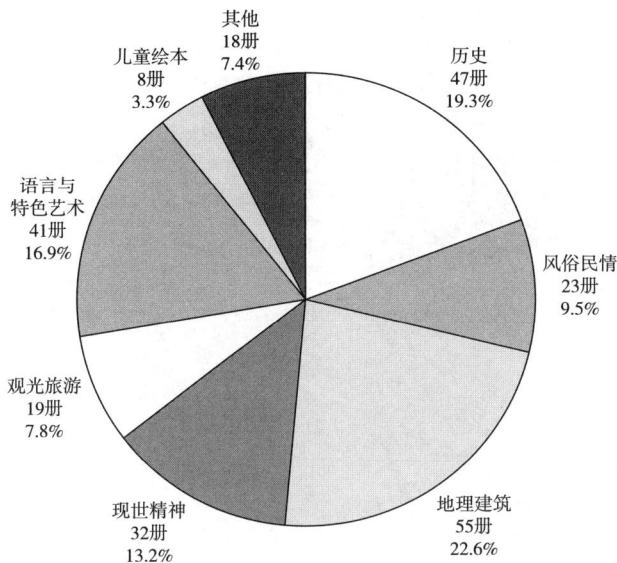

**图 5-1　当当网各类北京主题图书占比情况**

图、地方史、市志等；风俗民情类图书有 152 册，包括 21 册北京风俗相关图书、81 册老北京的故事相关图书、50 册介绍"京味儿"的图书；地理建筑类图书有 522 册，一大半都是介绍北京的名胜古迹和风景园林的书；观光旅游类图书有 447 册，其中 331 册是旅游地图；语言与特色艺术类图书有 268 册，包括北京话的介绍和相关研究 255 册、关于"非遗"的口述或记述 13 册；以文学作品为表现形式的现世精神类图书占据全部 3476 册图书的近一半，达 1569 册。现世精神、历史、地理建筑、观光旅游等成为国内出版社出版北京主题图书的主要方向（见图 5-2）。

1. **历史**

"史者何？记述人类社会赓续活动之体相，校其总成绩，求得其因果关系，以为现代一般人活动之资鉴者也。"[①] 这是梁启超对"历史"的定义。他认为，人类社会的方方面面需要被记录、被总结，以成为后人思考和参考的范本。北京作为中国首善之城，有 2000 多年的建城史，它的

---

① 　梁启超：《中国历史研究法》，中华书局，2009，第 1 页。

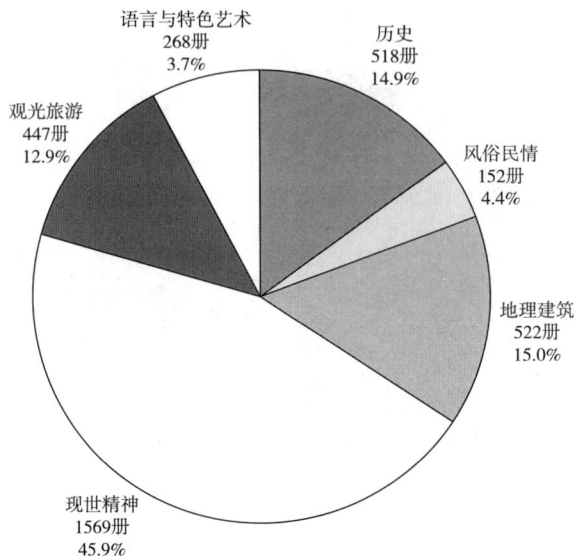

图 5-2　中国国家图书馆各类北京主题图书占比情况

政治功能及其影响下的文化特征在上文已被多次强调，而历史是文化重要的构成单元，它真实地反映了一个民族、一个地区、一个城市的过往，成为当地文化的底色，并对后人具有"资鉴"之用。时间关照下的北京城的精神气质和文化品格是独特的，包含了较多的历史审美因素，我们常说的"京味儿"就是北京人生活趣味和文化态度的直接呈现。

将历史作为文化的北京主题图书大致可以分为四大类："政治"史、"人"史、"物"史、"俗"史。

"政治"史主要是记述北京作为政治中心的历史变迁、朝代更迭、皇室事务等，还包括一些专志、市志、地方史、历史地图、文史资料。例如，"北京文史历史文化专辑·定都北京"系列丛书中的《金中都》《元大都》《明北京》《清北京》记录了四个朝代 800 多年历史进程中的重大事件，这是朝代的断代史，也是北京作为都城的发展史。又如，"北京专史集成"系列丛书共有 13 册，其中，《北京民族史》《北京政治史》《北京建置沿革史》均能划入"政治"史的范畴。

"人"史主要书写旗人群体、北京人及与北京地区相关的人物等。满族人主中原之后，旗人成为北京史中独特的存在。但是作为京畿重地的北京城，历来都是一个多民族杂居共处之地，旗人自身的属性渐渐弱化，尤其是鸦片战争后，清政府财政收支失衡，无力供养数量庞大的旗人群体。《清代北京旗人社会》一书，在梳理清史和满族史的脉络时，对八旗问题做了特别的研究，让人们了解了旗人社会生活的形态、特征与演变。另外，老舍在他的小说和戏剧中，也多有涉及旗人的生活。可见，旗人群体历史作为北京文化中的"人"史，是十分独特的。北京人的生活态度、饮食习惯、性格特征等的历史也是北京"人"史的重要组成部分，因为究其根本，是人创造了历史。肖复兴的《北京人》、芮尼的《北京与北京人》、赵树德的《老北京人儿》、孟繁强的《老北京故人旧事》等书籍记录了不同的北京人，土生土长的北京人、外地进京的北京人、外国人眼中的北京人、前辈回忆中的老北京人……正是这些人，共同铸就了北京丰富的历史与文化。此外，类似《历史足迹：文化名人与北京》这样的人物传记，也是北京主题图书中常见的。

"物"史描述的是北京独有的历史器物，如皮货、内画鼻烟壶、毛猴、沙燕风筝、聚元号弓箭、兔儿爷等。对这些器物的产生、特征与发展的记述，成为北京主题图书中独具特色的类别。"非物质文化遗产"丛书对此有系统详细的介绍，能够帮助读者了解北京传统文化中器物承载的厚重历史和精湛技艺。还有些器物具有突出的艺术属性，我们将在"语言与特色艺术"这部分讨论关于它们的图书。

"俗"史是关于风俗民情的历史梳理。在北京主题图书中，有单独写风俗民情的，如《北京风俗图谱》呈现了百年前的北京风俗，《北京风俗史》分别记录了历代北京的岁时节令风俗、宗教风俗、生活风俗，并总结了北京风俗的变迁及其影响。也有在书籍中部分涉及民俗的，例如北京大学历史系多位教授编写的《北京史》就涉及从远古到新中国成立这数千年间北京地区的民俗变迁。在风俗民情类北京主题图书中，历时地记述北京风俗变迁的图书占据 60% 以上。

文化是一个各部分浑然一体的整体，北京文化中关于政治、人物、器物、风俗的历史不是绝对独立的，大部分都互相关联、互相涉及，属于中国文化的代表性文化。

2. 风俗民情

一般而言，风俗民情具有相对的稳定性和永恒性，但是北京是一个繁华又不断发展的城市，这就意味着从古至今当地的风俗民情也在不断变化，最终积淀成如今我们看到和体验到的风俗民情。变化中的风俗民情我们在"历史"部分已有涉及，这里我们再次整体梳理与北京风俗民情相关的经典图书。

以当当网为抽样平台的调查数据显示，关于风俗民情的北京主题图书占所有北京主题图书的 10% 左右，内容多为对节令风俗、红白习俗、日常劳作的介绍等。这方面最具代表性的图书是张廷彦的《北京风土编》《北京事情》《北京风俗问答》，其集中系统地介绍了北京的风土人情。《北京风土编》介绍了天文、时令、饮食、服饰、贺年、聚会等 12 个方面的习俗；《北京事情》梳理了 34 个北京风俗，并用 14 个篇章总结了关于婚姻的风俗；《北京风俗问答》则回答了老北京如何庆贺新居落成、如何庆贺文明结婚、如何使用度量衡等 36 个基本问题。这三册图书成为帮助海内外读者了解北京风俗的经典之作。此外，由曲小月主编的《老北京的民情与礼俗》详细描述了老北京满月、过周、婚庆、丧葬的礼俗文化。这类综合性强的图书还有很多，如《老北京风俗地图》《北平岁时征》《老北京的风俗》等。

还有一类图书是以单个风俗为描写对象，细致地记录它的渊源、特征、现状、影响。例如，《老北京的风味小吃和历史渊源》讲的就是小吃文化；《国粹图典——服饰》单列老北京的服饰沿革；"印象中国·历史活化石"系列丛书（共有 29 册）包含《婚俗》《旗袍》《染织》《面塑》等，为中英文对照本，成为外国人了解北京文化和中国文化的基础读本。另外，辽宁教育出版社出版的"中国民俗记忆"系列丛书，有中文版和英文版，其中也涉及北京地区的民俗记忆，成为海外读者了解中国民俗的重要读本。

北京人的日常生活作为民情的反映，也经常被记载和书写。例如，《会玩儿》记录了老北京的休闲生活，包括"票戏赏曲""花鸟鱼虫""岁时游乐"三个章节，描写细致入微，令人神往。《北京老规矩》描述了北京人起居、会客、出行、交通、称呼等方面的规矩和礼节，体现了北京人的文明和修养，它们共同构成了北京文化。

北京的诸多老字号也在一定程度上承载了当地的风俗与民情，成为具有北京特色的文化标签。《全聚德的故事》通过小故事的形式介绍了"中华第一吃"全聚德的发展历史。丁维峻的画册《北京的老字号》几乎罗列了所有北京的老字号，如北京饭店、大北照相馆、大明眼镜店、工美大厦、中华书局、丰泽园饭庄、中国照相馆、天桥剧场、天桥商场、王麻子、长安大戏院、内联升、玉华台饭庄、东来顺、同仁堂、同升和、聚元号弓箭铺、稻香村、戴月轩、荣宝斋等，并系统呈现了老字号云集的街区，展现了京城老字号的旧颜和新容。"北京西城老字号谱系"丛书共4册——《食品加工卷·茶叶卷·中药业卷》《餐饮小吃卷（上）》《餐饮小吃卷（下）》《服装鞋帽卷·文化卷·其他卷》，系统梳理了西城老字号的前世今生，成为读者了解北京西城老字号的最佳读本。在此，我们对北京西城老字号做一个简单的梳理（见表5-1）。

表 5-1　北京西城老字号

| 类别 | 北京西城老字号 |
| --- | --- |
| 食品加工 | 六必居、王致和、桂馨斋、天福号、天源、桂香村、户部街马记月盛斋、龙门、清华斋、义利、红螺食品、双合盛、大和恒粮行、聚宝源、金狮、北京市盐业公司 |
| 茶叶 | 正兴德、张一元、元长厚、永安茶庄、京华茶叶 |
| 中药 | 鹤年堂、同仁堂、鹤鸣堂、白塔寺药店、德寿堂 |

续表

| 类别 | 北京西城老字号 |
|------|----------------|
| 餐饮小吃 | 柳泉居、烤肉宛、砂锅居、致美斋、羊头马、同和居、致美楼、烤肉季、李记白水羊头、鸿宾楼、茶汤李、元兴堂、全聚德、泰丰楼、瑞宾楼、爆肚张、爆肚冯、小肠陈、爆肚满、奶酪魏、曲园酒楼、金生隆、义聚成、豳风堂餐厅、豆腐脑白、年糕钱、京城俊王德顺斋、玉华台、仿膳、丰泽园、同春园、西来顺、新路春、南来顺、延吉餐厅、大地餐厅、庆丰包子铺、又一顺、峨嵋酒家、马凯餐厅、老西安饭庄、莫斯科餐厅、护国寺小吃店、美味斋、晋阳饭庄、四川饭店 |
| 服装鞋帽 | 谦祥益、马聚源、内联升、步瀛斋、瑞蚨祥、造寸、北京市地毯五厂 |
| 文化 | 荣宝斋、清秘阁、三庆园、博古斋、一得阁、大观楼影城、戴月轩、成文厚、新华书店总店、中国书店、汲古阁 |

不难看出，对于风俗民情，北京主题图书涉及面十分广泛，有些作者事无巨细地去调研、书写、记载、传承。在北京西城老字号中，餐饮小吃老字号最多，体现了中国人的"吃学"；茶叶和中药的老字号虽少，但是却最具京城特色。显然，由此也可以看出北京文化的多元兼容性、集大成性和时代性特点。那么，在中丹交流过程中，如何译介这些具有京城特色的老字号文化相关图书？这些图书又能如何高效地传播出去？这些问题将在后文详细讨论。

### 3. 地理建筑

北京是燕国和辽、金、元、明、清五朝的国都，说明它首先在地理位置上具有明显的优越性。地理环境又会对建筑的风格产生重要的影响，古人"天人合一"的观念在此得到充分的呈现。"要想更深刻地理解城市的现状，我们必须掠过历史的天际去考察那些依稀可辨的踪迹。"① 因此，研究北京地理环境的图书十分丰富。《北京历史地图集》《侯仁之讲北京》《北京城的空间记忆》系统梳理了元大都和明、清京城的城市布局与演变，并涉及园林、水源等地理要素。《北京史通论》以北京城的起源为切

---

① 　常光宇：《天水古城军事防御地位及其空间形态特征研究》，《中国名城》2020年第12期。

入点，详细记述了历代京城的建制沿革，多民族在此聚居、角逐、融合的史实，突出了地理环境影响下京城政治、经济、军事、文化的特征等。另外，也有像《北京自然笔记》《北京千米以上山峰手册》《北京花开》《北京地区中草药识别手册》《三山五园》这样纯粹描述北京地理环境的图书。

当当网北京主题图书抽样调查统计结果显示，关于北京建筑文化的图书成为北京主题图书中读者范围最广的一类。建筑是凝固的艺术，经岁月洗礼而日渐斑驳，是一城文化力量的集中体现。民间建筑相关图书有《北京四合院建筑》《北京的胡同与四合院》《北京寺庙》《北京古建筑地图》《北京古观象台》《北京的隐秘角落》等，其中以关于胡同和四合院的图书居多。皇家建筑相关图书的主题有故宫、圆明园、王府等。故宫又是建筑相关图书最多的一个主题。在当当网的图书界面搜索"故宫"有 39481 种图书结果，"圆明园"有 2572 种，"北京王府"有 441 种。另外还有长城、天坛、地坛、颐和园等主题的图书。例如，"世界遗产"丛书中的《天坛》，"中国古代建筑知识普及与传承"系列丛书中的"北京古建筑五书"，即《北京古建筑地图》（上、中、下）、《北京天坛》、《北京紫禁城》、《北京颐和园》、《北京四合院》等涉及五个方面的 7 册图书。也有综合记录北京地理与建筑的图书，"北京古建筑物语"系列丛书就是其代表，该丛书共 3 册——《红墙黄瓦》《晨钟暮鼓》《八面来风》，记录了北京城 140 多处古迹背后的故事。"北京古建文化"丛书分别从园林、寺观、宫殿、坛庙、城垣等九个层面向读者介绍了北京的古建筑。《寻找中国最美古建筑：北京》带给读者的是一次游历古都老北京的深度建筑文化之旅，书中详细剖析了北京建筑 100 余座。此外，北京现当代的一些知名建筑也被记录下来，相关内容以图书的形式出版，如"21 世纪城市规划与设计"丛书中的《当代北京建筑艺术风气与社会心理》和《当代北京古建筑保护史话》等。

关于北京建筑文化的主题图书中，还有一类是偏向技术型的，它们分析了一些北京建筑的营造方法，如"中国传统建筑木作知识入门"系列丛书中的《传统建筑基本知识及北京地区清官式建筑木结构、斗栱知识》。这类图书专业性极强，与国外建筑相比，书中涉及的营造结构、方法和审美态度等存在很大的不同，那么，在对外译介和对外传播中，其应该如何去适应读者的期待视野？这一问题在下文也会得到一些方法论上的探讨。

### 4. 观光旅游

中国具有 5000 年的文明史，海外游客来华旅游的吸引力之一就在于其独特的东方文化，具体来说，主要是悠久的历史和丰富的文化资源。古都北京荟萃了众多优秀的文化遗产，也是现代中国对外开放最有特色的窗口之一，因此它的旅游宣传媒介十分丰富。通过图书出版的方式宣传文旅目的地，成为北京文化传播的主要途径。

2021 年底，中国国家图书馆联机公共目录查询系统的数据显示，观光旅游类图书有 447 册，占北京主题图书的 13% 左右，这也是一个不小的比例。除了各种中英文对照的旅游图册，还有很多较好的北京文旅主题图书，例如"文明游北京"系列丛书，其共有 10 册——《红色景区》《亲子胜地》《胡同盛景》《工业遗址》《文化地标》《西山永定河》《京城大运河》《名人故居》《传统村落》《长城胜迹》，不仅是科普读物，也是北京旅游的最佳参考图书。故宫系列图书也多种多样，如"旅游故宫"系列丛书共有 3 册——《建筑紫禁城》《细说故宫——建筑·历史·人物》《紫禁城全景实录》，图文并茂，全景式地呈现了紫禁城的容貌和旧事，复原了早已尘封的古典礼仪气息，构建了一座"纸上故宫"，令人神往。此外，还有《当代北京旅游史话》、《走读北京》、《北京漫游指南（2019-2020）》、《漫画旅游北京》（英文版）(*Beijing Tour Guide:Cartoons*)、《北京深度游 Follow Me》、《北京胡同旅游手册》（中英文本）这样系统介绍北京整体或特色旅游目的地的图书。

文化遗产是欧洲旅游业中最古老、最重要的旅游资源。Google 与益普索《2017 外国来华游客中国城市认知及态度研究》的数据分析显示，在 2015~2016 年两年来华的 100 多个丹麦人中，有 56% 的人来华是由于中国悠久的历史，来华目的地排在前两位的分别是上海和北京。可见，关于观光旅游的北京主题图书在丹麦具有一定的市场前景。但是 Google 与益普索 2017 年的调查数据显示，60% 以上的来华丹麦游客都是通过网络搜索引擎全方位地搜集旅游相关信息，比较、筛选目的地，发现新的旅游活动等的，足见丹麦市场中该类图书产品还相对不足。

5. 语言与特色艺术

北京话与北京特色艺术是北京文化中最独特的部分。被称为"京片子"的北京话作为当地风俗与文化传播的媒介，让整个城市变得独一无二，别有一番风味。现有关于北京话的图书有整体介绍北京腔调的，如《北京话》《细说北京话》《京腔京韵——北京话例说》《北京方言与文化》《北京方言民俗图典》；有单独介绍"儿化音"的，如《北京话儿化词研究》《儿化词童谣 66 首》，还有许多关于儿化音的字典和词典；有详细介绍北京话中某一个方面的，如《北京谚语集释》《北京话俗语与老北京社会风情》《北京惯用语集释》《北京歇后语谜语集释》《老北京方言俗语趣味词典》等。当语言成为北京这座城市独树一帜的文化符号时，人们通过北京话平静安闲的腔调，就能感知到北京人文氛围与生活的舒适愉快，北京话的声音也是全民精神上的声音、中国的声音。

北京的地理文化、政治文化、风俗民情衍生了许多本土艺术，在北京主题图书中，这也是浓墨重彩的部分。"非物质文化遗产"丛书涉及民俗学、民间传统手工技艺、民间文学等方面的北京市级非物质文化遗产项目，其中的花儿金、京西幡乐、哈氏风筝、北京扎燕风筝、聚元号弓箭、双氏兔儿爷、葡萄常、北京宫毯、北京仿古瓷、象牙雕刻、雕漆、荣宝斋木版水印、北京绢人等均属于艺术范畴。另外，京剧、北京皮影戏、评书、琴书、灯彩、料器、拓片、鸽哨、官式古建筑、四合院营造等艺术门类，均是北京主题图书常青睐的内容，真正热爱北京、热爱北京地方艺术的国际人士也为之沉醉。

艺术符号让北京这座城市的记忆更加深邃，它的文化精神又濡染了城市记忆。从历史走向当代、从地域走向全国、从物质走向非物质……北京主题图书以它独有的魅力，在北京文化、中国文化迈向世界的进程中，扮演着界定者、维护者、传播者、推广者的角色。

### 6. 现世精神——以作家作品为例

文化的生生不息源于现世生活中人的生生不息。北京的历史、建筑、服饰、饮食，以及北京的风俗、艺术等都需要人的延续与存在，是北京现世的人的活动的痕迹或状态。因此，北京文化最为生动的体现，就在北京人身上。而文学正是记录生活的最重要载体，甚至是人生活与创造的一部分。这也是文学类图书（现世精神类图书）在我们的统计数据中占大比重的原因。历史、建筑、地理、风俗、旅游、语言、艺术等，这些都可以在文学作品中体现出来。此外，文学作为展现人的现世精神的窗口，更容易被其他文化中的人所接受。在文学作品中，所有的存在——历史、文化、人的衣食住行——都是鲜活生动的。文学作品具备了能为接受方所识别的、无歧义的"符号编码"，并有能引起刺激或审美、趣味上的新奇感的迷人特色，即地域特色。[①]

北京的作家作品集群是北京现世精神的一种集中反映，充溢着浓郁的地域特色，让人在阅读中获得新奇感，在回味中获得情感上的认同，因此受到海内外读者的喜爱和追捧。例如，满族人老舍关于老北京的作品，都不是从"政治文化中心"这个角度来理解北京的，而是从普通老百姓的日常生活角度来叙写的。他的散文、小说和戏剧就是一幅幅鲜活的老北京风貌图。小说《四世同堂》《骆驼祥子》《二马》《离婚》，戏剧《茶馆》中，无不充斥着一个个鲜活的老北京人物、一桩桩老北京背景下的故事、

---

① 鲍晓英：《中国文学"走出去"译介模式研究——以莫言英译作品美国译介为例》，博士学位论文，上海外国语大学，2014。

一句句幽默的北京俗语和别具风味的北京话。其中,《骆驼祥子》有三个英译本,说明该小说在国外有相当大的读者群体。在对丹麦读者的 "A Survey of Beijing-related Books Published in Denmark" 问卷调查中关于 "What books about China have you ever read or you want to read? What is the image of China in your mind?" 的统计结果显示,许多丹麦读者阅读过《骆驼祥子》,这意味着传递老北京人文内涵的图书在丹麦有一定的受众。可见,阅读北京文化主题的文学作品已成为海外读者知悉北京、了解中国的重要途径。再如,生于北京长于北京的史铁生,以北京作为其大部分作品固有的背景,这种浓郁的 "故土情结" 也成为读者了解北京、体验北京的吸引力。他的散文中涉及北京的诸多地标,例如《我与地坛》《想念地坛》中的地坛,《秋天的怀念》中的北海,《记忆与印象》《合欢树》中的四合院,等等。史铁生笔下的北京,正是所有人心中的北京。北京地标在史铁生的散文中承载着许多故事与情感,当读者读到这些故事的时候,这些地标也便会深深地扎根在他们心里成为情感的寄托,成为读者有深刻体验和向往的地方。

林语堂用英文写作的《京华烟云》(*Moment in Peking*)是北京－中国故事的典型之作,1939 年底在美国出版,半年内销量即逾 5 万册,美国《时代周刊》认为此作品能反映中国现代社会现实。此书以 1901 年义和团运动到抗日战争全面爆发这一时间段为背景,讲述了北平曾、姚、牛三大家族的爱恨纠葛和悲欢离合,是一部时代背景下的小说,是一部家族史,也是一部城市发展史和民族进化史。林语堂通过小说中的人物姚木兰去体验北京这座城市的文化,"天气、地理、历史、民风、建筑、艺术,众美俱备,集合而使之成为今日之美"[1]。小说中反复出现北京文化的典型符号:寺院、胡同、茶馆儿、白干儿酒、戏院、庙会、饽饽铺、雍和宫、穿旗装的满洲女人……人们可以在小说中品读三大家族的爱恨

---

[1] 王一川:《北京文化符号与世界城市软实力建设》,《北京社会科学》2011 年第 2 期。

情仇，也可以在小说中感受北京文化的独特魅力和中国文化的博大精深，这也许就是《京华烟云》在美受到追捧的直接原因。

另外，现当代作家中，张恨水、鲁迅、梁实秋、周作人、石评梅、郑振铎、姚克、陈学昭、王度庐、铁凝、王小波、冯唐、刘慈欣等人的作品均涉及北京文化状貌。

文学作品中的北京也是文化中的北京，文学家游移在北京的传统与现代之间，为读者书写了一个个鲜活的北京故事，也指引着当代北京文化的突破与转型。

北京主题图书涉及多个方面，从历史到风俗民情，从地理建筑到观光旅游，从语言与特色艺术到文学作品体现的现世精神……其全方位展现了北京的古今状貌。尤其是一些系列丛书，较好地总结了该主题文化，让读者得以更系统、更全面地了解相关领域，这也是以北京为主题的图书走向核心主题的探索。进而言之，北京主题图书的核心主题，就是在书写北京文化的同时，也呈现出整个民族文化的状态和面貌，展现中国源远流长、厚重深刻的文化品格。

在此，要对面向丹麦读者的"A Survey of Beijing-related Books Published in Denmark"问卷调查中关于"What books about China have you ever read or you want to read? What is the image of China in your mind?"（你读过或想要读关于中国的哪些图书？）的答案做一个更细致的数据分析。该问题收到 51 份答案，具体情况如下：回答文学类的有 15 人（含科幻类 4 人），回答历史类的有 13 人，回答文化类的有 8 人，回答政治经济类的有 7 人，回答教育类的有 2 人，回答旅游类的有 2 人，回答地理类的有 1 人；还有 3 人表示读过许多类关于中国的书籍，其中 1 人高中主修中文专业。文学类与历史类图书的读者最多，这与中国国内出版的北京主题图书中文学类（现世精神类）和历史类占比较高具有一致性（见图 5-3）。虽然我们还不能证明二者间有相关性，但是这些数据有利于指导对丹麦出口中国图书。

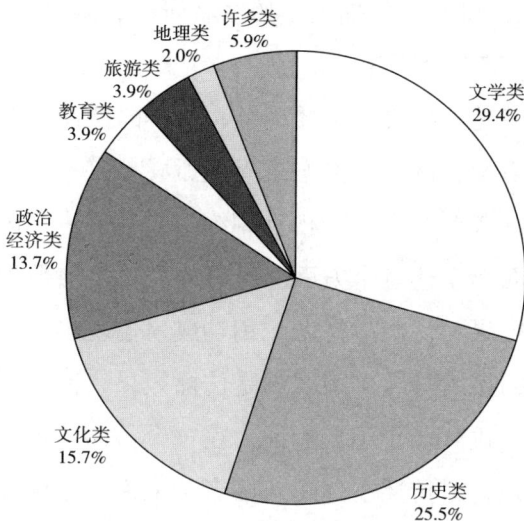

图 5-3　被调查者读过或想要读的关于中国的图书类型

## 二　从被动塑造到主动传播译介

北京主题图书在丹麦的出版作为一种文化传播必然遵循文化传播规律。在此，本书首先以拉斯韦尔传播理论为基础，来分析北京文化及中国文化向丹麦及其他国家传播的传播主体、传播内容、传播媒介、传播受众和传播效果，并基于这五个方面的考察，寻找中国文化"走出去"所要遵循的规律和方法，找到最合适的"外驱＋内动"的传播方式。其次，结合拉斯韦尔传播理论和译介学研究，来看北京主题图书及中国主题图书的译介策略。

### （一）拉斯韦尔传播理论

拉斯韦尔在《社会传播的结构与功能》中指出了描绘传播行为必须回答的五个问题：谁（who）？说什么（say what）？怎么说（in which channel）？对谁说（to whom）？取得什么效果（with what effect）？ ① 依此，拉斯韦尔提出了传播者研究、内容研究、媒介研究、受众研究和效果研究五个研究方面。

北京主题图书是一种文化传播途径，对其的认识自然也涉及拉斯韦尔所说的这五个方面。认识传播方式不能孤立地来看它，传播方式只是这五要素的一环，各个要素之间相互制约、相互促进。因此，在传播方式的制定上要全面考察这五个方面。所有的文化传播最根本的目的都是要实现所期待的效果，否则就是做无用功或事倍功半之举。效果即为受众的反应，受众的接纳与认同情况就是传播效果，良好的传播效果会促进文化在受众间的进一步传播。因此，在一个传播活动中，首先需要研究的就是传播受众，对传播主体（传播者）来说，在传播进行之前其心中必有先在的传播目标，传播内容与传播方式都要为这一目标的实现而服务。

因此，对传播受众的细致考察，决定了说什么和怎么说，以及最终要达成的效果。而传播受众身上最关键的因素就是接受视域或期待视野，这些将在下文详细论述。

## （二）译介学：跨文化视域中的翻译

严格意义上说，译介学研究不是一种语言研究，而是一种文学研究或者是文化研究，它关心的不是语言层面上出发语与目的语之间如何转换的问题，而是原文在这种外语和本族语转换过程中信息的失落、增添、变形、扩展等问题，以及翻译（主要是文学翻译）作为一种跨文化交流的实践活动所具有的独特价值和意义。② 实现跨文化交际是翻译的首要目标，在跨文化领域中，促进世界各民族文化交流是比较文化和比较文学的根本目的与终极目的。语言文字的再转化只能视为一种工具，绝不能

---

① 〔美〕哈罗德·D.拉斯韦尔：《社会传播的结构与功能》，谢金文译，载张国良主编《20世纪传播学经典文本》，复旦大学出版社，2003，第199页。
② 谢天振：《译介学》，上海外语教育出版社，1999，第1页。

因此忽略了跨文化的核心目标，否则翻译也就失去了意义。显然，译介学关于翻译的认识也符合拉斯韦尔传播理论所指出的研究模式，因为译介本质上就是一种文化传播。

以非母语语言书写本民族的文化和以母语语言书写他民族的文化是否也可以被视为译介活动的一种？可以通过梳理译介学的内涵来回答这个问题。第一，译介学将译作、译者和翻译行为作为研究对象，并将它们置于两个或两个以上不同的民族、不同的社会文化等宏大背景下研究，审视和阐释这些民族、文化等是如何交流的。第二，译介学的研究重点是在翻译转换过程中表现出的两种文化／文学的交流、理解和交融，相互误解、排斥以及误释而导致的文化扭曲与变形等。第三，译介学把翻译作品当作一个既成事实加以接受，然后在此基础上展开对翻译作品涉及的文学交流、影响、传播、接受等问题的考察和分析。① 显然，译介学是将跨文化文本生产活动置于不同文化语境中考察民族间的文化交流活动，力图阐释两种文化交流之中的碰撞，揭示文本在文化交流之中所承担的使命及其成因的学科。因此，书写作为以语言为载体的跨文化传播活动也可以被视为译介活动。

## （三）外驱与内动的关系

北京文化及中国文化的"走出去"是一种跨文化传播活动。其传播的最优途径即为内外联动——外部的被动塑造与内部的主动输出相结合。然而，无论是被动塑造还是主动输出都无外乎书写与翻译。北京文化及中国文化的传播存在被动塑造与主动传播的差异。

首先，"被动"与"主动"是相对而言的。丹麦（接受方）对中华文化相关图书的出版活动对于中国而言是被动的，在这个出版过程中，中华文化作为一种素材，任由他人书写。当然，这个书写并不一定就会失之偏颇，很多汉学家关于中华文化主题的研究是很正面、中肯的。如迈

---

① 谢天振:《译介学》，上海外语教育出版社，1999，第10~11页。

克尔·苏立文所著的《中国艺术史》，美国历史学者史景迁所著的《中国皇帝：康熙自画像》《追寻现代中国：1600~1912 年的中国历史》，美国著名汉学家宇文所安等主编的《剑桥中国文学史》，马悦然翻译的《水浒传》《西游记》《诗经》《论语》等中国经典作品获得海内外读者的追捧和喜爱，美国汉学家葛浩文（Howard Goldblatt）对莫言系列作品的翻译助力莫言获得了诺贝尔文学奖。这些关于中国文化主题的著作或对传统经典的翻译对中国文化"走出去"产生了极大的推动作用。而对于丹麦而言，其自身对中国文化的书写与认识，便是一种主动认识。这种书写往往是因自身需要或内在动因而自发进行的，能够更为精准地把握丹麦人的文化心理需要，更符合他们的期待视野及阅读模式。简而言之，主动与被动的关键不在于传播主体是谁，而在于传播受众是否接受。

其次，由中国主动译介输出的图书，存在着一个他方接受的问题，对于接受方而言，这种接受便是被动的。跨语言和跨文化的转换是两种语言和文化之间的转换，翻译要让读者知之、乐之、好之，在主动接受中增强传播效果。马悦然在谈到孔子学院重译古代典籍（《五经》）时就曾指出："问题是重新翻译的《五经》的读者到底是谁？除了学者以外，对《五经》译文感兴趣的外国读者可能非常有限。"① 这是对传播受众的强调，如要使读者知之、好之、乐之，必须对受众所知、所乐与所好有一个清晰的认识，才能对我们的翻译输出有清晰的定位：译什么、怎么译。马悦然甚至指出，"中国人就不该用英语翻译中国作品"。当然，他是在强调文化的差异所造成的"译"的不可能性。显然的是，英语母语文化的英语译者和汉语母语文化的英语译者的"自我本位"及对相应作品的认知是不同的，他们会结合自身的文化处境来看待翻译的方式，汉语母语文化的人和英语母语文化的人在文化认知与接受上很难与对方"感同身受"。在面向丹麦进行图书推广的过程中，作品的翻译首先要考虑的是

---

① 马悦然:《对重新翻译〈五经〉的一些看法》,《东方早报》2010 年 2 月 7 日, 第 B12 版。

丹麦的读者群体，要对目标读者进行定位研究。如果定位不清，就无法考虑接受视域问题，继而译介的目的与效力也将大打折扣。但毋庸置疑的是，中国的书写和译介与丹麦的自发书写和译介各有优势。对中国而言，我们对自身文化和语言的熟悉是与生俱来的，在书写和翻译的过程中要精准得多；而于丹麦而言，他们自身对中国文化的书写与译介更符合其语言习惯和文化背景。然而，译介必须得到接受，即需要融入传播受众所在国家的语言习惯和文化背景中，才能真正意义上实现文化"走出去"的战略目标。由此看来，外驱要比内动更具先天优势，丹麦的主动书写与译介意味着中国文化真正落地生根，即完成了文化传播的整个过程——走过了拉斯韦尔传播理论所提出的各个环节。

最后，在选题方面，丹麦站在自身的文化语境中以自身的视角来看中国文化，他们对中国文化题材的选取一定程度上更符合自身的兴趣或期待视野，瑞典著名汉学家马悦然指出："我从事翻译工作最重要的动机是让我瑞典的同胞们欣赏我自己欣赏的文学作品。"[①]这种相应文化内在的视角与动机，连点成面，在传播的心理预期和接受方式上都很符合接受方的期待视野。这也正是对"传播内容""传播受众"的直接把握。而中国的主动传播，在选题方面则是依照我们自身的传播目标或传播预期来执行的，这种传播更多考虑的是中国出版情况。因此，北京文化及中国文化"走出去"，在丹麦落地生根，更需要双方联动。对于中国图书出口而言，在认识丹麦提供的期待视野和文化语境的同时，应主动为他们提供更能代表北京文化和中华文化的作品与主题，在文化传播和图书推广的过程中真正实现外驱与内动相结合。

## （四）内容的选择

优秀的北京文化和中国文化如何在丹麦更好地传播呢？无论是用英

---

① 〔瑞典〕马悦然:《另一种乡愁》，生活·读书·新知三联书店，2004，第42页。

文来书写，还是翻译现有的中文图书，都涉及"如何有效表达""如何精准翻译"等问题。翻译是选择的过程，确定选择（如译谁、译什么、何时译）非常关键，[1] 选择贯穿翻译全过程，无论是"译什么"还是"怎么译"都涉及译者的选择。当然，这种选择，绝不仅仅是译者个人的自由选择，还受到诸如政治、经济、历史、社会、种族、文化、审美趣味等多种内外因素的制约，其中起主导作用的是译入语文化中的"诗学、赞助人和意识形态三大要素"[2]。这是影响翻译的三个重要因素，它们决定了译本是被接受还是被拒斥、是能够成为经典还是只能徘徊于接受方文化的边缘。尤其是文学翻译，它受到的内部层面（占统治地位的诗学与意识形态）和外部层面（图书出版的赞助人）的制约更加明显。

在此，我们基于文学作品的翻译，对内部层面和外部层面的三个要素做简单的分析。第一，雅各布森认为，诗学不仅是文学技巧的使用，它应包含在整个符号学的范畴中，拉斯韦尔认同并发展了该观点。他认为，一方面诗学是文学方法、风格、原型、主题、情境、象征等文学要素的集合，另一方面诗学在文学系统中一定具有某种特殊的功能。不难看出，文本本身是诗学的第一个方面，译者的翻译受这些文学要素的制约；而翻译主题的选择受第二个方面的影响，即诗学是思想意识之一，是具有统治地位的主流思想，翻译据此要做出相应调整——译者必须遵循这个主流思想，对译本做出有效的调整以使其符合接受方话语体系的诗学。思想意识具有历时性，它随着社会的发展而改变，因此诗学也是发展的。所以，中国文学在丹麦传播时，也应该遵循这个原则。最基本的原则就是，翻译主题的选择应与时俱进。第二，意识形态是受文化影响而形成的一种观念物，译者在翻译过程中无不受此影响。从社会层

---

[1]　Howard Goldblatt, "Border Crossings: Chinese Writing in Their World and Ours," in Corinne Dale, ed., *Chinese Aesthetics and Literature* (New York: State University of New York Press, 2004), p.218.

[2]　Andre Lefevere, *Translation, Rewriting and Manipulation of Literary Fame* (London / New York: Routledge, 1992), pp.17, 28.

面上看，译者的翻译受当时社会环境的影响。例如，当前中国强调"文化自信"，那么在中国文化主题图书对丹麦译介过程中如果忽视丹麦文化接受的语境，可能会造成事倍功半的结果。这就需要个人层面上的价值取向来平衡，因为除了当时社会环境，译者的世界观、人生观、价值观也会影响译者的翻译。第三，赞助人是制约书写者或翻译者的外部力量。简单地说，赞助人是"促进或组织文学阅读、写作或改写的各种势力或机构，诸如宗教集团、阶级、政府部门、出版社、大众传媒机构，也可以是个人势力"①。在市场经济的模式下，翻译一本书籍，至少要经过出版社选题、购买版权、选定译者、编辑校改、印刷出版、宣传销售（传播）等多个环节，在这个过程中如果有赞助商赞助，那就意味着译者对该图书的翻译和传播默认要以符合赞助商意愿的模式操作。例如，葛浩文在翻译莫言的《丰乳肥臀》时，对其中的一些章节做了删减或改写，以符合出版社的要求。因为出版社购买了该书的英文版权，选定的译者的翻译就必须符合他们的相关建议和要求。

　　北京主题图书走向丹麦需要的绝不是简单的"营销学"，它首先应该从根本上把传播内容选择对、选择好。毋庸置疑，翻译题材和体裁选择妥当与否会显著影响丹麦读者的接受情况，如果中国推出的译本与丹麦读者的期待视野有偏差甚或冲突，译本很有可能不会产生任何反响，"译"也就失去了其应有的价值。这种冲突既可能源自双方在意识形态上的不同，也可能源自双方在诗学和赞助人方面的差异。②要通过翻译实现"中学西传"，需要知己知彼，选择符合读者期待视野、符合主流框架的源文本。

　　"其实，当前语境下中国政府所倡导的中国文化'走出去'战略，从小处说，是希望借助'翻译'之力，输出我们的'文化软实力'；从大

---

① Andre Lefevere, *Translation, Rewriting and Manipulation of Literary Fame* (London / New York: Routledge, 1992), p.17.

② Bonnie McDougall, "Literary Translation: The Pleasure Principle"，《中国翻译》2007 年第 5 期。

处讲，则是为了提升中国的'国际'地位。然而，归根结底的问题依然还是'翻译'的问题，而首要的便是解答'译什么''如何译''何时译'等症结性问题。"①传播北京文化、中国文化的有效途径之一就是翻译，译文的话语体系与呈现方式得当与否关系着中国的文化传播在国际领域是否能够真正产生吸引力、感染力和影响力。例如，《中国读本》全面介绍了中国（涉及历史、自然、民族、文化、发明、科技、民俗、成就等方面），出版后在短短两年时间内，大陆发行量就超过了1000万册。后来苏叔阳根据海外读者的阅读习惯对其进行多次修改，2004~2007年，其被译成英、德、俄、蒙古、哈萨克、朝鲜等多种语言在全世界发行，从而进入了西方主流图书市场。无疑，苏叔阳是一个优秀的作者，但是《中国读本》"走出去"还有赖于高质量的翻译。英文版的《中国读本》由国内译者翻译，经贝塔斯曼全球英语书友会的成员审读并提出问题，包括译语的文采问题，内容的文化冲突、理解困难等问题，后又经多次修改才得以顺利推出。后来的德文版就吸取英文版的经验，直接由德国人翻译，一次性收到最佳效果，顺利出版并反响很好。产生两种不同结果的直接原因是译者身份的不同。因此，我们可以这样总结：北京主题图书或中国主题图书"走出去"，应实现中西文化的情感对接。译文中语言文字作为传播的符号，只有内里的情感属性能打动接受方，才能使中国图书推出后拥有第二次生命。有效的译介方式是拉斯韦尔传播理论中的第三个传播行为必须回答的问题所涉及的内容。

## （五）从宣传到传播的转变

"A Survey of Beijing-related Books Published in Denmark"问卷调查的结果显示，丹麦读者对北京或中国印象的关键词有历史悠久、文化灿烂、发展迅速、繁荣、神秘、神奇等。的确，改革开放以来中国经济

---

① 胡安江、胡晨飞：《再论中国文学"走出去"之译者模式及翻译策略——以寒山诗在英语世界的传播为例》，《外语教学理论与实践》2012年第4期。

快速发展，也促进了文化发展，但是中国的文化"走出去"相对于经济改革来说仍然处于滞后状态，尤其体现在中国文化"走出去"的文化建设方针是在 21 世纪初才提出的，该方针有利于中国文化的觉醒与复兴，但在实际实践中文化"走出去"比经济"走出去"要复杂得多。

文学是文化最典型、最普遍的样态，因此译介中国文学成为中国文化"走出去"最常见的路径之一，其次是译介中国特色主题的文化书籍。20 世纪下半叶，《中国文学》杂志英文版和法文版创刊；20 世纪 80 年代以来，对外出版的中国文化丛书和推广方针也比比皆是："熊猫"丛书（英文版 1981 年），"大中华文库"丛书（英文版 1996 年），中国图书对外推广计划（2004 年），中国当代文学百部精品对外译介工程（2006 年），经典中国国际出版工程、中国文化著作翻译出版工程（2009 年），国家社会科学基金中华学术外译项目（2010 年），《人民文学》英文版《路灯》（*Pathlight*，2011 年），[①] 2014~2018 年出版的 2814 种"一带一路"主题图书（涉及 23 种语言），"美丽中国"丛书（英文版 2019 年），"中国思想文化术语多语种对外翻译标准化建设"项目（2019 年）……可见，在国家的推动下，我们的文化可以更加系统性、集结性地对外出版。但是，其效果可能未达到预期。《中国文学》停刊，"熊猫"丛书停止发行；英文版图书出口市场多为东南亚等华人较多的国家，对欧美小语种国家的图书版权输出远远比不上它们对我国的版权输入，更不用说丹麦这样市场空间较小的国家了；中国图书进出口贸易逆差居高不下（2013 年引进与输出图书版权种数之比为 2.3∶1）已是既成事实。"走出去"不难，难在"走进去"。

在文化传播中政府发挥了决定性作用。政府订立出版计划，批准并资助内容的传播，推介成果（通过图书推介会、书展等），总结和评估传播结果。例如，2019 年第 29 届全国图书交易博览会上，由宁夏回族自治

---

① 鲍晓英：《"中学西传"之译介模式研究——以寒山诗在美国的成功译介为例》，《外国语》2014 年第 1 期。

区党委宣传部举办了《永远的乡愁》（郭文斌精选散文集）阿文版首发仪式。这本书的出版是由政府主导并宣传的，也是"一带一路"倡议下吸引共建"一带一路"国家读者的重要之举。再如，2019 年末，圣智学习公司（Cengage Learning）联合人民教育出版社推出了"中国读本"丛书（China Readers，共 4 辑 20 册），这个系列从国际视角讲述中国故事，让读者在英语学习中品味中国文化的思想。[1] 这样的合作既是对中国文化的积极探索，也是中国故事"走出去"并且"走进去"的重要推动力之一。

然而，综观近年来中国图书出版物销往海外的情况，我们可以发现，中国文化以图书为载体的传播模式依然还是"以我为主"，这种传播模式以传播主体为主导，而将受众放在次要位置。[2] 严格意义上来说，这只是宣传，而非传播。这也直接导致了中国主题图书在"走出去"的过程中不了解海外受众的需求，即市场定位不明确。宣传与传播是不同的，只有正确的传播方式才能推动我们文化主题图书的外销，才有利于博大精深的中国文化真正走进海外读者的心中。

拉斯韦尔认为，宣传是"通过重要的符号，或者更具体但不是那么准确地说，就是通过故事、谣言、报道、图片以及社会传播的其他形式，来控制意见"[3]。此处"意见"的外延较广，泛指民众的意识、心态、观念、认知、舆论、信仰等。图书推介会、图书展览、图书首发仪式、图书成果分享会等，均是运用"符号"或"其他形式"来改变受众（读者）的行为——吸引受众（读者）以期达到图书推广的目的，都属于宣传的范畴。

传播则不同，它强调的是有效性，即通过受众（读者）喜闻乐见、容易理解或潜移默化的方式来推广我们的文化。这种方式的推广是一种自然而然的文本传输、文化传递，更能从本质上吸引海外读者，它也是

---

① 陆云：《中外出版机构怎么做？》，《中国出版传媒商报》2019 年 9 月 20 日。

② 姜鹏：《全球化时代中国对外传播之策略思考》，《新闻知识》2006 年第 1 期。

③ 〔美〕哈罗德·D.拉斯韦尔：《世界大战中的宣传技巧》，张洁、田青译，中国人民大学出版社，2003，第 22 页。

图书运营者求真务实、以人为本的特征的体现。由于美苏冷战等政治原因，英语中的"宣传"（propaganda）一词具有鲜明的贬义色彩，因此，带有宣传属性的图书推介，不会深入受众内心。

宣传强调的是"宣"的活动，它更多的是指主体性活动，是由主体发出的行为；而传播强调的是"传"与"播"，更侧重信息的创造与发展，强调受众的主动接受以及所传播信息的落地生根，甚至由此衍生出很多与之相关的内容。当然，文化的有效传播必然要突破文化中"他者"和"我者"的对立，从而获得"他者"的认同。北京主题图书在对丹麦的传播中，如果忽视丹麦读者的接受程度和认知模式特征，那就有可能造成传播内容的不被理解，更不用说传播效果了。[①] 所以，在对丹麦的传播过程中，中国作为传播主体应该主动分析受众的需求，适时或及时调整传播内容，以丹麦需求为导向，切忌因循传统的、以"自我"为导向的传播模式。例如，2020 年 2 月 14 日，国内首部以融合联动方式打造的以多语种讲述抗击新冠疫情故事的图书《站在你身后！——从特拉维夫到黄冈的 384 小时》由中国外文局［中国国际出版集团（现中国国际传播集团）］新星出版社出版。[②] 它诞生于新冠病毒全球肆虐期间，传播内容是全球人民（传播受众）共同关注的热点，传播主体是经受住病毒考验的中国，传播媒介是亚马逊电子书籍……可见，传播受众能从传播主体获得情感上的共鸣，传播内容具有及时性和普遍性，传播媒介具有无国界性且不受时空束缚，所以它的传播效果是理想的。对外文化传播的主题选择如果时机得当，甚至就以"时机"作为主题，其本身就是最好的宣传。

从宣传走向传播，从以"自我"为导向走向以"受众"为导向，从受利益盲目驱动走向以情感归属为宗旨，从官方话语走向民间话语、学术话语，北京主题图书、中国主题图书的对外传播才会更深入人心，良

---

① 鲍晓英：《中国文学"走出去"译介模式研究——以莫言英译作品美国译介为例》，博士学位论文，上海外国语大学，2014。

② 李桥：《首部多语种讲述抗击新冠病毒肺炎疫情故事的图书出版》，《出版发行研究》2020 年第 2 期。

好的传播效果才会水到渠成。

在丹麦传播的北京主题图书，多数还是英语版本的。在亚马逊英国地区主页（https://www.amazon.co.uk）输入"Beijing"或"Peking"，我们可以得到 45 册关于北京主题的图书，其中有文学类 17 册、历史政治类 13 册、观光旅游类 11 册、饮食类 3 册、艺术类 1 册。这些图书只有 7 册是华人撰写的（其中 2 册为翻译作品），其他均由外国人撰写。就文学小说类来看，与前文诸多统计结果相似，在海外依然是文学类作品传播最广泛，但只有 1 册——刘慈欣的《三体》（*The Three-Body Problem*）是中文版小说英译过去的，其他 16 册均由外国人创作。虽然可能我们调查的样本有所局限，但这也从一定程度上说明，中国作家创作的文学作品在海外的传播范围极其有限，只有诸如刘慈欣、莫言等这些获得国际文学大奖的作家作品才能被海外读者主动关注，其外文译本的销售量也较为可观。关于中国文学的译出，刘绍铭先生曾指出："要中国文学走入世界文学的主流，当然得通过翻译，但这类翻译，在形式上和语言上都应是凡夫俗子接受得了的。"想要达到这样的效果，要让英译本的中国文学真正在接受国落地生根，一方面要提高作家的知名度和作品的受欢迎程度，另一方面要提升译者的翻译水平；另外还需要国家政策的支持、出版社的策划、各方渠道的推介以及媒体的传播。刘绍铭先生甚至还认为："到中国国势强大，政治经济与其他国家民生息息相关时，你不看咱们的东西，你吃亏。"[①] 无疑，国家硬实力和软实力都是文化传播无形的砝码和文化"走出去"无需言表的动力。丹麦与中国在 2008 年就建立了全面战略伙伴关系，中丹合作，将有助于携手推动构建人类命运共同体。从这个层面上看，全面战略伙伴关系其实也是中国和丹麦文化交流的内在驱动力，北京主题图书、中国主题图书走向丹麦、获得更多丹麦读者的青睐具有政策、外交和民间基础。

---

① 刘绍铭：《文字岂是东西》，辽宁教育出版社，1999，第 16~18 页。

## 三　中丹作者联动促进文化交流同频

　　图书出版作为文化传播的媒介，它的传播主体和传播受众都是特定社会语境中的人。中国图书在丹麦的出版有赖于双方人才的交流与文化互动。丹麦于 1950 年与中国建立外交关系，是与中国建交最早的西方国家之一。2008 年，中丹确立了全面战略伙伴关系，丹麦也是当时唯一一个与中国建立全面战略伙伴关系的北欧国家，足见中丹双方合作与交流有着坚实的基础。进入 21 世纪以来，中丹两国艺术文化交流愈加频繁。2017 年中丹签订电影合作协议，丹麦成为第 15 个和中国签订电影合作协议的国家，也是唯一一个与文化部（现文化和旅游部）、国家文物局和国家新闻出版广电总局（现国家广电总局）签订官方协议的国家。① 近年来，两国也多次共同举办摄影展、图片展、电影展、文物展、旅游节等，例如，2004 年在北京举办了丹麦安徒生诞辰 200 周年纪念活动；2006 年中国故宫博物院与丹麦王室展览基金会联合举办了"中国之梦"文物展；2010 年举办了"中丹建交 60 周年"和上海"世博会"图片展；2017 年苏州博物馆和丹麦日德兰西南博物馆共同举办了"信仰·生活——唐宋转换时期的苏州"文物展，在湖南张家界武陵源区举办了"湘丹精彩"中国·丹麦文化旅游系列活动等。两国艺术团定期互访互动、互展互赏，例如 2004 年丹麦王妃亚历山德拉（现已为前王妃）率丹麦国家女子合唱团访华演出，2015 年中国儿童艺术剧院的儿童剧《三个和尚》在哥本哈根尼尔斯中学上演。各种主题的"活动日""活动周"也层出不穷，例如 2014 年欧洲歌唱大赛"北京周"开幕式在哥本哈根市中心高桥广场（Højbro Plads）举行。每年的"欢乐春节"演出成为中丹人民增进相互了解和友谊的重要纽带。2017 年是"中国－丹麦旅游年"，这也极大促进了两国旅游业的发展。2020 年哥本哈根中国文化中心启动的"云·游

---

① 《中国与丹麦达成电影合作协议》，界面新闻，2017 年 5 月 4 日，https://m.jiemian.com/article/1297327.html。

中国"系列活动成为线上传播中国文化的新平台。丹麦孔子学院举办的"汉语桥"项目成为两国青年人文化交流的新阵地。疫情期间，很多实体文化交流活动难以为继，但中丹间的经济贸易往来依然很活跃。在中丹合作交流日渐频繁和深化的背景下，北京主题图书作为中丹文化交流的载体，如何更好地吸引丹麦出版商和丹麦读者、如何更好地发挥中丹人文交流媒介的作用，是我们需要考虑的问题。

## （一）推动北京主题图书"走出去"的核心在人才交流

人是"活"的文化，人才交流实质上就是文化交流。关于中丹文化交流，早在20世纪90年代初中丹双方就订立了相关合作计划。例如，1991年10月16日中丹签订了《中华人民共和国政府和丹麦王国政府文化与教育合作计划》，同意双方每年设定互换奖学金，鼓励在两国院校间建立和发展直接联系和接触，优先考虑资助合作项目申请人，优先考虑希望学习对方语言和文化的申请人，为一定数量的学生和专家自费到对方国家院校进行学习和研究提供方便，鼓励教授和专家参加学术合作交流，互派代表团到对方国家进行教育考察，鼓励职业教育领域的合作与交流，等等。中丹当代教育合作、文化交流有国家政策作为保障，有足够详细的条款说明和交流计划，这意味着中丹双方的交流具有较强的实践力和行动力，推动了中丹人才的有效交流、文化的深入互动。

2017年，中丹签署了《中丹联合工作方案（2017—2020）》。该方案明确提出"促进科学、教育、文化、旅游和学术合作"，其中有条款如下：两国将加强相互了解，以适应高等教育的新发展，通过举办相关活动扩大深化高等教育领域的交流与合作，加强高等教育机构之间的沟通联系、学生交流，增加合作活动；以互惠为原则，在"丹麦文化季"后，进一步加强中丹文化交流，更好地发挥双方在哥本哈根、北京设立的文化中心的作用；加强中央音乐学院、音乐孔子学院、上海音乐学院与丹麦在战略伙伴关系框架下的合作；双方将保持并加强交流，推动中丹文化产业的高水平融合；加强依法治国知识共享与合作。①

中丹在政策层面上为双方的人才与文化交流提供了保障与支持。丹麦人对北京的关注度很高。北京古今的文化态貌吸引了一批丹麦学子来华交流学习、实习实践。一方面，丹麦学者往往选择北京地区的高校开展学术合作；另一方面，中国去往丹麦的学者、学生、孔子学院志愿者、艺术团体等也通过不同的方式带去了北京文化和中华文化，亦或带去了相关主题的图书。中丹两国在教育层面上的交流极大地促进了两国文化的交流，图书作为一种传播载体，在其中扮演的角色越来越重要。

2012 年，中国和丹麦政府签署协议，约定在北京和哥本哈根分别建立丹麦文化中心和中国文化中心。2014 年 6 月，在哥本哈根的安徒生大街上举办了中国文化中心成立仪式。这是中国在北欧设立的第一个中国文化中心，中心位于丹麦首都哥本哈根市中心著名的安徒生大街 36 号，其所在建筑建于 1906 年，占地 689 平方米，使用面积为 2434 平方米，前身是闻名遐迩的丹麦皇家音乐学院。它紧邻嘉士伯博物馆和古老的蒂沃利游乐园，遥望丹麦国家博物馆、国家图书馆、哥本哈根市政厅、丹麦首相府和议会所在的克里斯蒂安堡宫，并被哥本哈根古运河、哥本哈根金融中心等历史和现代设施、建筑所围绕，文化气息浓郁，历史积淀厚重。②

2013 年 5 月，中央音乐学院与丹麦皇家音乐学院联合建立起了世界第一家音乐孔子学院。2014 年 10 月，丹麦文化中心在北京 798 艺术区正式揭牌，并于 2015 年 5 月正式对外开放。该中心致力于长期地、有规划地向中国介绍丹麦历史文化，促进中丹双方在艺术及文化领域的合作。

2015 年，北京第二外国语学院丹麦研究中心（Center for Denmark Studies, CDS）成立，2017 年经中国教育部备案，正式成为中国首家丹麦研究中心，是中国境内第一家专事丹麦研究的学术平台，在中丹友好合作关系发展中发挥着积极的学术外交作用。北京第二外国语学院与哥本哈根

---

① 《中丹联合工作方案（2017—2020）》，新华网，http://www.xinhuanet.com/world/2017-05/04/c_129587149.htm，最后访问日期：2020 年 4 月 12 日。
② 静水：《在童话王国书写中丹友好篇章》，《中国文化报》2014 年 7 月 7 日，第 3 版。

大学之间的学生交流互派，极大地促进了中丹民心相通。有鉴于此，2019年11月8日，丹麦研究中心的张喜华被授予哥本哈根大学荣誉博士，受到丹麦女王的接见。① 2017年，由丹麦工业基金会捐资建设的中国－丹麦科研教育中心大楼在中国科学院大学雁栖湖校区落成，在此之前，中国科学院大学已经中国教育部批准设立"中国科学院大学中丹学院"，其承担中丹科教中心的教育功能。② 该中心自建立以来，成为两国学生、学者和专家进行教育和学术交流的综合平台。

2018年，中国首都图书馆与哥本哈根中心图书馆签署了战略合作协议，正式建立起友好合作关系。同时，还在哥本哈根中心图书馆举办了"阅读北京"活动，宣传《习近平谈治国理政》，推介了"中国经典名著故事""中国经典诗文集"等文化类系列丛书，吸引了众多中外读者。2019年，哥本哈根中心图书馆顺利开展了"中国主题"系列文化活动。中丹两国图书馆互宣互介、互学互鉴，直接推动了两国图书领域的交流互识。

2020年1月，北京语言大学"一带一路"研究院正式成立，丹麦外交家"中国通"曹伯义参加成立仪式。丹麦作为"一带一路"北线的重要国家之一，是该研究院的交流合作国，围绕丹麦，该研究院重点研究丹中两国商业、语言和文化的交流与创新。

中国综合国力不断提升，文化软实力也日益增强。汉语的推广、孔子学院的建立以及丹麦"汉学"的发展与汉学家的推动，都为北京主题及中国主题的学术图书传播创造了条件。"A Survey of Beijing-related Books Published in Denmark"问卷调查结果显示，新中国成立、改革开放、女排精神、北京双奥之城、中国科技创新等主题的图书都在丹麦读者的期待视野之中。中丹文化交流有着悠久的历史渊源、较全面的政策

---

① 《研究中心简介》，北京第二外国语学院丹麦研究中心网站，http://danmai.bisu.edu.cn/col/col5041/index.html。

② 国柯轩：《中国－丹麦科研教育中心大楼落成启用典礼25日举行》，中国科学院大学校友会网站，2017年9月27日，https://alumni.ucas.ac.cn/index.php/zh/xiaoyouhuodong/news/1634-661。

支撑和良好的沟通平台。中丹文化交流、学者互动、留学生互派都为图书传播奠定了坚实的基础。北京主题图书在丹麦的传播有了人才交流平台，可以进一步在出版社之间开展合作，互通出版和图书咨询人才，就某些主题图书的译介、推介和市场需求开展更加直接的研究和实践，促进两国图书交流与时俱进。

## （二）依托学术研究，引导北京主题图书"走出去"

学术研究是自发行为，具有内在驱动力。做学术是为了认识世界，以实现"学"与"术"的进步。中丹学术合作交流离不开中国文献，丹麦学者的中国学研究成果的出版更需要一手的中国文献资源，因而图书市场可以主动对接学术活动，借助学术主题推介相关北京主题及中国主题的学术图书。北京第二外国语学院丹麦研究中心与丹麦学者通过一系列重要的学术交流，鼓励丹麦学者和学子研究中国文化，进而促进丹麦引进中国图书、译介中国图书、撰写中国主题图书。这就是学术交流促进图书传播的生动实例。研究中心自成立以来，成功举办了一系列的学术交流活动，具体见表 5-2。

表 5-2　北京第二外国语学院丹麦研究中心举办的学术交流活动

| 类别 | 主题 / 举办情况 | 年份 | 地点 |
| --- | --- | --- | --- |
| 研讨会 | 丹麦廉政建设对中国的启示 | 2015 | 上海 |
| | 中国丹麦教育比较研究 | 2016 | 北京 |
| | 文化遗产・旅游・文化传播 | 2017 | 上海 |
| | Cultural Heritage，Kulturarv or 文化遗产——一字词典 | 2018 | 丹麦 |
| | 教育中如何培养人才的全球竞争力 | 2019 | 北京 |
| | 中丹全面战略伙伴关系十周年纪念暨《丹麦廉政建设》《寻找世界新秩序：丹麦的中国研究》《丹麦文化市场研究》新书发布会 | 2018 | 北京 |
| 访问 | 丹麦研究中心专家应邀访问景德镇申遗办 | 2017 | 景德镇 |
| | 丹麦石斧中学代表团访问二外 | 2017 | 北京 |
| | 丹麦哥本哈根开放中学访问丹麦研究中心 | 2018 | 北京 |

续表

| 类别 | 主题／举办情况 | 年份 | 地点 |
|---|---|---|---|
| 讲座 | 丹麦廉政文化建设 | 2017 | 北京 |
| | 哥本哈根大学跨文化系主任 Ingolf Thuesen 教授举办交换生讲座 | 2018 | 北京 |
| 座谈会 | 培养未来领导者——实践、创意与社会价值（清华大学举办） | 2017 | 北京 |
| | 丹麦科技创新中心华裔跨文化学者董彩霞于丹麦研究中心举办丹麦文化交流讲座 | 2019 | 北京 |
| 实践考察 | 中外专家联合考察万年桂陶文化 | 2017 | 广西多地 |

表 5-2 是对北京第二外国语学院丹麦研究中心学术活动的梳理。在研讨会、访问、讲座、座谈会、实践考察等学术交流中，每一个学者都是一扇窗，他们的学术思想、观念以及兴趣倾向影响着一国甚至是世界的读者。例如，丹麦研究中心访问学者达墨革成立丹麦沙铁书社，专门出版中国文学译著，重点推介莫言作品。抓住"中丹旅游年"契机，中丹学者围绕文化遗产召开学术会议，通过合作研究和实际考察，共创学术成果，让丹麦学者对中国文化的认知日渐深入，学者们合作出版了中英双语著作《中丹对话：文化遗产研究》，其在中丹两国发行。中丹学者互访互学，在交流中中丹文化碰撞、融合，相关的主题图书也在对方国家中传播开来。

学术交流是文化交流的载体，能加强中丹文化交流，促进中丹主题图书互写互译，深化中丹出版集团合作，基于此，北京主题图书会更多地进入丹麦的主流市场。

## （三）展现文化乡愁，促进北京主题图书"走出去"

2015 年央视推出了大型文化纪录片《记住乡愁》，通过记录古老村落的状态，讲述中国最乡土的故事，在世代相传的风土乡训中找寻传统文化的基因。我们甚至可以说，"乡愁"生长于"中华文化"肥沃的土地，远离故土的人们带着感伤的情绪思乡，感时伤怀之余也就多了一股"浪漫愁绪"。中国 5000 多年的悠久文明史，是整个中华民族自强不息、走向繁荣与强大的精神动力。乡愁这种"浪漫愁绪"即受其滋养、生长于其中。海外侨胞、留学生等无论身在何处，身上都有着最鲜明的文化烙印，中华文化是中华儿女永恒的基因。

在中国和丹麦的交往交流过程中，在丹华人因乡愁庆祝中国节日。中国传统节日受到丹麦人的追捧。例如，自 2010 年庆祝中丹建交 60 周年以来，每值中国春节之际，丹麦几乎都举办"欢乐春节"主题联欢活动。过节其实需要一定的"人文时空"——春节的法定假日化是时间前提，春节的阖家团圆是空间保障。但是丹麦华侨、留学生等群体由于各种原因，可能无法应用原先的以血缘共同体为基础的春节模式，只能转变为在异国与"地缘共同体"一起欢度春节的模式。在这个过程中，也带动了丹麦王国热爱中国传统节日的人士参与进来，传统节假日的时空界限被打破，其文化内涵充分溢出，在丹麦形成一股独具特色的"中国风"。以哥本哈根为中心，丹麦还举办过"亲情中华""北京——我们可爱的家""生活——北京""发现中国——中国歌曲 100 年讲座""巨龙飞腾""文化中国·名家讲坛""国际儒学论坛""信仰·生活——唐宋转换时期的苏州"等艺术活动或学术活动。这些文化活动都具有鲜明的中国特色，展现的是中国文化和中国艺术的方方面面，从活动举办的种类和频次也可以看出中国文化和艺术在丹麦的受欢迎程度。这些活动的举办单位有中国驻丹麦大使馆，有华侨在丹麦的民间组织，也有丹麦和中国的其他官方组织。对参与这些活动的华人来说，活动在一定程度上体现了对中国的眷恋，对中国文化、中国故事的记忆与回望，在异国他乡置身于中国文化氛围成为他们寄托对祖国的情感的方式。中国主题图书或北京主题图书，如果融入"乡愁"的主题，在海外可能传播得更广，海外华人群体是其固定的读者，他们也会热衷于将其推介给丹麦朋友。

就丹麦而言，我们的主题图书也可以打"乡愁"之牌。1902 年，第一批华人抵达丹麦，20 世纪 20 年代开始，定居丹麦的华人日益增多。他们谋生的领域有餐饮、中医中药、贸易零售等。如今，移民丹麦或者去往丹麦的中国留学生、访问学者、游客也呈递增趋势。两国虽然远隔万里，但丹麦华人并未忘记自己中华儿女的身份和中国优秀的文化传统。据悉，丹麦有数十所颇具规模的中文学校，如丹麦华人总会中文学校、哥本哈根中华文化学校、龙域中文学校等，他们聘请中国教师，让丹麦华人子女接受系统的、正规的中国语言和文化教育。有调查显示，《三字经》《老子》《庄子》《三国演义》《水浒传》《西游记》《红楼梦》等经典图书在丹麦华人圈特别流行。关于北京的文学作品，如老舍、史铁生、郁达夫、冯唐等人的散文、小说，展现了近现代北京的风貌、人物、故事；一些科幻小说，如《三体》《流浪地球》等，以北京为背景，想象了全新时空中的故事。这些都是在我们问卷调查中统计出的受欢迎的北京主题图书。此外，北京非遗相关图书也是丹麦华人或者中华文化爱好者所关注的，是带着乡愁的丹麦华人所热爱和期待的。

在丹麦，还有一个群体对中国充满眷恋之情，他们是一批知华友华的丹麦"中国通"，他们向丹麦读者展现了丹麦人也能够很好地接受中国情结和中国形象。

丹麦记者何铭生（Peter Harmsen）的著作中体现了浓郁的中国情结，一方面是对历史的书写，另一方面也为老一辈海外华人抒发"乡愁"提供了渠道。何铭生研究生阶段在台湾大学学习历史，而后在东亚担任驻外记者长达 20 余年，1998~2009 年在中国大陆生活、工作。他 2013 年和 2015 年分别出版了英文著作 *Shanghai 1937: Stalingrad on the Yangtze* 和 *Nanjing 1937: Battle for a Doomed City*，后分别被译成中文版《上海 1937》（田颖慧、冯向晖译，2015 年西苑出版社出版）和《南京 1937：血战危城》（季大方、毛凡宇、魏丽萍译，2017 年社会科学文献出版社出版）。这两册图书的出版和译介得益于何铭生在中国遇到的人和事物：曾在日本服役的台湾老人、四行仓库保卫战的幸存者、参加二战的丹麦商人、指挥淞沪会战的德国军官的回忆录等都是他描绘中国那段战争岁月的灵感来源。他以丹麦人的视角，记叙了他所认为的西方学界关注或忽略的中国抗日战争，这也是他对中国深厚情感的呈现。

丹麦汉学家曹伯义（Carsten Boyer Thøgersen）1979 年来中国学习中文，之后他的人生与命运就和这个古老的东方大国交织在一起。"曹伯义出生于童话之国丹麦，中文名字取自鲁迅父亲周伯宜的发音，爱上'铁锅大火'炒菜的他已经练出了一个'中国胃'。不仅自己的命运和中国交织，更是让自己的孩子在中国扎下了根。他的儿子从小在北京长大，可以说一口地道的北京话。40 年间，无论身份如何变化，曹伯义都参与并见证着中国的发展。"① 曹伯义曾任丹麦驻上海领事馆总领事、哥本哈根商务孔子学院院长，他见证了中国改革开放 40 余年来的发展历程，也对中国文化充满了兴趣，曾游历中国的大好河山。2020 年 1 月，在北京语言大学举行的"一带一路"研究院成立仪式暨首届"一带一路"汉学与文化发展论坛上，曹伯义多次强调，现在丹麦和整个欧洲都掀起了一股"汉语热"；有人多次前往中国旅游，北京成为丹麦人来华的最佳目的地。卸任外交官的曹伯义担任孔子学院的外方院长，带着他的中国情愫和他对北京浓浓的眷恋，在丹麦著书立说，主动推介中国文化。

哥本哈根商学院国际经济、政治和商业系教授、丹麦中国研究专家柏思德（Kjeld Erik Brødsgaard）疫情前每年到中国购买年鉴，热情地在丹麦推介中国，创办《哥本哈根亚洲研究》期刊，著作有《现代中国——社会、经济和政治》（Hans Reitzels 出版社 2019 年出版）。疫情期间，针对西方偏见，他发表文章说："政治家们要负起责任来，要抓主要矛盾，认真分析中丹关系，尽可能抓住机遇。无论是对于丹麦还是对于美国，和中国搞好关系都相当重要，绝不能受制于民粹主义浪潮。"②

---

① 《〈见证人：我与中国一起成长〉之曹伯义》，中国青年网，2018 年 12 月 17 日，http://news.youth.cn/gn/201812/t20181217_11816695.htm。

② Kjeld Erik Brødsgaard, "Kinas betydning er næppe stærkt overdrevet," Berlingske tidende, May 13, 2020.

丹麦有一批带着乡愁的华裔，还有一批深怀中国情结的"中国通"。这两个群体都是中国主题图书在丹麦传播的积极主体和忠实读者。中国主题图书精准分析受众，可以在丹麦实现精准传播。第一，中国应精准定位丹麦文化市场和读者群体，继续强化中华经典读本的推出和译出；第二，中国应推出展现现代中国文化、现代北京文化的读本，让海外读者全面地认识中国，而不是总将认知停留在古代中国或近代中国；第三，中丹双方的出版集团可以积极联系曾到过中国或长期旅居、定居中国的丹麦人，对他们眼中的中国和文化以及他们的中国故事进行整合，出版发行。

## 四　中丹出版机构合作拓展文化市场

如今，世界俨然是一个整体，经济的国际化、全球化趋势日益明显。出版业作为经济与文化的交叉领域，也成为全球化浪潮中最活跃的因子之一。随着经济的发展，大部分国家的图书出版业都发生着巨大而深刻的变革，中国的出版业亦是如此。中国是一个历史悠久的文明古国是一个不争的事实，但是如何有效地把厚重的文明推介出去是当代出版机构需要考虑的。经济全球化弱化了政府对市场的垄断，党的十六大之后文化产业化也使得中国文化市场呈现多元的发展趋势，内销（出版物）、外销（版权）、内外合作（翻译＋出版）共同发展。北京主题图书在丹麦的传播，首先需要传播者牢牢掌握自己文化资源的内在意蕴并有诠释其的能力。这就要求出版集团在"做大、做强"的基础上，积极扮演传播主体的角色，向世界发声，力争在世界文化市场占据一定的份额。文化与出版的结合促进了文化传播和国际版权贸易。当前，中国出版走向世界有着前所未有的机遇："四个自信"中的文化自信为中国文化"走出去"增强了决心与力量，"一带一路"倡议推动了共建"一带一路"国家文化的高质量交流与合作，现有关于出版"走出去"的战略模式理论有助于在实践中产生丰硕的成果，互联网的普及和新媒体视域下的数字出版作为出版业的新形态在一定程度上可以填补中国在海外文化市场上的不足。

## （一）加强两国作者、译者合作，实现北京主题图书"走出去"

译者是文化传播的桥梁和使者。两种文化之间的差异最直观的表现就是语言差异，语言认知联通才能最大化文化传播效果。北京主题图书走向丹麦市场，首先就是要在语言上建立转换机制，而这个转换机制的承载者就是译者。因此，加强中丹两国作者与译者的合作，才能使北京主题图书更好地走向丹麦。

"海外中国研究"丛书是中国出版界的品牌丛书，由颇具独立精神的学界"动手派"——刘东创办并主编，并由凤凰出版传媒集团下的江苏人民出版社出版，自1988年开始出版发行。截至2018年12月，共出版了185册以海外中国研究为内容的文化、学术专著，包括费正清、宇文所安、杜维明、白馥兰、松浦章等著名学者的代表作，30余年来为中西文化交流做出了持续性的贡献。目前，每年依然出版新书10余册，并推出"女性系列""海外学子系列""环境系列"等子系列，在学术界、出版界颇有声誉。将中国的思想（儒家、佛教、经学、唯科学主义、自由主义、五四运动中的思潮等）、历史（朝代史、艺术史、思想史、制度史、文学史等）、艺术（诗画、园林、戏曲、书法、造纸、善书、电影等）、文化（食物、民间风俗等）、村落、人物等主题均囊括其中，全方位地展现了一个古老而又充满活力的中国。

该系列丛书2016年出版了一部丹麦汉学家易德波女士（Vibeke Børdahl）的著作《扬州评话探讨》（*The Oral Tradition of Yangzhou Storytelling*）（米锋、易德波译）。易德波是丹麦哥本哈根大学北欧亚洲研究所高级研究员和丹麦人文研究学院高级研究员，主要研究中国当代小说和诗歌、语言学和方言，她对扬州评话艺术的热爱近乎痴迷，在学术上也做了十分深入的研究，出版的著作除了《扬州评话探讨》之外，还有《中国说唱文学》（*The Eternal Storyteller: Oral Literature in Modern China*）、《说书：扬州评话的口传艺术》（*Chinese Storytellers: Life and Art in the Yangzhou Tradition*）、《扬州评话四家》（*Four Masters of Chinese Storytelling*）（与费力、黄瑛合编）等。她通过田野调查等方法，深入扬州大街小巷、饭馆、剧院做实地访问，成为扬州文化的挖掘者、记录者、传播者，也是中西文化友好交流的使者，是她让扬州评话走向了世界。1996年《扬州评话探讨》英文版由劳特利奇出版社（Routledge）在北欧亚洲研究所系列丛书中出版，2006年人民文学出版社出版中文版，2016年"海外中国研究"丛书收录此书，该书中文版的诞生是作者、译者和校对者竭诚合作的成果。作者易德波本身就是汉学家，对中文和扬州方言极其熟悉并做过系统研究。她早年间就学习过中文，并对中国语言学很感兴趣；在巴黎求学期间，经常到扬州人开的中餐馆学习方言。后来，她陆续发表了论文《扬州方言的音位和语音系统》（The Phonemes and the Phonological Structure of the Yangzhou Dialect, 1969）和《从历史角度看扬州方言语音系统》（The Phonology of the Yangzhou Dialect in a Historical Perspective, 1972）。《扬州评话探讨》一书虽然最初是用英文写成出版的，但易德波本人又是中文版译者，作者即译者、即译出语的专家，所以该书在译介上避免了文化差异导致的纷争、译者对作者的曲解或误解等问题。对于易德波而言，她以英语来书写中国的文化，后又将其著作翻译成中文，使其成为中国读者了解扬州评话的专著。这两个过程当中，她既是文化的传播者，也是语言的翻译者。这是译介中的一种特殊模式。

就文学而言，翻译理论家安德烈·勒菲弗尔认为有两个因素影响着文学的创作和翻译。第一个因素是专业人士，他们本身就是学者、作家或翻译家。例如，翻译家（译者）考虑到"诗学"和"主流意识形态"，会改写原著。瑞典汉学家马悦然（Göran Malmqvist）就曾指出，他在翻译中国文学作品时，他要翻译他所喜爱的，要将他喜爱的推荐给国人，必要时也会对原作稍做改写。第二个因素是来自外部的"赞助人"，比如权力实体（国家、出品人、出版机构），为了迎合输出国读者的特点和偏好，加速（阻碍）他们的阅读，赞助人会要求适当做改写。[①]例如，师从马悦然的翻译家陈安娜（安娜·古斯塔夫森），已翻译过20余部中文小说，包括莫言的《红高粱家族》《天堂蒜薹之歌》《生死疲劳》，余华的《活着》，苏童的《妻妾成群》等。莫言仅用43天就完成了《生死疲劳》的初稿，陈安娜却用了6年将其翻译成瑞典语。她说："莫言的写作方式很独特，这个人一会儿是人，一会儿是驴，一会儿是猪，在我看来又幽默又残酷。这是别人写不出来的，至少我这么觉得。"所以在翻译时，她要回到中国文化的大语境中去找寻一个与瑞典语相契合的点，比如她曾表示："有一些骂人的话我也觉得很难，中国的语言很丰富，而且骂人方式跟我们非常不一样，可能是我不太会骂人。"[②]再如，英国翻译家迈克尔·杜克（Michael S. Duke）将苏童的《妻妾成群》这本书的书名直接翻译成"大红灯笼高高挂"（Raise the Red Lantern），这显然是受张艺谋改编自《妻妾成群》的电影《大红灯笼高高挂》的影响，也有可能是译者无法将"妻妾成群"这个中国文化意味浓郁的词有效表达，从而用"大红灯笼"这个具体的意象来取代——红色、灯笼，都是典型的中国事物，海外读者一目了然，这是一本关于中国的书籍。由此可见，考虑了"主流意识形态"、"诗学"和"赞助人"三个要素的中国文化作品译介能有效促进中国文化对外传播。

《红楼梦》《水浒传》等中国经典小说早已被翻译到丹麦、挪威、瑞典等北欧国家，虽然可能其接受范围还是较小的，但其译者对原著的阅读、对原著作者的研究都是事无巨细的。易德波认为中国的长篇世情小

---

[①] André Lefevere, *Translation, Rewriting and the Manipulation of Literary Fame* (Shanghai:Shanghai Foreign Language Education Press, 2004), pp.14~15.

[②] 《莫言背后"最重要的女人"陈安娜》，中国网，http://www.china.org.cn/chinese/2012~12/13/content_27403737.htm，最后访问日期：2023年9月1日。

说《金瓶梅》（明代兰陵笑笑生著）的艺术价值极高，但她坦言："这（翻译）是一项艰难的工作，每天工作 12~14 个小时，也只能翻译三页。"这意味着易德波作为译者，除了语言上的功力，还需要回到中国文化的场域、回到明代的世情风俗中，尽力揣摩原著作者的用意，才能如实、如愿地向丹麦读者呈现《金瓶梅》的原汁原味。2012 年莫言获得诺贝尔文学奖，他的小说在北欧掀起一股热潮，陈安娜的译本是阅读量较大的一个版本。另外，我们通过丹麦图书馆检索中国文学相关的书目发现，莫言的小说也有丹麦语译本，如《天堂蒜薹之歌》（*hvidløgsballaderne*，2013 年）、《红高粱家族》（*de røde marker*，2016 年）、《生死疲劳》（*livet og døden tager røven på mig*，2017 年），均出自曾经任教于北京第二外国语学院的丹麦学者达墨革（Peter Damgaard）之手。对此，丹麦汉学家魏安娜教授坦言："莫言的小说在丹麦很受欢迎，特别是最近在哥本哈根翻译出版的《天堂蒜薹之歌》。"

2005 年中国设立了"中华图书特殊贡献奖"，主要授予在向海外介绍中国、推广中华文化和中国出版物等方面做出突出贡献的外籍及外裔作家、翻译家和出版家，由此激励了海外作者和翻译家书写和推广中国文化，从传播者这个层面促进中国主题图书"走出去"。

## （二）以文化自信为基石，促进中国出版稳步"走出去"

文化自信即高度认同文化价值的态度，它使中国优秀文化屹立世界民族之林有了最硬的底气，也让作为文化传播桥梁的出版业在践行"走出去"的方针政策时有了更强的助力，能够开阔眼界、聚焦视点、打开格局、提升层次。

出版"走出去"实质上是文化"走出去"，其战略的制定与国家的政策导向有密切联系。中国自 2003 年开始实施出版"走出去"战略，近 20 年来，几乎每年都有新的战略决策或更加细化的战略出台，其目的就是一步步与图书出版强国、图书出口强国、版权贸易强国缩小差距，

真正成为一个文化强国。2018 年的出版数据显示，第一，中国售出版权
12788 种，版权贸易逆差从 13 年前的 7.2∶1 下降到 1.3∶1；第二，出版
实物（图书、杂志、音像制品、数字产品等）出口额高达 1 亿美元；第
三，印刷对外加工贸易额超 15 亿美元；第四，电子图书海外销售、期
刊数据库海外付费下载收入超 2000 万美元。① 从数据上看，中国出版业
走出国门的发展态势十分可观，但是与西方出版强国相比，仍然处于刚
刚开始发展的阶段。一方面，中国文化产业化市场打开没多久，出版行
业市场化起步晚、基础薄弱，赶超英美出版强国仍然需要时间；另一方
面，中国出版业的传播体系不够完善，30 年前（甚至 20 年前）还几乎
只是将目光聚焦于国内市场，因此，绘制文化"走出去"、出版"走出
去"的蓝图显得十分重要。在此，我们对进入 21 世纪以来中国出版"走
出去"战略或成果作一个简要的回顾与梳理（见表 5-3）。

表 5-3　进入 21 世纪以来中国出版"走出去"战略或成果简表（不完全统计）

| 序号 | 年份 | 战略或成果 |
| --- | --- | --- |
| 1 | 2000 | 企业"走出去" |
| 2 | 2003 | 出版"走出去" |
| 3 | 2004 | 中国图书对外推广计划（2006 年才正式启动） |
| 4 | 2005 | "中华图书特殊贡献奖"设立 |
| 5 | 2006 | 中国图书对外推广网开通 |
| 6 | 2007 | 英文杂志 China Book International 创刊 |
| 7 | 2009 | 中国文化著作翻译出版工程 |
| 8 | 2009 | 经典中国国际出版工程 |
| 9 | 2009 | 中国成为德国法兰克福书展主宾国 |

① 蒋茂凝：《促进对外出版贸易高质量发展的分析与思考》，《中国出版》2019 年第 24 期。

续表

| 序号 | 年份 | 战略或成果 |
|---|---|---|
| 10 | 2010 | "中外出版深度合作"项目 |
| 11 | 2011 | 文化部《关于促进文化产品和服务"走出去"2011—2015 年总体规划》正式出炉 |
| 12 | 2012 | 《关于加快我国新闻出版业走出去的若干意见》正式出台 |
| 13 | 2012 | 全球数字资源聚合与服务工程 |
| 14 | 2013 | "易阅通"（CNPeReading）启动运营 |
| 15 | 2013 | "一带一路"倡议（建设丝绸之路经济带和21世纪海上丝绸之路）提出 |
| 16 | 2014 | 新中国成立以来国内最大规模的学术著作输出项目——"中国近现代文化经典文库" |
| 17 | 2016 | 文化自信 |
| 18 | 2016 | 曹文轩获 2016 年度国际安徒生奖 |
| 19 | 2016 | "国际出版网"上线 |
| 20 | 2016 | 外国人写作中国计划 |
| 21 | 2017 | 少数民族作家海外推广计划 |
| 22 | 2018 | "中国书架""友好书架"项目 |
| 23 | 2019 | "5G+"新阅读应用场景——中图·社区智慧书房 |
| 24 | 2019 | 中国优秀作品翻译与国际出版传播计划——百千计划 |

无疑，出版是中外文明交流的加速器。中国看到中外出版交流具有广阔的前景，正稳步推进出版"走出去""走进去"战略。以"走出去"为目标，以国际书展、国际图书节、国际图书沙龙等为平台，中国出版业正在努力实现 8 个"走出去"——出版物、版权、出版机构、国际编辑部、国际合作、兼并重组、中国书店、中国书架"走出去"——以打造全方位、全视域的"走出去"立体传播体系。这是中国对外出版政策与时俱进的调整，也是我们对中国文化充满自信、充满定力时的必然之举。

从表 5-3 的战略或成果回顾中我们可以看到，出版"走出去"是国家重要的战略决策，它随着国家发展格局的变化而更新定位，在全球出版业行情的发展中步步布局，它是中国"五位一体"总体布局（经济建设、政治建设、文化建设、社会建设、生态文明建设五位一体，全面推进）的服务者。因此，文化复兴、文化强国建设、文化软实力的提升，均需要出版业充当排头兵。此外，出版业的交流合作实际上就是文化外交，这个过程充分体现着文化自信的力量，即中国有信心在国际场域中进行文化比较。

例如，德国法兰克福书展被誉为"全球出版界奥林匹克""世界文化风向标"，是全球图书业的盛会。2009 年，中国首次作为主宾国参加法兰克福书展，中国出版、中国文化成为法兰克福书展的焦点，并在三个方面取得了令人振奋的成绩。一是中国文化在国际视域下尽显风采。图书签约仪式、图书首发仪式、图书推介会、文化论坛、作家演讲、新闻发布会、艺术表演紧锣密鼓，展现中国文化的魅力；以莫言、铁凝、余华等为代表的 20 余位中国作家在书展现场举办近 80 场活动，与世界各国的出版者、学者、作家、读者进行了真挚的交流，获得参观者和读者的大力追捧和广泛好评。二是版权输出破历史记录。据悉，仅中国出版集团就签约 165 项版权输出协议，创历届国际书展的最高纪录。[①] 三是中国出版业积极开展国际合作。就出版机构合作而言，此次书展上，中华书局与英国麦克米伦出版有限公司（Macmillan Publishers）达成了合作共识，签约了《于丹〈论语〉心得》的全球英文版版权，预付金额达到 10 万英镑之多。可见，2009 年法兰克福书展是中国文化"走出去"的转折点，以此为机遇，中国文化、中国出版在国际舞台上大放异彩，迸发出更旺盛的生命力。

2019 年，同样是在法兰克福书展上，中国出版集团以及其旗下的中国大百科全书出版社与英国 DK 出版公司就《穿越时空的中国》英译本的出版达成合作协议。《穿越时空的中国》以 2700 千米长的中国大运河为

---

① 吴伟等：《阅读中国，聆听中国——法兰克福书展述评专辑》，《出版广角》2009 年第 2 期。

主题，以大运河经过的杭州、苏州、洛阳、北京等 14 个城市为基点，书写了与此相关的 2500 年的历史，讲述了夫差开凿邗沟、隋炀帝巡游、张继夜泊枫桥、杭州的繁荣、利玛窦进京传教、运河危机、银锭桥刺杀案等十几个精彩的中国历史故事。当然，中国大百科全书出版社与 DK 出版公司早在 1995 年就开启了合作之旅，截至 2019 年，双方合作出版的图书有 200 余种，总销量高达 1000 万册。众所周知，DK 出版公司出版的书籍质量在欧洲得到普遍认可，中国出版集团与之合作，在一定程度上能促使中国文化在欧洲更具吸引力与权威性。

与国外出版机构的合作，并不仅仅是版权贸易，更重要的是促进出版物在输出国建立本土化的"话语体系"。简而言之，强化中外出版机构的合作，就意味着为中国出版"走出去"安装了一个强大的转换器，以输出国出版社为媒，既可以让"中国故事""中国文化"得到更贴切的"世界讲述"，也能够提升世界读者对"中国故事""中国文化"的理解度和接受度。

## （三）以"一带一路"倡议为契机，推动中丹出版合作高质量发展

中国"一带一路"倡议自 2013 年提出以来，已有越来越多国家的认可并主动加入，"一带一路"成为世界发展的机遇之路。截至 2019 年 11 月，我国政府已同 137 个国家、30 个国际组织签署了 197 份"一带一路"政府间合作协议，① 旨在"在谋求自身发展的同时，为其他国家的发展贡献顺应历史潮流的中国智慧"。② 丹麦是连接西北欧的桥梁，作为"一带一路"北线的重要国家，丹麦也是与中国建立全面战略伙伴关系的北欧国家之一——2008 年两国共同发表了《中华人民共和国政府和丹麦王国

---

① 资料来源："一带一路"频道，新华网，http://www.xinhuanet.com/silkroad/#c1。
② 《数说"一带一路"成绩单》，中国一带一路网，2019 年 2 月 18 日，https://www.yidaiyilu.gov.cn/jcsj/dsjkydyl/79860.htm。

政府关于建立全面战略伙伴关系的联合声明》。声明第九条称："双方将扩大在文化和旅游领域的合作，支持两国人民之间的接触与交流。"①2017年，时任丹麦首相拉斯穆森访华，表示丹麦愿在多层面积极参与"一带一路"建设，使双方的各项合作更加绿色、更有创新性、更加符合可持续发展目标。2019年，中国驻丹麦使馆与丹麦智库科学和商业外交中心（CSCD）合作举办了"一带一路"研讨会，深化了中丹在共商、共建、共享原则基础上的高质量合作。文化合作是中国与丹麦交流交往的重要议题，出版作为文化的题中之义，在"一带一路"建设中发挥着不可或缺的作用，也是中国向丹麦和世界"讲好中国故事"的试金石。

2017年，时任丹麦首相拉尔斯·拉斯穆森访华，推动丹中经贸合作和人文交流再上新台阶，为两国全面战略伙伴关系注入新动力。②中丹合作领域中文化交流相对来说是滞后的。文化传播机制、文化服务体系、文化对接机制、文化深耕体制等跟进不及时，合作力度和融合深度远远落后于其他领域。尤其是新闻和出版业，这一领域的合作在共建"一带一路"国家的影响力明显低于经济贸易。有空白就有生长的空间，中国出版业应该以此为契机，以"一带一路"为平台，与丹麦及其他共建"一带一路"国家的出版机构展开更全面、更系统、更深入的交流与合作，因为文化的传播与传承有助于更好地树立起中国形象，中国同与之交流国的民心相通也就有了人文基础。

改革开放40余年来，中国出版业的发展取得了有目共睹的成就。文化"走出去"、出版"走出去"战略的实施，促使中外出版交流开启了新的发展征程，"中外出版交流在多个方面做得风生水起：中国出版单位设立国际出版机构，成立国际编辑部，中外合作出版，建立国际出版联盟，依

---

① 《中华人民共和国政府和丹麦王国政府关于建立全面战略伙伴关系的联合声明》（全文），2008年10月25日，http://newyork.fmprc.gov.cn/gjhdq_676201/gj_676203/02_678770/1206_679062/1207_679074/200810/t20081025_9333747/shtml。

② 《习近平会见丹麦首相拉斯穆森》，新华网，2017年5月4日，http://www.xinhuanet.com/politics/2017-05/04/c_1120919523.htm。

托出版社设立'中国书架'，开展国际合作运营，共同建设国际在线平台，共同推进国际数据库建设，全球组稿发行，开展版权贸易和实物贸易"①。

中国出版单位设立国际出版机构。中青总社、人大社、华教社、浙少社均设立了海外分社；凤凰出版传媒集团在海外设立的出版机构有美国红翼出版公司（Cardinal）、凤凰传媒伦敦公司、凤凰传媒澳大利亚公司等；中国出版社知名的海外出版机构还有中国出版东贩公司、社科社法国分社、北语社北美分社等。在丹麦设立分社，意味着中国出版社直接打入了丹麦出版市场，运营、出版均需按照丹麦要求进行。众所周知，丹麦是一个高度国际化的国家，人口仅有580多万，但使用的语言超过100种，基于此，英语（国际通用语）成为丹麦的第二语言。这也是我们在统计丹麦图书资源的过程中发现的现象——英语书籍居多。因此，中国在丹麦设立出版机构，出版图书也可以考虑以英语出版，这一方面可以实现面向更多受众的传播，另一方面也可以有效拓展译者、作者群体，而不仅仅限于丹麦语的译、作者。当然，丹麦语的出版仍必须被视为主体，丹麦语毕竟是丹麦的第一语言，以丹麦语出版不仅更易被接受，而且可能更易深入丹麦读者群体。

成立国际编辑部。截至2018年底，中国出版集团旗下的中译出版社已与匈牙利罗兰大学"一带一路"研究中心和科舒特出版社、印度普拉卡山出版社、英国里德出版社、罗马尼亚罗奥出版社、斯里兰卡海王星出版公司、塞尔维亚贝尔格莱德大学孔子学院和芝戈亚出版社、突尼斯东方知识出版公司等16个国家的出版机构共同建立国际编辑部，一共签约多语种图书103种，出版发行22种。② 同时，新世界出版社的一些具体举措也值得借鉴，时任总编辑张海鸥说他们与中国图书海外编辑部有三种合作模式："将该社已于中国出版的图书在海外落地出版；双方共同

---

① 孙海悦：《中国出版企业加快国际化步伐》，《中国新闻出版广电报》2019年12月30日。
② 关玲、杨韵荟：《"一带一路"主题出版发展探讨》，《出版广角》2019年第21期，第20~21页。

策划选题，分别在国内和海外落地出版；海外出版社提出选题需求，双方共同策划，量身定制。目前已有印地文版《图说中国梦》、土耳其文版《中国共产党如何应对挑战》、英文版《那年那月人马情》等 15 种图书出版。"① 此外，中译社与共建"一带一路"国家中 6 国的出版社共同成立国际编辑部，并将编辑部的名字定为"中国主题"，考虑到这些共建"一带一路"国家的读者对中国当代文学以及社科类图书有浓厚的兴趣，双方商定根据目标国文化及读者需求提出选题，共同策划中国主题图书，共同以多语种出版，讲好"中国故事"。②

中外合作出版。中国文化类图书，尤其是社科类图书在国际上的传播力度和影响力其实远远小于自然科学类图书。因为"科学无国界"，自然科学著作可以直接用英文书写，也较少涉及伦理道德、风俗传统的问题。而社会科学不同，中外的学术传统、语境形态、哲学基础都不尽相同，导致这类图书"走出去"困难重重。中国社会科学出版社为加强中国人文社科版权输出一直在努力，已顺利与新加坡世界科技出版公司（World Scientific），美国 MCM Prime 出版社，英国劳特利奇出版社（Routledge）、剑桥大学出版社（Cambridge University Press），德国施普林格·自然出版集团（Springer Nature）合作，出版了一系列人文社科类图书，受到海内外的一致好评。近年来，中国在世界经济、文化领域的地位不断提升，中国发展主题的图书受到国外出版合作方的欢迎。2019年开始，中国出版集团开始与澳门出版文化界展开深度合作，欲以多元文化共存的澳门地区为核心，辐射至周边共建"一带一路"国家、葡萄牙语国家，与其展开文化交流合作，并用图书出版的形式来呈现"一国两制"方针在澳门的成功实践，讲好包括"澳门模式"在内的"中国故事"，推动中国大陆与这些国家或地区的出版合作、版权贸易，全方位地

①　孙海悦:《精准布局：下好走出去"先手棋"——聚焦出版社国际编辑部系列报道之一》，《中国新闻出版广电报》2018 年 6 月 28 日。

②　渠竞帆:《中版"国际编辑部"：新模式的探索》，《中国出版传媒商报》2017 年 9 月 6 日。

提升中国文化的感召力和影响力。天天出版社与挪威的童书出版人合作的"中挪图画书共创项目"，打破了以前单纯的版权贸易（挪威将图书版权出售给中国）模式，使双方的图书出版真正走向了合作。中央广播电视大学音像出版社与美国宝库山出版集团（Berkshire Publishing Group）就大型音像出版项目"中国全景——视觉中国百科全书"展开合作，也是为了该项目能够适应美国本土读者的期待，为后续顺利传播打下良好的基础。

基于成功经验，中丹两国关于出版的合作可以从三个方面入手。一是主题上选取丹麦读者感兴趣的内容。二是重视"一带一路"倡议中关于中丹合作的政策，并以此为基础推进双方的出版合作。丹麦之于北欧具有重要的战略地位，中丹出版社的合作与其推动的图书的传播可以辐射至北欧甚至整个欧洲，极大地提升中国文化在欧洲的接受度和影响力。三是中丹出版深度合作有利于双方互通有无，在增进友谊的同时带来不可估量的经济效益，"文化+经济"的联合是其他合作模式无法匹敌的。中丹合作出版已有先例——人民邮电出版社和丹麦艾阁蒙集团（Egmont）1994年共同投资创建的童趣出版有限公司，专门从事少儿读物、童话书籍的出版发行，其创立的诸多优秀的图书品牌，如"迪士尼系列""迪士尼公主系列""天线宝宝系列""托马斯和朋友系列"，获得国内外少儿读者的追捧与热爱。

建立国际出版联盟。中国出版机构与海外出版机构的合作还可以以联盟的形式展开。中国出版机构现已参与构建的国际出版联盟有中国外文局新星出版社与日本岩波书店（いわなみしょてん，Iwanami Shoten）、日本大学出版部协会协同共建的中国主题图书出版联盟，亚太学术出版联盟，"时代-澳大利亚国际出版商"合作联盟，"一带一路"国际出版联盟。国际出版联盟能够将出版主管部门（政策）、出版社（策划、成品）、书店（营销）等出版领域的中坚力量紧密联合起来，搭建全面、开放、高效、包容的出版平台。例如，中日中国主题图书出版联盟成员在2018年共同出版图书 20 余种，并定期互访交流、互通有无，极大增进了两国的友谊，促进了两国出版界、翻译界、学术界的交流合作。《中丹联合工作方案（2017—2020）》表明，中丹在经济、贸易、教育、文化等方面的交流有着良好的基础。这一方案还提出了"双方将保持并加强交流，推动中丹文化产业的高水平融合"。从经济效益和文化影响力这两个方面来看，两国构建国际出版联盟具备条件，这是推进中丹文化产业深度融合的良好渠道。具体的步骤可为：中丹双方签署出版计划（关于主题、形式等）、出版集团达成合作协议（关于策划、成品）、成功吸引经销商（图书营销公司、书店等）、读者顺利购买和阅读图书（通过电子书籍、书店、图书馆等）。

依托出版社设立"中国书架"。在海外各地的大型书店集中展览和销售中国的优秀图书，是中国图书"走出去"最接地气的举措。该举措被称为"中国书架"，是 2018 年由国家新闻出版署主办、由中国图书进出口集团实行的图书海外推广项目之一。2018~2020 年，"中国书架"走进了德国、加拿大、泰国、古巴、瑞士、阿尔及利亚等 16 个国家的 51 个主流书店，全方位、立体化满足了当地读者了解中国文化的需求。其实早在 2014 年，福建新闻出版机构就已在丹麦哥本哈根设立了"闽侨书屋"。在丹麦设立"中国书架"可参考"闽侨书屋"的模式，也可借鉴希腊与中国的合作。2019 年 3 月，雅典的百年书店——艾弗索达克斯书店设立了"中国书架"，集中地向雅典读者提供了关于中国主题的中英文书籍 10 余种，内容涉及当代中国的新面貌，中国优秀的传统文化、文学作品，中文基础知识等方面。中国的出版机构与丹麦知名书店、图书馆、艺术馆或其他合适场所对接，将中国主题图书引入，将"中国书架"落地，是中国文化进入丹麦最直接、最简洁的方式。

开展国际合作运营。例如，2017 年辽宁科学技术出版社与西班牙派拉蒙出版集团合资成立 AR 新技术公司，旨在以 AR/VR 技术实现更丰富、更有价值的童书出版。该新技术公司出版的第一部《小王子》AR 图书已经实现了 16 个语种的共版合作，全球发行数量超过 10 万册，开启了全球出版业的新纪元。又如，人民文学出版社在"中外出版深度合作"项目的基础上又启动了"中外作家同题互译项目"——中国与海外多家文学出版机构合作，双方共同商定选题，在中外短篇作家中各选 8 位，并以合集的形式在两国同步翻译出版，实现两国作家的相互推介、两国文学作品海外传播的相互促进。其中与俄罗斯 Vremya 出版社的合作以"复活"（life after death）为选题，双互译中俄短篇中关于生死、成败、希望、远行等人类永恒话题的作品。文学包含着人类的共通价值和普遍情怀，是世界通用的"语言"。中丹出版合作运营，若以中国文学、北京文学或丹麦文学、丹麦童话为主题，传播效果可能是最佳的。

共同推进国际数据库建设。中国出版界的数据库建设方兴未艾，近十年来成为出版社"从传统的出版内容提供商向信息服务提供商转型"的战略选择，也几乎成为各出版机构的必经之路。在此，出版与科技凝成一股合力。2011 年，"中国大百科全书"数据库成为国内首个知识集成型资源数据库；2012 年，中国建筑工业出版社与北大方正电子启动"中国建筑全媒体资源库与专业信息服务平台"项目合作；2015 年，古联（北京）数字传媒科技有限公司成立，业务主要涉及经典古籍库等数据库产品，同年，中国民主法制出版成立数字出版部，为实现专业知识数据库化走出了第一步；2018 年以来，诸多古籍数据库产品陆续上线，为使用者提供了极大的便利……中国出版机构对数据库建设充满热情，但如何与外方（丹麦）共同推进国际数据库建设是当前亟须探讨的问题。显然，国际数据库的建立，一方面需要大规模的内容，即需要中丹两国将双方都感兴趣的、卷帙浩繁的图书转化为数字图书；另一方面需要大规模的使用，即中丹两国有大量的用户或读者使用该数据库（这也是数据库实现盈利的保证）。此外，专业成熟的科学技术、强大的渠道运营团队也是不可或缺的，这可以借鉴励德爱思唯尔、威科、威立、施普林格等世界一流出版机构的数据库建设和数字出版经验。

　　扩大版权贸易规模。版权贸易是指使用已有版权作品而与版权所有人产生的贸易行为。我们在此只考虑中国与海外国家或地区的版权贸易，即涉外版权贸易行为，其中版权使用者与版权所有人不在同一国家或地区。截至 2016 年，中国版权贸易发展已取得了重大进展。国家新闻出版广电总局公布了这样一组数据："中国图书对外推广计划资助翻译出版 2973 种中国图书。经典中国国际出版工程资助 3000 多种图书在 42 个国家翻译出版。2016 年建设的中国图书'走出去'基础书目库首批入库图书 200 种，引起各国出版机构浓厚兴趣。2012~2016 年，全国实现版权输出 5 万多种（次），版权引进输出比由 2012 年的 1.88∶1 缩小到 2016 年的 1.55∶1，其中，图书版权输出由 2012 年的 7568 种增长到 2016 年的 9811 种，增长 30%。2016 年实物出口 2236 万册，与 2012 年相比，总量增加 145 万册，金额增加 1536 万美元。"① 图书版权输出大部分集中在历史、哲学、文学方面，多为普及性和工具性的图书，输出范围从亚洲地区扩展到世界各地，尤其是英美法与共建"一带一路"国家。中国文化、中国故事正在以崭新的方式进入西方主流国家。例如，中华书局出版的《狼图腾》《于丹〈论语〉心得》在版权输出中取得了不凡的成绩。又如，凤凰出版传媒集团作为中国最大的出版发行企业，在国际文化传播中做出了突出的贡献。在凤凰传媒的国际展厅有这样一组数据："'十三五'以来，凤凰图书版权输出海外 30 多个国家和地区，输出量超过'十二五'总量，2016~2019 年引进输出比 1.14∶1，900 余种图书被海外图书馆馆藏。"② 其中，曹文轩的长篇小说《青铜葵花》已实现了向 19 个国家的版权输出，是该出版发行企业输出国家和语种最多的图书，并获得了美国弗里曼图书奖等多个重要国际奖项，创下了凤凰传媒版权贸易史上对外输出的新纪录。此外，2017 年首届中国·山东"一带一路"图书版权贸

---

① 张稚丹:《从出版大国向出版强国迈进》，中国共产党新闻网，2017 年 9 月 22 日，http://cpc.people.com.cn/n1/2017/0922/c412690-29551920.html。

② 赵新乐:《版权贸易必须要有国际化视野》，《中国新闻出版广电报》2019 年 9 月 12 日。

易洽谈会促成 220 余种图书版权输出；2020 年，中国武汉就新冠疫情的防控为世界给出了"中国方案"，截至 3 月底，湖北科学技术出版社出版的《新型冠状病毒肺炎预防手册》共收到了全球 21 个国家和地区的近百个版权贸易合作意向，已经面向 17 个国家和地区达成了 12 个语种的版权输出协议，包括英语、韩语、意大利语、德语、法语、西班牙语、泰语、希腊语、波兰语、葡萄牙语等。① 中丹电影版权贸易较多，中国图书版权对丹麦输出呈现出缓慢发展的态势。例如，"自 2014 年'中国种子·世界花'项目正式启动至今，其作品已经成功在瑞典、丹麦、意大利、德国等国家举办的国际书展上亮相，并同步输出了瑞典语、丹麦语和塞尔维亚语版本作品，受到当地小读者的喜爱"②。"一带一路"倡议为中丹图书版权贸易提供了得天独厚的条件，中国与海外其他国家的版权贸易经验为中丹贸易提供了难能可贵的经验，加之中丹文化交流日益密切，中丹图书版权贸易的强化和提速发展具备了比较成熟的条件。

## （四）以战略模式为指引，助推中国图书出版海外交流合作

出版物是文化信息的载体，出版"走出去"就是文化"走出去"。而出版物的面世必须经过出版机构。图书是出版物之一。近年来，中国图书出版"走出去"获得的成绩有目共睹。战略从"引进来"到"走出去"，主题图书进出口从出口大国到强国，图书版权贸易对象从欧美发达国家到共建"一带一路"国家，出版上从以版权贸易为主到兼有本土化运营、国际合作出版乃至实物出口，格局上实现了从单一到多元、从单向传播到辐射全世界。③ 中国主题图书在海外的传播和销售也呈现明显

---

①　汤广花：《湖北战"疫"图书实现多语种版权输出》，《中国新闻出版广电报》2020 年 3 月 16 日。

②　王坤宁、李婧璇：《少儿出版国际组稿渐入佳境》，《中国新闻出版广电报》2018 年 10 月 15 日。

③　孙海悦：《中国出版企业加快国际化步伐》，《中国新闻出版广电报》2019 年 12 月 30 日。

的增长态势，主题主要涉及中国模式、改革开放 40 周年、"一带一路"、中国文化、中国政史、中外关系等。而在丹麦，北京主题图书中最受欢迎的是中国文化中的北京文化、中国文学中的京城文学、中国政史中的北京历史与政治以及改革开放以来北京的新面貌等主题的图书。如何助推中国出版业与丹麦等海外国家的交流与合作？除了上述以"一带一路"为契机的 8 个合作渠道之外，还可以参考西方一些发达国家文化"走出去"、出版"走出去"的有效战略和成功模式。

李嘉珊教授的《2018~2019 年全球及中国图书出版行业发展现状、趋势及未来展望：行业进入成熟期，中国是增长最快的头部市场》显示："全球出版市场集中度较高，美中德英日法为前六大图书市场。六大出版强国占据全球图书市场份额的 67%，其中美国、中国、德国、英国、日本和法国出版份额分别为 29%、17%、8%、5%、5% 和 3%。目前全球出版行业已基本进入成熟期，除中国外，其余头部出版市场增速进入相对平稳、略有波动的阶段。其中，美国是全球最大的出版市场，2018 年出版业整体销售净收入为 258.2 亿美元。"[①] 中国为世界第二大出版强国，但整体销售净收入与美国差距较大。在此，我们将分析美国出版业成功"走出去"的战略模式，以便提供参照、帮助思考，促进中国与海外国家，尤其是与丹麦的出版合作与文化交流。

美国出版强国的身份有利于它的图书出口、版权贸易，并使其在国际出版合作或文化交流的过程中处于强势地位，同步提升了其文化软实力。美国的出版机构众多（全美至少有 1361 家出版机构），图书市场广阔（其出口图书占世界图书出口总量的 22% 以上，并有固定的出口大国加拿大、中国、印度等），出版业资本输出开始时间早（早在 20 世纪 60 年代就开始定位于全球市场），北美地区规模最大、集版权洽购与图书订

---

① 《2018-2019 年全球及中国图书出版行业发展现状、趋势及未来展望：行业进入成熟期，中国是增长最快的头部市场》，智研咨询网，2019 年 10 月 19 日，http://www.chyxx.com/industry/201910/790813.html。

购功能于一身的美国书展不断求新求变（吸引全球出版人），勇于尝试图书"走出去"的新战略（建设网上书店、数据库、海外分支机构，提供电子书与阅读终端服务）。美国模式的以下几个特点可资参考。

一是政府推动。美国的经济是市场主导的，出版行业也是如此，虽然没有专门管理版权贸易和图书进出口的专业机构，但是政府依然是推动出版行业发展和图书出口的重要力量，主要通过间接方式来规范和引导其发展。原美国新闻署（U.S. Information Agency, USIA）实际上就是一个管理美国文化传播的组织机构，1999 年其并入美国国务院（U.S. Department of State），并不意味着从此以后就没有一个官方机构来管理美国的文化传播问题了——美国版权局（登记、保护版权的机构）和版税裁判所（解决版权纠纷的机构）应运而生。更重要的是，美国的诸多出版行业协会以推动图书出口为己任，通过国际书展等书业国际活动成为美国图书出口的中坚力量。在政府的推动下，这些出版机构或行业协会在法律、税收、财政、技术、战略布局等方面获得了强大的保障，客观上促进了美国图书更好地"走出去"。例如，《联邦贸易委员会法》（Federal Trade Commission Act）和《克莱顿反托拉斯法》（Clayton Antitrust Act）给予出版行业极大的市场自由，一方面保护竞争，另一方面制约垄断，从立法层面鼓励本国出版物出口与参与国际贸易。又如，税收方面，美国对不同出版机构、不同出版实物实施不同的税收政策：出口图书的增值税和营业税先征后退、进口图书免征进口税，联邦政府甚至对非营利性出版机构免税并给以优渥的资助。出版业的税收调节，可以更合理地配置出版资源，引导并调整出版业在符合国家利益范围内发展。在财政方面，美国政府也以实际行动大力支持图书出口——美国政府印刷局的出版活动与图书"走出去"一般都受国会的直接资助；此外，政府主导下的出版基金也成为图书出版和进出口的资金后盾与保障，国家科学基金会（NSF）和国家人文基金会（NHF）就是其中典型的资助机构。

二是从出版物出口贸易转向国际知识产权贸易。资料显示，西方发达国家文化产业 GDP 占全国 GDP 比重均在 10% 以上，美国文化产品已成为第一大出口产业，取代了航空航天工业，而出版物也是文化产品之一——美国长期以来都是图书出口大国也是显而易见的。但是随着国际经济的发展和出版业务的更新，美国的图书出版商对图书出口与海外发行所带来的利益和利润并不满意，且要面临图书出口的主题对口问题、折扣问题、资金回笼问题、汇率问题甚至政治问题。所以，美国出版机构逐渐从图书出口贸易转向了版权贸易，以规避以上问题，实际上，这在无形中扩大了美国图书的出口规模。中国 2017 年就购买了 6000 多册美国图书的版权，占所有申报海外图书的 1/3 以上。此外，重新出版权（重印权）和翻译权的售让，也成为美国版权贸易的重要组成部分。

　　三是学术图书成为图书出口和版权出口的重要领域。国际出版商协会（IPA）将图书出版市场分为大众出版、教育出版、SAS 专业出版三大类。① 一般而言，大众出版（虚构、非虚构和少儿图书）占图书出版的绝大部分比例，如 2018 年美国大众出版占比超过 60%，而且大众出版也是图书市场最稳定的出版类目。② 但是美国又是一个教育强国和学术强国，与其他国家相比，它的教育出版与 SAS 专业出版出口也处于国际领先水平。例如，美国学术出版社（American Academic Press）出版物涵盖各个学科，均是学术品质极高的著作或论文。该出版社的"国际数字电子访问图书馆"（International Digital Electronic Access Library，IDEAL）将纸质书籍数字化，在全球互联网内快速传递，将美国最新、最权威的学术著作和学术观点及时地传播到世界各地，成为出版领域"科学无国界"的典范。美国学术出版社也大力鼓励其他国家优秀的学术作品在美出版。该出版社与中国国家社科基金中华学术外译项目展开深度合作，

① 《2018-2019 年全球及中国图书出版行业发展现状、趋势及未来展望：行业进入成熟期，中国是增长最快的头部市场》，智研咨询网，2019 年 10 月 19 日，http://www.chyxx.com/industry/201910/790813.html。

② 《全球大众出版龙头成长性及估值水平如何？》道客巴巴，2019 年 9 月 6 日，http://www.doc88.com/p-3426153458047.html。

大力支持中国学术佳作在美出版与传播。例如，2018 年国家社科基金中华学术外译项目立项名单中，共有 9 个项目由中国学者或中国出版社与美国学术出版社合作立项。2014~2018 年，中美关于中华学术外译项目的合作子项目达到 27 项之多，例如，*Chinese Academic History of Recent 300 Years*（《中国近三百年学术史》）（2014 年）、*Critique of Translation Theories in Chinese Tradition*（《中国传统译论经典诠释——从道安到傅雷》）（2016 年）等是双方合作出版的书籍，在亚马逊官网已有售卖。该译介项目一方面是美国学术出版社实现盈利的渠道之一，另一方面有利于中国最新学术观点的世界传播，加速了中国社科领域所涉及的中国文化在国际范围内的交流与传播，吸引了更多出版人和出版商，是双赢的手段。

四是充分利用新平台、新技术等拓展出版业务，包括：网上书店，如以图书业务发家的跨国电子商务平台亚马逊公司在国际范围内上线并售卖纸质书籍和电子书籍；电子阅读终端，如由亚马逊设计和销售的电子阅读器 Kindle 加速了图书的数字化和文化传播，因为电子书价格更低廉且阅读不受空间限制；数据库建设，如美国商务专家出版社电子图书数据库（BEP Digital Collection）是与哈佛商业出版社（Harvard Business Publishing）合作建立的、专门为高阶工商管理学学生定制的依照课程设计的实用的电子书库，为 MBA 等商科专业学生提供了最合适的核心参考资源，在国际范围内被大量高校使用。此外，美国出版集团还通过"国际版权在线"、国际书展、海外分支机构、国际合作等拓展了国际图书出版市场。

美国拥有强大的国内外文化市场，在市场与政府的双重推动下，美国成为出版的龙头国家。以美国出版走向世界的"战略模式"为借鉴，中国图书出版行业也应突出政府、版权贸易、特定主题图书及其版权出口、新平台与新技术下的图书出口等方面的优势，助推中国主题图书的海外传播、中国出版的海外交流与合作。

### （五）以数字出版为补充，全面拓展海外文化市场

在大数据、人工智能、云技术、区块链等信息化进程加快与融媒体等新兴媒体的带动下，经过数年发展，中国"数字出版"已经颇具规模。中国文化"走出去"的进程随着"一带一路"倡议的实行广泛而深入地推进，出版业"全媒体、高质量、新业态"的多元发展方式日新月异。在这个出版全球化的时代，中国出版机构的出版产品不能仅仅满足本国读者的需要，更要走向国际，被海外不同国家、不同民族、不同地区、不同文化场域的读者接受和热爱。中国文化以纸质图书、电子图书、有声图书、音像制品、艺术作品等形式进入国际市场，尤其是数字出版在文化传播中的作用愈来愈显著。

在"中国文化走出去""讲好中国故事""传递中国好声音""打造国家软实力"等战略思想的指引下，中国出版机构与时俱进，纷纷开启了数字出版的探索之路。发展数字出版成为当下数字出版人刻不容缓的任务和不可推卸的使命。例如，中华书局自2003年开启的古籍数字化工程取得了突破性进展，"中华经典古籍库""中华善本古籍数据库""中华古籍书目数据库""中华文书工具书数据库""中华文史学术论著库""西南联大专题数据库""中华石刻数据库""籍合文库""历代进士登科数据库"等10余个数据库如期面世，国内外高校、科研机构、图书馆等单位和机构成为其固定的用户。2015年，中国民主法制出版社数字出版部就与OverDrive（国际知名的馆配渠道）以及Trajectory合作（拥有300多个B2C渠道），使其百余种数字出版资源能够全球同步发售。此举一方面开拓了出版资源的外销市场，另一方面也拓宽了中国文化"走出去"的渠道，让海外读者能够更及时、更便捷地阅读中国图书、了解中国，甚至爱上中国。2020年，商务印书馆与Transn传神就《全球华语大词典》的编译达成"跨界"合作协议。"Transn传神将以数字资产思维打造《全球华语大词典》，使这部词典成为一部全球华人共

同参与、共同拥有的数字资产，一部鲜活且具有生命力、可持续生长的融媒体词典。打造以词为中心的 IP，吸纳各国文化，传播中国文化，让每一个词语背后的动人故事活起来。在新技术支撑下，激发人们对这些词语在起源和演变过程中发生的历史故事进行挖掘，使这些词语丰满起来、灵动起来。"[1] 中国的出版社通过数字出版的方式走向世界的例子不胜枚举，早在 2015 年，中国就成立了"中国学术数字出版联盟"。该联盟由中国新闻出版研究院、中国人民大学书报资料中心、众书网（数字出版平台）、人大数媒科技（北京）有限公司共同发起，其宗旨为促进中国学术出版体系的规范化建设，并推进中国优秀学术成果的数字化国际化传播，推动中国精品学术与精品文化大步"走出去"。[2] "中国学术数字出版联盟"打通了一条"学术研究—出版—传播—应用—转化"之路，丰富了学术出版的生态圈，打破了相关图书阅读的空间限制。这一联盟也成功吸引了一批海外出版机构并与其达成合作意向，真正促进了中国学术出版领域与国际接轨，实现了交流合作、资源共享、成果推广与品牌共建。此外，中图集团通过"易阅通"平台创建了"海外中国电子书店"项目，如期走进了美国 Google Play、西班牙 24 Symbols、德国 Tolino 等网络平台，获得了较好的效果。[3] 文化和旅游部扶持的"一带一路"文化产业和旅游产业国际合作重点项目也成为中国数字出版"走出去"的重要平台。例如，2019 年一共有 45 个项目入选，其中北京数字创意产业协会报送的"面向'一带一路'沿线国家和地区的数字文化推介活动"成为人们关注的焦点。

联合国《数字政府绩效评估报告》显示，2018 年丹麦政府的公共服务数字化程度排名全球第一。这也促进了丹麦出版社的数字化转型。

---

① 王坤宁：《以区块链技术推动传统辞书转型升级》，《中国新闻出版广电报》2020 年 3 月 31 日。

② 傅文奇、严玲艳：《促进对外出版贸易高质量发展的分析与思考》，《图书情报工作》2016 年第 19 期，第 79 页。

③ 蒋芳芳、马驰：《北京主题图书在丹麦的出版研究》，《黑龙江社会科学》2022 年第 5 期。

例如，2018 年，丹麦成立了专业的数字出版社——皮博科数字出版社（PIBOCO），它以绘本的数字化开发为己任。皮博科数字出版社的首席执行官兼创始人埃克赛·科尔此前还创立了 Step In Books、Runtales、Lucus 等公司，均致力于文学、游戏、插画、数字媒体的研究，他公司旗下的数字图书多次获得国内外大奖，例如 *Mur*（2017 年）和 *Little Alice*（2018 年）获得博洛尼亚拉加齐数字奖和日本数字绘本奖。丹麦是一个浪漫的童话王国，皮博科数字出版社的数字图画书将童书与数字科技结合起来，树立起了丹麦数字出版的口碑；该出版社也以全球视野期待与国际出版人合作，共同开发、设计、出版数字图画书，推动数字出版不断推陈出新以及数字出版的全球化合作。2019 年，国际出版人上海访问计划（SHVIP）已使中丹数字出版合作迈出了坚实的第一步。实际上，中丹文化的交流与融合早在 200 多年前安徒生笔下的童话故事中就已显现——《安徒生童话》中有 1/3 的童话故事涉及东方形象，也描绘了大量的中国符号。

总之，国际视域下的数字出版呈现蒸蒸日上的发展态势，中国与丹麦也不例外。中丹文化交流、主题图书互鉴互售等都应该在"数字化"的大潮中激流勇进、不断开拓，为更加科学、专业的数字出版添砖加瓦，让国际出版这个生态系统更完善。

## 五　调节丹麦读者期待视野

期待视野理论最早在接受美学中被提出，即读者基于既有认识对作家作品有一定期待。期待视野有顺有逆，当作品违背期待视野而造成一种逆接受时也可能会形成一种良好的接受结果。在中国主题图书走进丹麦的过程中，图书传播的主体发挥着至关重要的作用。中国出版机构、文化交流和传播机构都是主体机构，主体设计的传播与交流只有以受众和读者为中心，符合受众期待，方能让读者愿意接受。虽然不是所有丹麦读者都对中国感兴趣或者了解中国，但是，读者期待也是可以适当调节和引导的。主体在主动调节的过程中要对两个期待进行对接，一是中国期待丹麦读者了解的中国主题，二是丹麦读者的自主期待。简言之，既要考虑我们想要把什么样的中国内容传递到丹麦，又要明确我们对丹麦读者了解多少。

## （一）中国主体的期待视野

期待视野将传播者、图书与接受者紧密相连，使它们互相作用，推动图书的繁荣与内容创新。在中丹北京主题图书交流的过程中，图书的传播者包括中国的作者、出版机构等，接受者即丹麦的读者和引进中国主题图书的出版机构等。中国传播主体的期待包括国内受众与国家意志两个层面，图书出版的相关主题体现国内出版人、读者的接受取向，国家图书"走出去"战略反映出国家意志。

国内出版的北京主题图书的内容能够反映出国内受众的兴趣取向及国内出版社、出版策划单位的内容侧重。前文中，我们通过当当网抽样调查了解了北京主题图书的相关情况，并将这些图书分为历史、风俗民情、地理建筑、观光旅游、语言与特色艺术以及现世精神六个大类，发现地理建筑类图书、历史类图书、语言与特色艺术类图书数量最多，共计超过北京主题图书的一半。这种情况，一方面反映了当下出版商对该主题图书的期待视野，另一方面也在一定程度上说明了国内读者的阅读倾向或阅读意愿。中国主题图书"走出去"有确切的主题、明确的对象和鲜明的动机。我们将从政策导向、热点主题、评价体系这三个方面来分析中国主题图书走进丹麦的内在期待。

第一，传播符合政策导向的内容。文化是一个国家、一个民族的灵魂，文化兴则国兴。在构建"社会主义文化强国"的目标体系下，图书作为文化保存和文化传播的形式之一，在书写、出版、传播等方面必然要受到党和国家方针政策的影响。党和国家方针政策主导下的图书出版，是国家这个"大作者"本身所期待的，一方面确立了图书出版的原则，为图书带来了内容上因政策产生的倾向性，另一方面为出版机构指明了方向，为图书带来了主题上与国家目标的契合性。2017 年 1 月，中共中央办公厅、国务院办公厅印发了《关于实施中华优秀传统文化传承发展工程的意见》。2017 年 1 月，文化部发布《"一带一路"文化发展行动计划（2016—2020 年）》，提及"打造'一带一路'文化交流品牌"，提出了"丝绸之路文化使者"计划。

中国图书出版的宗旨是"为人民服务"，并遵循"社会效益放在首位、社会效益和经济效益相统一的出版体制机制"。[①] 根据 IPA 的图书三分类，我们可以看出中国国家政策指引下的图书出版绝大部分是大众出版，教育出版和 SAS 专业出版占极少数。大众出版是图书出版中最稳定的大类，占据中国图书市场的一大半。诸如"科学编制……爱国主义题材、青少年题材等专项创作规划""宣传卫生知识、健康理念的教育科普类有声出版项目"等属于教育出版；"反映哲学社会科学、自然科学各领域最新研究成果和重大实践创新成果"的图书出版属于 SAS 专业出版。中国图书出版坚持"百花齐放、百家争鸣、古为今用、洋为中用"的方针，坚持图书"引进来"与"走出去"相结合的出版原则。在政策的调控与引导下，中国的图书出版紧密围绕时代特色鲜明的出版政策，出版了一系列符合主旋律的图书，受到国内外读者的喜爱。比如，中国出版界出版了一系列展现脱贫攻坚行动与成果的图书，"中国扶贫书系"[②] 是其最典型的代表。中国图书在"走出去"的进程中，其图书主题也在国家政策的指引与调控下走向海外图书市场。

第二，传播热点主题内容。外国人对中国的关注，在很大程度上受中国国内热点事件的影响。本书前面的数据分析显示中国的改革开放、中美建交、奥运会等热点都在丹麦引起过出版高潮。中国作者、出版者

---

① 《中办 国办印发〈关于推动国有文化企业把社会效益放在首位、实现社会效益和经济效益相统一的指导意见〉》，中华人民共和国中央人民政府网站，2015 年 9 月 14 日，http://www.gov.cn/zhengce/2015-09/14/content_2931745.htm。

② 该书系由研究出版社与国务院扶贫办中国扶贫发展中心和全国扶贫宣教中心联合开发。

对国内热点事件的捕捉当然更为敏锐，将热点"广而告之"是出版人的认知与情感态度的体现，这就是在传播中国期待视野。中国热衷于热点主题的出版。例如，在对丹麦读者的"A Survey of Beijing-related Books Published in Denmark"问卷调查中，对于"What is the image of China in your mind?"，有不少丹麦读者的回答是"北京奥运会"。关于奥运主题，除了媒体宣传之外，中国还出版了诸多关于北京奥运会的英文图书，如 *Beijing 2008——Olympic City:Supplement on Olympic Games* 等，这些图书是我们传播主体愿意传播的内容，也调节了丹麦读者的期待视野，达成了传播目标。又如，关于"一带一路"的英文图书出版数量也呈递增的趋势。外文出版社出版的"共同梦想"系列丛书英文版 *A Bright Shared Future* 记录了中国"一带一路"倡议中的经典项目及发生于这些项目中的感人故事，多视角记述了对象国和当地居民的美好变化。该系列丛书是"一带一路"成果的总结，广受共建"一带一路"国家读者的好评。湖北科学技术出版社出版的《新型冠状病毒肺炎预防手册》在国内热销，同时也收到了全球近 30 个国家和地区的百余个版权合作意向，成为 2020 年上半年中国海外版权贸易中的高热度图书。由此可见，热点事件下的热点图书主题出版具有时效性，这些图书是读者关注并了解事件始末的最佳读本，广受中外读者的喜爱，这也是中国出版者所期待的。

描绘当代中国社会发展状况或社会风尚的图书也成为中国作者与出版者的偏爱。在特定时代，广大人民群众的所作所为、所思所想、所追所求、所盼所望都被纳入其中，能够让读者真实、全面地了解并认识当代中国社会生活。例如，《咫尺天涯：最后的老北京》带着浓郁的情味与温度，传递出了北京城的风俗人情与历史况味。再如，央视主推一系列文学类经典电视节目之后，出版界便会掀起相关图书的出版热潮，这些图书也受到国内读者的热烈追捧：《百家讲坛》播出之后出版的经典图书有《易中天品〈三国〉》《于丹〈论语〉心得》《王立群读〈史记〉》《王文忠解读〈三字经〉》等，《中国诗词大会》播出之后出版的有《中国诗词大会》《飞花令里读诗词》《枕上诗书》等。从影像到纸质书籍，是出版业环环相扣的创新。反映当代中国时事热点以及社会风尚的主题图书及时有效地记录了新时代中国人民的生活，这也是我们期待向海内外读者传递的中国价值与中国文化。

第三，传播在评价体系中获得好评的内容。图书作品的评价体系直接影响出版者与读者。一方面，出版监管部门通过构建图书评价体系能够有效地管理、监督图书出版行业并引导其沿正确方向发展；另一方面，图书评价体系的完善有利于提高既有优质图书的"出镜率"和阅读量，它是读者选择图书的指挥棒，也是培养大众正确阅读、精准阅读、有效阅读、终生阅读理念的良好工具。例如，中国图书有三大奖：国家图书奖、"五个一工程"奖、中国图书奖。每届评奖结束，各大出版机构及时出版相关获奖图书，均会在国内掀起一股争相阅读的热潮。这些大奖的评价标准是由国务院、中宣部等制定的，旨在促进社会主义出版事业的繁荣和发展，鼓励和表彰优秀图书的出版。[①] 因此，奖项的"官方标准"展现了国家对于图书的期待视野，引导了普通读者的期待视野。此类读者的审美趣味或多或少都符合该奖项评价的标准，读者的思维与期待具有定向性与先在性。诺贝尔文学奖、卡夫卡奖、普利策小说奖、国际安徒生奖、雨果奖等国际知名的图书奖也影响着读者的期待视野。2015 年刘慈欣的科幻小说《三体》(《三体》《三体Ⅱ·黑暗森林》《三体Ⅲ·死神永生》) 获 73 届雨果奖最佳长篇奖，截至 2020 年 6 月，该小说在当当网的销量至少达到 25 万册；2020 年 4 月，该小说又被列入《教育部基础教育课程教材发展中心中小学生阅读指导目录（2020 年版）》高中段文学阅读篇目。雨果奖的荣誉让《三体》读者与日俱增，并且成为中国中小学生必读的推荐书目。究其原因，一是国际奖项的热度与高度将该小说推至科幻小说的高峰，且其具备科幻小说的文学性、科学性与想象性

---

① 何峻：《我国图书评价现状分析》，《大学图书馆学报》2012 年第 3 期。

等艺术特点，符合广大读者的期待视野，陌生的、有距离的阅读体验让整个阅读过程充满刺激；二是《三体》获得雨果奖之后，国内外出版机构的出版与宣传再次吸引着读者主动推动文本的传播。另外，一些书评、文学批评也能影响读者对图书或文本的期待视野，促使读者的期待视野越来越理性、专业、科学。作为文本传播接受链中的关键，读者的态度和意愿反过来作用于作者和出版人，继而影响他们的书写与出版，从而使作品最大限度地合乎读者的期待。

## （二）丹麦受众的期待视野

### 1. 丹麦出版中国图书情况

我们在第三章已对丹麦出版北京及中国主题图书的基本情况进行了说明。在此，为更好认识丹麦读者对中国期待视野的构成，我们再简要概括一下丹麦出版中国主题图书的情况。从数据统计来看，1950~2000年丹麦出版的中国主题图书涉及了中国历史文化的方方面面，其中以文学社科类图书为主，在 2003 种图书中，医疗、工业、科技类图书只有117 种，约占 6%，其他均为社科类图书，包括古代文学、现当代文学、语言、艺术、宗教、政治、经济及中国地域及其他特色主题图书。在这2003 种图书中，我们对古代主题图书与现当代主题图书进行了比较，结果发现，古代主题图书只有 217 种，占比 11%，而现当代主题图书则有1786 种，占比 89%（见图 5-4）。古代主题图书主要集中于文学、宗教、哲学、历史、中医医疗、体育（功夫、麻将等）、地理等方面。而这几方面的主题又可归结为：中国传统文化的高峰、现当代中国、中国的特色。

第一，对中国传统文化高峰的关注。纵观历史，文化传播也是从高压向低压的自然流动，也遵循着传播规律。从现当代中国的发展来看，相对于丹麦，我们更多地处于低压状态；而从历史角度来看，历史上的中国文化绵延 5000 年，历经诸多高压或高峰状态，这些高峰至今仍然保持着纵向传承与横向传播的动力，这也是丹麦受众所期待的中华文化构成。在中国古代传统文学方面，丹麦出版了《唐宋绝句》《中国寓言》《中国唐诗》《浮生六记》《西游记》《西厢记》《牡丹亭》等，而出版的中国宗教哲学类图书则有《道德经》《易经》《庄子》《孙子兵法》《禅宗》，其中《道德经》于 1953~2000 年 7 次再版。中国艺术主题有书法、绘画和建筑，中国传统风俗文化主题有风水、生肖等，它们与中国中医养生、中国武术、中国历史等，都成为丹麦受众的兴趣所在。显然，唐诗、元杂剧、《西游记》都是中国古典文学的精华，而《道德经》《易经》《庄子》《禅宗》等也是中国哲学的核心，书法、水墨画还有建筑是中国特色，也是中华艺术文化的核心与精髓，风水、生肖是中国传统文化中不可或缺的一部分，中医更是中国人天地人合一的生命观的体现。可见，丹麦出版人把握到了中华传统文化的精髓。在 1950~2000 年出版的宗教哲学类图书（96 种）中，直接以"道"命名的图书有 30 种，以"易经"为名的有 4 种，以"禅"为名的有 7 种。显然，道家、禅宗以及中医理念与实践中包含的思想更容易被丹麦受众所接受，道家的天人合一、无为而无不为的思想可能较接近丹麦读者的生命理想。

第二，从数据可以看出，丹麦受众更倾向于关注中国主题图书中的现当代主题图书，现当代主题图书在整个样本（1950~2000 年）中占了近九成（89%），如图 5-4 所示。中华 5000 年文明，如若按历史分层以及历史文明的积淀来看，现当代历史仅有 100 多年。然而，丹麦受众却更多关注这 100 多年的现当代中国，而并非侧重于古代文明。仅从我们统计样本中的历史类图书来看，在古代史与近现代史图书（61 种）中，古代史图书只有 21 种，近代史图书占了 40 种；而在中国古典与现代小说、诗歌、散文、哲学、传奇等图书（77 种）中，古典小说也只占了 17 种。显然，丹麦受众更倾向于关注现当代中国的发展。以史为鉴，面向未来，从现当代中国文明出发，才能更直接、更有效地认识当代中国，才能更好地和中国交朋友、展开合作。研究样本中涉及的中国主题类，少儿、青年以及各级学校与教育类，农业类，工业类，商贸与经济类，法律制度类，外交事务类，自然科学技术类图书等聚焦的都是现当代中国。

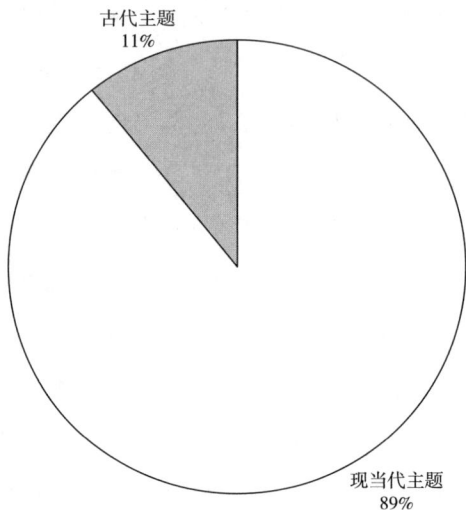

图 5-4　1950~2000 年丹麦出版中国主题图书中古代与现当代主题图书占比

第三，对中国特色主题，如风俗文化中的风水、生肖，器物层面的大熊猫、陶瓷、丝绸，以及中国本身的历史进程、改革开放、地域研究、政治人物的关注。显然，丹麦受众关注的是中国特色，也是丹麦所没有的东西，而这种"我有他无"，恰恰是丹麦受众的好奇心或阅读旨趣所在。表面看来，这种好奇指向的是中国"特色"，然而，这种特色实际上表现出了一种神秘或隐秘性。对中国秘境、秘史、秘事的热衷，其实也是对图书需求没有得到满足的一种"变相"反映。中国改革开放至今也只有 40 余年，在新中国成立到改革开放的几十年中，对西方人而言，中国是十分神秘的。由于西方资本主义国家与中国在意识形态上的差异和西方媒体对中国这一社会主义国家的"窥视"，西方读者对中国"特色"埋下了好奇的种子。改革开放作为一个契机，不仅带来了中国国家经济门户的开放，也带来了思想文化的开放。一方面，中国借助改革开放实现技术、资金的引进与经济的发展；另一方面，国门的开放意味着信息的流通，而且是双向的信息流通，我们可以更好地认识外部世界，我们的世界对于外部来说也变得更加透明，思想、文化、历史事件等，都被敞开来。1950~2000 年丹麦出版的中国传统与古典及现当代文学类图书中，现当代文学就占了大半，而现代文学中鲁迅作品则占了七成，当代文学中，北岛、顾城、张洁、杨炼等的作品成为主流。可以发现，丹麦读者倾向于接受批判性作家的作品，而对时代的批判与反思也都是"隐秘"的部分。此外，改革开放的跨越式发展作为一个事件，本身就包含诸多神秘性或其他特性，这也使其成为西方所关注的焦点，如在我们的样本中就包含了诸多涉及改革开放主题的图书。

在批判性方面，很好的例子是，荣获诺贝尔奖的莫言以乡土文学呈现了中国特色，他的《天堂蒜薹之歌》《蛙》《丰乳肥臀》《透明的胡萝卜》《红高粱家族》等，在历史语境中描绘了饱满的人物形象，同时也生动描绘了特定的历史环境，这些都体现出对时代的反思与批判。

从数据中也可以看出，改革开放确实是丹麦出版中国主题图书的一个契机，20 世纪 70 年代与 60 年代相比，出版总量翻了一倍有余，70 年代与 80 年代基本持平，而 90 年代又增长了 50% 之多。虽然我们的样本时间只到 2000 年，但可以肯定的是，进入 21 世纪之后，随着改革开放的进一步发展、中国与世界的深度联通和媒介技术的进一步发展，丹麦出版的中国主题图书不仅在数量上会增加，并且在传播方式上也会更加多元化。

除了文学方面，从关于其他主题，如地理、政治等的图书中也可以看出丹麦读者对中国特殊性和隐秘性的关注，这和文学作品中所反映的时代隐秘性以及西方读者长期以来的"窥视"感不无关系，中国之特色，恰恰成为西方读者所聚焦的旨趣。

**2. 丹麦期待视野的成因**

第一，丹麦期待视野形成的大语境是英语语言区域。虽然丹麦的官方语言是丹麦语，但丹麦人几乎人人都会说英语。因此，丹麦读者接触英语出版物的概率及对其的接受度极高。从我们的统计样本来看，虽然样本所包括的图书全是以丹麦语出版的，但很大一部分并不是由汉语直接译为丹麦语的，而是通过其他语言（包括英语）译为丹麦语的（见图 5-5）。其中由汉语直接译为丹麦语的比例仅有 13%，由其他语言译为丹麦语的则有 29%，而丹麦语编写的则最多，占比 58%。然而，这 58% 中可能也存在由英语或其他语言资料转化而来的资料。从出版中国主题图书的丹麦机构也可以看出，其中有些研究机构是区域性或国际性的，它们的研究成果在很大程度上并非只服务于丹麦，如北欧亚洲研究所（Nordic Institute of Asian Studies）、哥本哈根大学东亚东南亚研究中心（University of Copenhagen, Center for East and Southeast Asian Studies）、哥本哈根商学院亚洲研究中心等。中丹友好协会（Foreningen Venskab med Kina）、中国驻丹麦大使馆（Den Kinesiske Folkerepubliks Ambassade）这些与中国相关的机构也为中国主题图书的出版提供了丰富的资料。

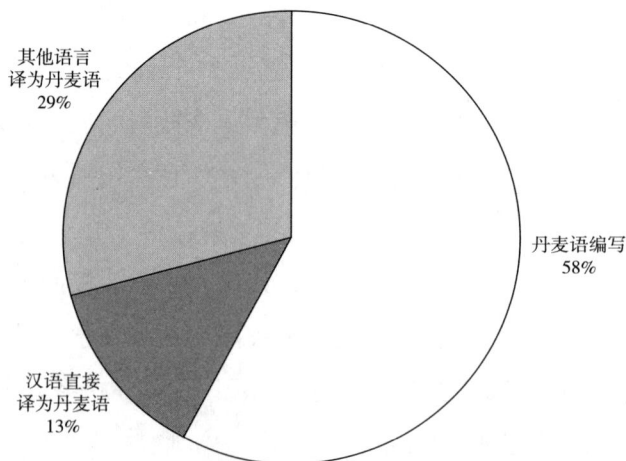

图 5-5　丹麦出版中国主题图书源语分布

英语文化语境对丹麦受众的期待视野产生了直接而重大的影响。《中国国家形象片人物篇》广告于 2011 年 1 月登陆美国纽约时报广场大型电子显示屏，60 秒的广告片分为"中国民众""中国财富""中国艺术""中国学者"等多个板块，集纳了来自中国各地和各个领域的 59 个人物。广为人知的 NBA 球星姚明、"杂交水稻之父"袁隆平、航天员杨利伟等纷纷亮相。[①] 该宣传片从 2011 年 1 月 17 日开始在纽约时报广场播放，每小时播放 15 次，从每天上午 6 时至次日凌晨 2 时播放 20 小时共 300 次，一直播放至 2 月 14 日。同时美国有线电视新闻网也从 1 月 17 日起分时段陆续播放该片。[②] 英国广播公司全球扫描（GlobeScan）的调查显示，广告播出后，对中国有好感的美国人占比从 29% 上升至 36%，上升 7 个百分点；而对中国持负面看法者占比则上升了 10 个百分点，达到 51%。[③] 以美国为主导的西方媒体在一定程度上也在塑造着丹麦受众对中国的看法，对中国"特色"与"隐秘"的关注并非丹麦受众独有，他们获取的很大一部分资料来源于英语或其他语言，其中译入文献和丹麦源语文献数量相当，甚至多于丹麦源语文献。此外，北欧亚洲研究所等国际机构出版的中国主题图书也多为英语。而一些丹麦人本就在国外大学任教，丹麦人安保罗任教于美国夏威夷大学马诺阿分校宗教学系，他的作品《三位一体：道教四世纪的冥想手册》（2009 年）就是首先用英语出版的；丹麦哥本哈根大学易波德出版了英文版图书《沿着现实主义广阔的道路：秦兆阳的小说世界》（*Along the Broad Road of Realism: Qin Zhao-Yang's World of Fiction*）（1990 年）；等等。

　　第二，英语语境的期待视野是一种历史积淀。历史上，由于交通和地域的限制，文化的传播与交流是非常有限的。丝绸之路是最早的中西

---

① 《宣传片开启国家传播时代》，《公关世界》2011 年第 1 期。

② 《中国国家形象片亮相纽约时报广场》，2011 年 1 月 23 日，http://www.scio.gov.cn/ztk/xwfb/20/9/Document/849976/849976.htm。

③ 《不要指望几个国家形象片就能提高中国的全球形象》，中国广播网，2011 年 12 月 14 日，http://www.cnr.cn/advertising/jjzx/201112/t20111214_508926668.html。

文化传播路径。97 年，班超派副使甘英出使大秦国（罗马帝国），一直到达条支海（今波斯湾），首次将丝绸之路从亚洲延伸到了欧洲。① 历史上西方人对中国的认识一方面是基于丝绸之路的文化传播，另一方面则源于西方传教士、外交大臣将中国日常生活、文化状貌带回到西方。然而，作为商道，丝绸之路上的活动首先是商业交往，商业的承载物是商品，文化则为附属品，商品正是中国特色的器物。器物在一定程度上代表了中国，或者说器物被作为一种标签标示中国，如英语中的中国 "China" 和瓷器 "china" 是同一个词，这在一定程度上反映了中国文化在西方受众中的 "器物" 化。

此外，有调查显示，综观整个 20 世纪的中国－西方书籍翻译情况，中国翻译西方书籍约 10 万册，西方翻译中国书籍的数量却与此相去甚远，且其中关于中国文化的介绍基本上停留于器物类，对思想文化层面如哲学、文学、历史却较少涉及。显然，书籍的译介传播是系统性的文化传播，器物文化传播则是元素性的，器物并不能完全呈现出它所诞生于的文化状貌或文化背景。中国器物外传数量远远大于书籍。这在一定程度上能够表明，西方早期对中国的认识仍沿袭着历史上各个时期留下的标签，中国文化在西方语境中很大程度上停留于器物标签的层面。

第三，与中国合作的意向。丹麦于 1950 年与中国建交，同中国有着悠久的合作历史。在丹麦国家图书馆的中国主题图书索引数据中，以 "中国" 为关键词的图书有 757 种，除去文学性、娱乐性等图书 200 种，仍有 557 种，它们大多关于中国历史、地理、法律、政策、政党、当今中国、中国与丹麦。如毛泽东的作品及其相关研究就有 65 种，关于 "中国" "今日中国" 的图书有 24 种。

第四，接受中国文化的内在动因。丹麦贫富差距较小，社会福利较好，民众幸福指数较高。丹麦人十分注重工作与生活的平衡、人与自然

---

① 《后汉书·西域传》："永元九年，都护班超遣甘英使大秦，抵条支，临大海欲渡，而安息西界船人谓英曰：海水广大，往来者逢善风三月乃得渡，若遇迟风，亦有二岁者，故入海人皆齐三岁粮。海中善使人思土恋慕，数有死亡者，英闻之乃止。"

的和谐共存。中国的传统哲学、中医、功夫及饮食等都成为丹麦读者关注的焦点，丹麦读者希望从中找到他们所期待的那种天、地、人合一以及人与自然相通的生命境界。此外，安徒生为丹麦赢得了"童话王国"的美誉，丹麦读者对中国儿童文学确实也比较关注。从我们的样本中也可以看到，关于中国的儿童读物就有 123 种，约占样本的 6%。丹麦人朴实、纯粹、自然的生命理想是丹麦读者接纳中国文化的内在动因。中丹虽然相距遥远，文化却异中有同。

## （三）以传播方式调节期待视野

结合中国文化"走出去"战略和中国主题图书"走出去"的中国期待视野来看，当前中国对外文化传播主导思想是"对内宣传与对外宣传相结合，系统内和系统外相结合"[1]。国家在对外传播的行为中具有决定性作用，政府决定传媒的报道计划，批准和资助内容传播，推进传播进程，评估传播结果。"中国的文化传播模式基本上是'以我为主'的宣传型模式，这种模式的最大特点就是传播主体主导，而将受众放在次要的位置上。"[2] 成功的文化传播必然要突破主体与受众的对立，实现主体与受众的相互认同，这样才能美美与共。如果忽视受众的特点和思维差异，传播就会成为自说自话，传播内容无法入脑入心，传播效果不可能理想。因此，开展对外文化传播时，在确定传播主体和传播内容时要充分考虑到受众的需求，以受众需求为导向，要突破"以我为主"的传统传播模式，以受众为中心进行国际受众定位。要有效提升中国文化国际传播影响力，受众的接受度非常重要，应基于受众特点，采取符合受众认知的方式，"于大众传播渠道下采用本土化、日常化传播讯息策略，从而增加中国文化信息得到外国民众精细加工的可能性"[3]。

---

[1]　杨伟光：《中国电视论纲》，中国广播电视出版社，1998，第 218 页。
[2]　姜鹏：《全球化时代中国对外传播之策略思考》，《新闻知识》2006 年第 1 期。
[3]　蒋晓丽、张放：《中国文化国际传播影响力提升的 AMO 分析——以大众传播渠道为例》，《新闻与传播研究》2012 年第 5 期，第 1 页。

北京（中国）主题图书走向丹麦，在考虑到中国输出的期待视野的同时，也要充分认识丹麦的期待视野。中国主题图书被接受的衡量标准不是中国输出了多少图书，而是丹麦读者接受了多少图书，实现了怎样的接受效果。根据第四章的数据（见表4-8），文学类图书、政治类图书与游记和旅行手册是丹麦读者最为关注的三类北京主题图书，这和我们关于中国主题图书丹麦出版情况（1950~2000年）的统计数据仍保持着一致性。这说明丹麦受众的期待视野有历史继承性，仍与过去保持一定的一致性。从调查中对各类北京主题图书的喜欢程度上来看，当代文学作品（49.15%）与政治人物传记（45.76%）仍排在前两位（见表4-10）。因此，期待视野的连贯性和一致性就为调节丹麦受众期待视野提供了一个参考，中国可以有的放矢，无论是扩展期待视野还是深化某一特定领域出版的变革都有一个清晰的方向和可持续发展的目标。

项目组从在国内当当网、国家图书馆获得的以"北京"为主题的图书调查数据中可以看出，丹麦读者很喜欢历史类图书、地理建筑类图书、语言与特色艺术类图书（见图5-1）。可见，我们关于北京文化的主题研究可能也要向这三者倾斜。在中国国家图书馆联机公共目录查询系统中进行查询发现，现世精神、历史、地理建筑、观光旅游等成为国内出版社出版的北京主题图书的主要类型（见图5-2）。

从出版主题分类来看，丹麦出版的北京主题图书中文学类书籍最多，其次为政治、地理、历史、旅游等。以丹麦已经出版的丹麦作品为基础，受众对特定作家作品的风格、内容的认识会形成一种经验或视域，能够影响或激发他们对该作家其他作品的直接期待的形成，甚至是对同一种题材其他作家作品的接受。例如，在当代文学方面，丹麦已经出版了张洁的《沉重的翅膀》（1987年）、《方舟》（1988年），因此，基于丹麦受众对张洁这些作品的认识，作家张洁的作品便在丹麦受众心中被概括为了一种风格、一种叙述方式、一种故事指向。丹麦受众对张洁已经具备了一个比较完善的期待视野，张洁的其他作品便较容易被丹麦受众接受，如张洁 2005 年获茅盾文学奖的《无字》（2002 年）。张贤亮的作品如《男人的一半是女人》（1990 年）和《习惯死亡》（1992 年）也已经在丹麦出版。从出版时间上来看，张洁的《沉重的翅膀》在丹麦出版时间为 1987 年，《方舟》的出版时间为 1988 年，而张贤亮的两部作品出版时间分别为 1990 年和 1992 年，这也意味着张洁的作品在某种程度上已经为张贤亮作品的被接受打下了基础，形成了一定的期待视野和接受视域。对人性共通之处的探索与反思为丹麦读者所偏爱，中国作家作品走进丹麦，能够让丹麦读者找到更多的中丹共鸣。莫言作品《天堂蒜薹之歌》在哥本哈根出版之后，魏安娜说："莫言的小说在丹麦很受欢迎，特别是最近在哥本哈根翻译出版的《天堂蒜薹之歌》。"[①] 这也正符合丹麦受众期待视野的规律。

从内容上看，政治主题是中国与丹麦出版情况的重要偏差之处。已有关于北京的政治主题图书多集中于政治史的书写，内容包括北京作为政治中心的历史变迁、朝代更迭、皇室纪事等，更多地关注古代与近代历史。调查发现，丹麦受众更倾向于了解现当代的中国，包括阅读现当代中国政治主题图书。因此，现当代中国政治主题图书是丹麦受众易于接受的，这方面的图书版权输出具有良好的潜在市场。

中国国家形象由近代到现代再到当代，实现了重要的转变，中国由落后到被迫启蒙再到今天的改革开放大发展，国家综合国力不断提升。然而，西方国家对中国国家形象的认识和中国的发展并不同步。而文化传播是塑造国家形象的重要手段，甚至是最佳途径。文学文化传播能够使丹麦受众对中国产生新的认识。

从我们统计的样本数据来看，丹麦受众所偏爱的是中国特色，是中国之为中国、中国所独有的部分。这种特色涉及中国文化的方方面面，如宗教、哲学、饮食、地理这些传统与物质层面，以及政治、法律、教

---

① 　王晶晶：《安徒生故乡的汉学家魏安娜》，《新京报》2015 年 5 月 30 日。

育等当代中国机制层面。由样本数据可知，丹麦出版的中国主题图书有三种：第一，丹麦出版社出版的丹麦语原著图书，占比为58%；第二，由中文翻译为丹麦语的译著图书，占比为13%；第三，由其他语言翻译至丹麦语的译著图书，占比为29%。显然，由中文翻译至丹麦语的中国主题图书比例最低。因此，中国对丹麦期待视野的调节很难从中译丹环节入手。而中丹学术交流能够很好地补齐这一短板，让更专业的丹麦学者认识中国、研究中国，将其最新的认识以丹麦语进行书写，推动形成描述更为贴切的、符合丹麦期待视野的中国主题图书。丹麦学者围绕中国的学术研究和学术交流，就像一双眼睛捕捉和消化中国文化，而学者再生产出学术作品时，将其所看到的转化出来呈现给丹麦受众，便又为丹麦受众了解中国文化打开了一扇窗。丹麦奥胡斯大学教授魏安娜就是生动的案例，她书写中国、研究中国，致力于研究中国文学。她在2004年邀请十余位汉语诗人前往丹麦参加"丹中诗歌节"。从20世纪七八十年代起，魏安娜就一直推动着中国与北欧大学之间的合作，推动着丹麦乃至北欧的中国语言文化学习研究和中丹文化交流。

中国的大国地位使得中国成为世界的焦点。中国发生的大事件，无论是在现代还是当代都能够获得西方的关注，从我们的统计样本中也可以看出，丹麦受众十分关注中国发生的大事件。例如，中国举办2008年夏季奥运会和2022年冬奥会等大型国际赛事和活动都成为西方世界关注中国、认识中国的重要契机。通过这些重大活动的宣传，中国的国家形象和民族意识被传播到海外。因此，我们应抓住事件时效性与指向性，让中国元素和文化更有效地"走出去"。

此外，其他媒介艺术的传播也能调节丹麦受众的期待视野。图书的传播是以纸质书籍为媒介的，它的传播形式是纸质书籍的流动。当下，电子图书脱离了纸本的束缚，通过互联网可以秒传，打破了传播的时间和地域限制。丹麦图书市场电子书的出版量逐年递增，中国主题图书在丹麦的电子发行不失为一种有效传播渠道。

　　丹麦是一个电影业极为发达的国家，中国主题图书改编成的电影也能进一步促进中国主题元素在丹麦的传播。电影不仅具有艺术性、知识性，而且具有娱乐性、生动性。与图书相比，电影的优势在于：第一，能够在较短时间内完成播放，观众可能只需要花上 2~3 小时就能"读"完一场电影；第二，电影的观看是图像的，是整体性的，观者无须一字一字地阅读，这就大大缩短了观者的认知处理时间；第三，电影娱乐具有大众文化属性，打破了文学文本的经典性。一些文学文本在被改编为电影之后，传播效力得到了显著提升，如中国的电影《大红灯笼高高挂》改编自苏童的《妻妾成群》，《大鸿米店》改编自苏童的《米》，《红高粱》改编自莫言的《红高粱家族》，《牧马人》改编自张贤亮的《灵与肉》，《芙蓉镇》改编自古华《芙蓉镇》，《那山那人那狗》改编自彭见明的《那山那人那狗》等，其中不乏在国际上受到高度认可的作品，如张艺谋执导的电影《大红灯笼高高挂》获第 48 届威尼斯国际电影节银狮奖、第 36 届意大利大卫奖最佳外语片奖、美国国际影评协会奖最佳外语片、第 64 届奥斯卡金像奖最佳外语片提名，张艺谋的《红高粱》获第 38 届柏林国际电影节金熊奖、第 25 届悉尼国际电影节电影评论奖、第 16 届布鲁塞尔国际电影节广播电台听众评委会最佳影片奖、法国第五届蒙彼利埃国际电影节银熊猫奖、1990 年民主德国电影家协会年度奖，《那山那人那狗》获得第 23 届蒙特利尔国际电影节最受观众欢迎的电影、美洲大奖等。显然，电影的传播在很大程度上促进了中国文化的对外传播，表面上看，电影的获奖是西方电影体系对中国电影的认同，但其也反映出了西方世界对中国文化的接受。电影的主题和内容都是中国的，电影的广泛传播便意味着西方观众对中国故事的接受，这种接受会进一步形成一种对中国的认识、一种对中国的经验结构或期待视野。然而，这种期待视野并不只会作用于受众的电影认知，它同样会作用于受众对中国主题的一切内容，包括文学与文化文本的认知。电影《大红灯笼高高挂》（1992 年上映北美）上映后，1993 年丹麦便以《大红灯笼高高挂》为题出版了苏童的原著小说，其在名称上仍沿用了电影的名字，这就是期待视野调节作用最直接的体现。李小龙的功夫电影，将中国功夫推向世界，为中国功夫主题图书走出去打下了良好的基础，好莱坞电影《末代皇帝》《卧虎藏龙》《花木兰》等则展现了中国的历史文化，对中国历史、中国元素都有很深刻的刻画，这些都为读者对中国主题图书的接受做了重要铺垫。国产动画电影将水墨画搬上荧幕，将中国绘画艺术以电影的方式传播开来，让更多西方受众认识中国艺术，并激发其浓厚兴趣。如中国乃至亚洲的第一部动画电影——万氏兄弟的《铁扇公主》（1941 年）在国际上引发热烈反响，《神笔》（1955 年）获得第八届国际儿童影片节儿童娱乐片一等奖，《大闹天宫》（1961~1964 年）于 1962 年获捷克斯洛伐克第十三届卡罗维发利国际电影节短片特别奖，敦煌题材电影《九色鹿》（1981 年）于 1986 年获得加拿大汉弥尔顿国际动画电影节特别荣誉奖，等等。

　　每一次中国题材电影在国际上获奖或受到瞩目，都是一次中国文化传播的成功，同时也是一个相似中国文化题材被呈现的契机，中国电影的热映为中国主题图书建立了重要的受众群体及期待视野。用文化产业的术语来说，一个文化符号的成功，便意味着文化传播的有效，即得到了受众群体的接受与肯定，这能够带动相关周边产品的发展，促进周边产品继续辐射、传播，在受众群体中进一步得到宣传，于是传播得以良性发展。

# 第六章
# 丹麦市场的丹麦主体作用

　　本书不只是自说自话的内部研究，在丹麦研究中心平台上，有一批丹麦学者和一系列中丹交流合作项目。本书期待增加双边互动，在对话中推动双边有效合作交流。因此，本章内容聚焦对丹麦方的对策建议，从交流互动和外部环境建构着手，推动中国主题图书在丹麦的出版。

　　拉斯韦尔传播理论指出，传播活动包含传播主体、传播内容、传播媒介、传播受众和传播效果五个方面。在丹麦出版中国主题图书的活动中，传播主体既有丹麦也有中国，在丹麦市场，丹麦为直接传播主体，中国则为间接传播主体。中国的图书出版活动以及其他文化或重要事件都可能对丹麦出版活动产生影响。从传媒媒介来看，我们讨论的是图书的出版，但显然，传播受众对一个事物的认知是通过来自多种渠道的信息形成的，个体受众在中国文化方面的视域和经验结构并不会只受图书这一媒介的影响，而是还会受其他媒介所呈现的关于中国的信息（不仅仅是文化内容）的影响。在此，丹麦读者即为传播受众，具有一定区域性，而传播效果正是在这个区域内引发的反应。

　　上义我们已经分析了丹麦出版中国主题图书活动中的传播主体、传播内容、传播媒介、传播受众和传播效果及它们之间的关系。显然，丹麦出版主体对丹麦受众有着极为完善的认识和认识机制，对传播受众的认识决定了传播效果能否产生，即传播活动是否真正完成。但丹麦主体对作为传播内容的中国文化的认识可能就有所欠缺和偏颇，甚至关注的并非主流。作者从丹麦中国学研究内容上来看，发现偏颇现象较为严重，而传播内容反过来又直接作用于传播主体。因此，加深对传播内容的认识是丹麦出版中国主题图书的发力点。上文我们已经指出了丹麦出版中国主题图书活动中的传播主体构成，并详细讨论了各主体传播意向及期待视野的构成及成因。在此，我们将继续就传播受众、传播主体和传播内容为丹麦出版中国主题图书提供一些参考。

## 一　发挥出版社主体作用，出版契合丹麦读者期待的中国主题图书

基于拉斯韦尔传播理论，就丹麦出版机构出版中国主题图书而言，丹麦出版机构是传播主体，丹麦读者是传播受众，中国主题是传播内容，图书是传播媒介，该主题图书在丹麦的销售情况与反响是传播效果。毋庸置疑，出版社在出版中国主题图书的过程中是有所侧重的，即出版内容需符合丹麦对出版物的要求、符合出版社自身运营与发展的需要以及丹麦读者的阅读期待。

我们对传播受众——丹麦读者的期待视野做了较为详尽的分析。丹麦读者对中国图书的关注主要呈现以下几个特点。一是关注中国传统文化高峰时期的作品，如"四书五经"、"四大名著"以及更多包含唐诗、宋词、元曲、明清小说在内的哲学、文学、文化作品。二是对中国现当代主题的图书具有更明显的倾向性。年轻的丹麦读者对古代中国不甚了解，或者在试图阅读古籍的过程中难以理解和消化古籍内容，他们直接将目光转向现当代中国，从现当代中国文明出发，能有效拉近两国文化上的距离，也让丹麦人能够更直接地认识当代中国，以便于更深入地与中国展开全面合作。三是特别青睐具有"中国特色"异域风情的主题图

书，如关于风俗民情、地域政治、艺术器物等的图书，阅读这些图书，除了满足猎奇心理之外，也是了解中国何以为"中国"的一种方式。虽然在主题选择上可能具有片面性——中国的秘境、秘史、秘事成为他们倾心的主题，但这恰恰是丹麦读者或者西方读者的旨趣所在。四是西方文化语境下的丹麦读者在选择和阅读中国主题图书时，容易受到西方更强势的以英语为官方语言的国家的影响。例如，美国媒体对中国的报道、评价以及中美关系都可能影响丹麦人对中国的认知，进而使他们对中国主题图书的出版与阅读产生特定的倾向性，影响丹麦出版中国图书的趋势。这在"A Survey of Beijing-related Books Published in Denmark"问卷调查和对 1950~2000 年丹麦出版的 2003 册中国主题图书的统计中略有呈现。

当然，丹麦出版人比中国出版人更了解丹麦读者的期待视野，这也是丹麦出版人出版中国主题图书的优势，但问题在于如何更确切、更有效地了解丹麦受众对中国主题图书的期待视野。我们进行的问卷调查"A Survey of Beijing-related Books Published in Denmark"一共收回 59 份有效问卷，这说明调查样本比较小，调查的对象十分有限，不足以说明整个丹麦的读者对北京主题图书的认知情况。究其原因，由于一些实际困难，我们难以在丹麦做范围更广、程度更深的调研。而丹麦出版人或出版机构，生于斯长于斯，可以轻松化解这个难题，在本国做更充分、更全面、更精准的调查研究，使得图书的出版更贴合当地的读者。只有了解并理解传播受众的需求，才能够以图书为传播媒介，启迪传播主体、优化传播内容、获得最佳的传播效果。关于 1950~2000 年丹麦出版的 2003 册中国主题图书的收集与统计分析是本书最为宝贵的文献资源。2003 册图书的样本量是比较大的，我们对其做了大致的图书主题划分、年代划分和源语划分，发现了丹麦出版中国主题图书的一些特征。但是，这些图书的出版时间都在 2000 年及以前，它主要反映的是 21 世纪以前丹麦出版中国主题图书的情况，而进入 21 世纪以来这 20 余年间丹麦出版中国主题图书的情况统计还比较零散，无法系统反映出当代丹麦出版中国主题图书的规律与特征。但是，时间性恰恰是图书这个媒介在传播过程中需要格外关注的。而丹麦出版人或出版机构可以轻松避免这类问题，对丹麦近些年出版的关于中国的图书做一个更为完整和更有时效性的统计与总结，并科学预测特定主题图书未来的发展态势，以便在出版中做出及时的调整。

因此，丹麦出版机构在出版中国主题图书时，应适时做好科学的市场调查，出版契合丹麦读者期待视野的主题图书，使传播主体与传播受众在互相了解的基础上形成"对话"，共同促进图书作为传播媒介的发展与出版以及传播内容的精确化，唯有如此才能真正将丹麦读者普遍关注的中国主题图书引入丹麦图书市场。由此，出版机构一方面能够获得稳定的收益，另一方面也使丹麦读者对现当代中国有了直接的了解，并直接接受相关信息，成为中丹文化有效交流的使者。因此，丹麦出版机构作为在丹麦的直接传播主体，可以更加广泛地开展与中国出版机构的合作，大力开展交流，为丹麦读者带去其需求之内的阅读盛宴，有力地消除丹麦人对中国的"偏见"与"误解"，让丹麦人真正认识中国、了解中国，并由图书逐渐延伸到全方位的了解与合作，这对中丹两国人民来说都是互惠互利的双赢之举。

## 二　通过学术合作和出版社合作，为丹麦中国研究搭建直接平台

丹麦有8所高校先后开设了中文课程，设立了中国研究项目，培养了一批热爱中国文化的青年学子。丹麦还有一批中国学研究学者，他们积极主动书写中国、阐释中国。在丹麦工作的汉学家有很多。克特·沃夫（Kurt Wulf）研究中国语言并翻译了《老子》和《聊斋志异》等古典文学；易家乐（Søren Egerod）创立哥本哈根东亚研究所；李来福（Leif

Littrup）研究中国历史，出版过专著《明代中国的官僚制政府：十六世纪山东省研究》；葛兰恩（Else Glahn）在奥胡斯大学建立了东亚研究学院；此外还有德尔曼（Jørgen Delman）、曹伯义、金普尔（Denise Gimpel）、易德波、魏安娜（Anne Wedell-Wedellsborg）等著名汉学家。中国北京第二外国语学院丹麦研究中心自成立以来便与以丹麦哥本哈根大学为中心的丹麦学术机构进行长期合作，展开学术交流。

　　这些学子和学者都期待着与中国有更多的深度合作来帮助他们深化与中国的交流，提升他们的中国研究水平，拓展研究视野。自新中国成立以来我国采取了一系列措施，邀请外国专家学者翻译和参与项目，共同推动中国文化"走出去"，具体如表6-1所示。

表6-1　中国采取的推动中国文化"走出去"的措施

| 序号 | 时间 | 措施 | 涉及对象 |
| --- | --- | --- | --- |
| 1 | 1951~2000 年 | 《中国文学》海外版 | 作品 |
| 2 | 1981~2000 年 | "熊猫"丛书 | 作品 |
| 3 | 1994 年 | 大中华文库出版工程 | 作品 |
| 4 | 2004 年 | 中国图书对外推广计划（2006 年才正式启动） | 作品、出版机构 |
| 5 | 2005 年 | "中华图书特殊贡献奖"设立 | 作译者、出版人 |
| 6 | 2007 年 | 英文杂志 China Book International 创刊 | 作品 |
| 7 | 2009 年 | 中国文化著作翻译出版工程 | 作译者、出版机构 |
| 8 | 2009 年 | 经典中国国际出版工程 | 作品 |
| 9 | 2014 年 | "中国近现代文化经典文库" | 作品、作译者、出版机构 |
| 10 | 2017 年 | 少数民族作家海外推广计划 | 作品 |
| 11 | 2016 年 | 外国人写作中国计划 | 作译者、出版机构 |
| 12 | 2019 年 | 中国优秀作品翻译与国际出版传播计划——百千计划 | 作品 |

　　1981年"熊猫"丛书开始发行后，发行范围已逾150个国家和地区，类型将近200种，成为中国图书外文译介的佼佼者。"熊猫"丛书囊括了中国古典文学和现当代文学。合集有《诗经全译本》、《汉魏六朝诗文选》、《唐代传奇选》、《明清诗文选》、《三部古典小说选》、《历代小说选》、《龙的传说》、《三十年代短篇小说选》、《五十年代小说选》、《女作家作品选》（5册）、《中国当代女诗人诗选》、《当代优秀短篇小说选》、《小小说选》、《中国当代寓言选》等。出专集的古今作家有：陶渊明、王维、蒲松龄、刘鹗、鲁迅、李夫、茅盾、巴金、老舍、冰心、沈从文、丁玲、郁达夫、吴组缃、李广田、闻一多、戴望舒、艾青、孙犁、萧红、叶圣陶、萧乾、施蛰存、艾芜、马烽、叶君健、刘绍棠、茹志鹃、陆文夫、玛拉沁夫、王蒙、蒋子龙、谌容、宗璞、张贤亮、张承志、梁晓声、邓友梅、古华、汪曾祺、高晓声、王安忆、冯骥才、贾平凹、张洁、韩少功、霍达、池莉、凌力、铁凝、刘恒、舒婷、犁青、陈建功、郭雪波、刘震云、周大新、阿成、林希、刘醒龙、史铁生、马丽华、程乃珊、扎西达娃、益希单增等（详见中国外文局民间刊物《青山在》2005年第4期所载《中国文学出版社熊猫丛书简况》一文所列具体书目）。其中，法文版《艾青诗百首》获1998年鲁迅文学奖。①

　　截至2011年4月，中国图书对外推广计划在"十一五"期间取得了重要进展，已同美国、英国、法国、德国、荷兰、俄罗斯等54个国家322家出版社签订了资助出版协议，涉及1558种图书，33个语种，资助金额超过8100万元。中国文化著作翻译出版工程2010年共资助14个系列，202种图书，合计资助金额2600多万元。工作小组成员单位由最初的20家增至2012年的33家。② 此外，该计划明确指出，所有国外出版

---

① 《"熊猫丛书"豆列》，豆瓣网，2009年2月12日，https://www.douban.com/doulist/212150/。

② 《"十一五"期间"中国图书对外推广计划"成效显著》，中华人民共和国国务院新闻办公室网站，2012年3月29日，http://www.scio.gov.cn/ztk/dtzt/2013/02/8/Document/1310260/1310260.htm。

社均有资格申请资助。

2014 年 7 月，"中国近现代文化经典文库"（以下简称"文库"）项目负责人与剑桥大学出版社、杜克大学出版社、纽约大学出版社，以及企鹅兰登集团、哥伦比亚大学东亚图书馆、杜克大学东亚图书馆、佩斯大学、美国书展"中国主宾国"筹委会、劳伦·凯瑟尔出版社等 9 家机构进行业务会谈。其间，负责人向剑桥大学出版社首席执行官彼得·菲利普斯介绍了"文库"翻译出版的前期筹备情况，与该社达成了合作意向，与杜克大学出版社总裁斯蒂文签署了"文库"出版框架协议，与纽约大学出版社总编辑埃瑞克就框架协议涉及的关键问题进行了商讨，明确了签署协议的具体时间——此举标志着"文库"经过一年多的前期筹备和协商，正式进入了翻译出版的实质运作阶段。根据框架协议，外方出版社将按照各自的优势出版类别，翻译中国出版集团所属出版社出版的 1840 年以来文学、哲学、社会科学领域的经典作品，在英语世界的大学、学术研究机构、图书馆、智库等高端读者群中推广发行。[①]

更为直接的则是外国人写作中国计划（2016 年），其是丝路书香工程框架下的重点项目，更是"十三五"时期中国新闻出版"走出去"的一项重点工程。该计划旨在运用专项资金，面向全球，广泛联系和培养海外的汉学家、学者、作家以及社会知名人士，支持国外作者创作客观介绍中国的好书，架起理解桥梁，为促进相互理解、密切文化交流、加强出版合作提供更多优秀作品，[②] 这也是推动中国文化"走出去"的重要举措。与之前的项目相比，该项目直接以外国人为译介主体，其优势在于，外国人对本国的文化语境、认知习惯、期待视野都有着本能的认识。这就从源头保证了文本生成与传播的效力有助于中国文化实现从"走出去"到"走进去"的跨越。

---

① 《"中国近现代文化经典文库"等"走出去"项目取得突破性进展》，中国出版集团公司网站，2014 年 9 月 28 日，http://www.cnpubg.com/news/2014/0928/22299.shtml。
② 贺耀敏：《加快提升中国国际出版能力建设的时代意义——从"外国人写作中国计划"谈起》，《中国出版》2019 年第 7 期。

中国还开展了与出版社的深度合作，如"中国近现代文化经典文库"项目、中国图书对外推广计划、经典中国国际出版工程、中国文化著作翻译出版工程、外国人写作中国计划、"中外出版深度合作"项目等，都包含了与国外出版机构的深度合作，意图整合各方出版力量，实现中国文化"走出去"。因此，对丹麦而言，与中国出版机构合作不仅能够获得更加专业、全面的选题，而且能够为丹麦的中国学研究者和学子搭建直接的中国研究平台。

## 三　了解全球畅销中国主题图书，引入主流内容，宏观了解中国

畅销书（best seller）是基于市场运作，在一定时期内，同类别销售排行榜中销量领先的图书，它能及时反映读者的阅读兴趣，引领一定时间段内的社会风尚。销售渠道畅通、读者群体众多、销路广、营销快、影响大、传播效果好是其显著特点。近年来，随着中国出版业"走出去"战略的实施，出现了一大批畅销全球的中国主题图书。

例如，姜戎的《狼图腾》2004 年出版后，连续 6 年居于中国文学图书畅销榜前 10 名。截至 2014 年，该书在中国内地再版 150 余次，发行量高达 500 万册之多，又被翻译成 30 余种语言，在全球 100 多个国家和地区发行，吸引了一大批国内外读者，并引起了海内外的热烈讨论与评论。《狼图腾》在国内外得奖无数，并获得许多其他荣誉：2005 年获"九头鸟长篇小说奖"，2007 年获首届"曼氏亚洲文学奖"，2008 年法文版获翻译"金字奖"，2019 年入选"新中国 70 年 70 部长篇小说典藏"。至今，《狼图腾》仍然是中国图书畅销海内外的成功典范。毋庸置疑，精彩的内容是这本小说畅销的首要因素，草原游牧民族与狼之间的故事本身就充满神秘的吸引力，小说还切实关注现实生态，串联起人性、狼性、人与动物、人与自然以及民族文化之间的情感、冲突、演变和未

来——这也是该小说走向海外、成为热销产品的前提条件。在这个意义上，传播内容本身是否具有一定的价值、能否吸引不同的传播受众就显得十分重要。如果传播内容符合受众的期待视野，那么传播起来就能达到事半功倍的效果。当然，《狼图腾》热销海外，也是原出版社——长江文艺出版社主动策划传播与美国企鹅出版集团（the Penguin Press）慧眼识珠的结果。《狼图腾》人与自然的主题被世界广为接受，作为单纯的故事小说，它的故事性极强，读者的阅读体验也是相当精彩的。海外出版机构敏锐地发现中国的畅销书，选择性地引进或书写符合本国文化语境和读者阅读习惯的图书，这样才能掀起图书市场的热销效应。

　　再如，介绍如何乘坐火车去西藏旅行的图书——《坐着火车去西藏》出版于 2006 年西藏铁路全线通车之际，集旅游指南与藏文化介绍于一体，一经出版，其版权就远销韩国、美国、英国等国家和地区，在出版界备受关注。可见，伴随影响力较大的事件而写成的图书，具有一定的时代性与时效性，更容易引起海外读者的广泛关注与阅读。另外如上文所述，国外读者对中国的秘史、秘事、秘境充满了好奇，并期待阅读到相关作品，出版机构抓住读者这类心理，适时引进相关图书的版权，占领图书市场，使之成为热销的图书产品之一。丹麦出版人、出版机构也可以在关注中国畅销书的同时，适当、适时引进相关版权。

　　与畅销书相对应，出版人还需关注长销书（long seller）的情况。在畅销书热度减退的过程中，有部分（约20%）畅销书不会随着时间的推移而退出热销的行列，而是在图书市场销量稳定，这就是长销书，长销书的存在也促进了经典图书的形成。2019 年"世界读书日"当天，"中华诗文学习"微信公众号发布了一篇名为《世上最畅销的十四本书，你读过几本？》的图书介绍，《堂·吉诃德》《哈利·波特》《霍比特人》《小王子》《麦田里的守望者》等均在其列；中国经典名著《红楼梦》也赫然在列。《红楼梦》在世界范围内产生了深远影响，它的销量超过 1 亿册，并形成了一门专门研究它的显学——红学，《红楼梦》成为国内专家和海外汉学家争相研读的经典。《红楼梦》具有极高的艺术价值，其高超的艺术表现手法和非凡的审美旨趣给读者带来愉悦的阅读体验，让读者在阅读中体味全景式的中国文化和中国美学。

至今，《红楼梦》在国外已有英、法、德、日、韩、俄等 20 多种不同语种的译本，翻译的形式主要有摘译、节译、全译三种。其中著名的有 1893 年赫·本克拉夫特·乔利的英译本、1929 年华人王际真旅美期间完成的节译本 *Dream of the Red Chamber*、1973~1986 年陆续出版的英国人戴维·霍克斯（北京大学研究生）与约翰·明福德共同翻译的一百二十回共五卷全译本 *The Story of the Stone* 以及 1978 年出版的著名翻译家杨宪益与戴乃迭夫妇合作翻译的英文全译本 *A Dream of the Red Mansion*。从图书的销售情况来看，杨戴版本的销售量不及霍克斯的版本，霍克斯在翻译过程中秉承西方国家的"话语体系"，其译本更加契合西方读者的接受视野。

改革开放以来，中国在各领域取得了诸多重要突破，海外出版事业发展势头良好，随着中国综合国力的大幅提升，中国主题图书在西方的传播有了新的突破和发展基点。2019 年正值中华人民共和国成立 70 周年之际，有网络数据机构统计了"2019 年海外读者关注的中国主题书"，清华大学当代国际关系研究院院长阎学通的《领导力与大国的崛起》（*Leadership and the Rise of Great Powers*）、美国哈德逊研究所布鲁诺·马萨斯的《一带一路：中国世界秩序》（*Belt and Road: A Chinese World Order*）、清华-卡内基全球政策中心黄育川的《破解中国之谜：为什么传统的经济思想观念是错误的》（*Cracking the China Conundrum: Why Conventional Economic Wisdom Is Wrong*）三本著作最受海外读者的关注，分别由普林斯顿大学出版社、赫斯特出版社、牛津大学出版社出版。美国对中国与其主题图书出版的关注能够带动西方其他国家更多地关注中国、出版品质俱佳的中国主题图书。

　　由此可见，丹麦出版机构在出版或者引进中国主题图书时，无论是引进畅销书还是出版长销书，又或是编写与中国文化相关的图书，都应更加关注中国主题图书中的主流内容，帮助丹麦读者更为宏观地认知世界大国——中国。

图书在版编目（CIP）数据

中国主题图书在丹麦的出版：以北京图书为例 / 张
喜华著. -- 北京：社会科学文献出版社, 2024.1
ISBN 978-7-5228-2427-7

Ⅰ.①中… Ⅱ.①张… Ⅲ.①图书出版 - 研究 - 丹麦
Ⅳ.①G239.534

中国国家版本馆CIP数据核字（2023）第165135号

## 中国主题图书在丹麦的出版：以北京图书为例

著　　者 / 张喜华

出 版 人 / 冀祥德
责任编辑 / 吕秋莎
文稿编辑 / 陈彩伊
责任印制 / 王京美

出　　版 / 社会科学文献出版社·国际出版分社（010）59367142
　　　　　地址：北京市北三环中路甲29号院华龙大厦　邮编：100029
　　　　　网址：www.ssap.com.cn
发　　行 / 社会科学文献出版社（010）59367028
印　　装 / 三河市尚艺印装有限公司

规　　格 / 开　本：787mm×1092mm　1/16
　　　　　印　张：17.25　字　数：240 千字
版　　次 / 2024年1月第1版　2024年1月第1次印刷
书　　号 / ISBN 978-7-5228-2427-7
定　　价 / 128.00元

读者服务电话：4008918866